「反・東大」の思想史

尾原宏之

新潮選書

はじめに

最後に残された「偏見」

日本近現代史上、ここまであからさまに「低学歴」への侮蔑と「高学歴」への賞賛が語られる時代は、実は現在がはじめてではないだろうか。ネット上の各種の論争でも、他人の学歴に対する揶揄（たとえば「ネトウヨ」に対して）はごくごく当たり前である。ユーチューバーたちは大学ランクや偏差値に関する話題、超難関大学に合格した秀才エピソードを毎日のように面白おかしく提供してくれている。

人々の本音がむき出しになるインターネット界隈だけではなく、表向きは学歴差別を批判するリベラルなメディアも、難関中高合格や国立大医学部合格、アイビー・リーグ留学、お受験ママの奮闘などについては賞賛と奨励を惜しまない。学歴に関することをおおっぴらに話すのは浅ましいことだ、というかつては多少あったはずの良識めいたものも、消滅してしまったかのように見える。

米国の政治哲学者マイケル・サンデルは、ベストセラー『実力も運のうち 能力主義は正義か？』の中で、「人種差別や性差別が嫌われている（廃絶されないまでも不信を抱かれている）

時代にあって、学歴偏重主義は容認されている最後の偏見なのだ」と語った。日本でも女性差別やマイノリティ差別は、かつてに比べればはばかられるものになっている。だが、入学難易度の低い大学の出身者や、そもそも大学に進学できなかった人々への揶揄、その反面の難関大学合格者に対する賞賛は、社会のいたるところで目につくようになった。

サンデルも指摘するように、生まれつきの属性は個人の努力ではどうにもならないが、受験の結果は本人の努力や怠慢の結果、つまり自己責任だと一般的に考えられているから、差別する側の心理的ハードルは低い。もちろん日本においても現実は単純ではなく、子供の進路が家庭環境や親の学歴に大きく依存することは、これまで教育社会学の研究が明らかにしてきたことである。

「東大出」の酒の味

サンデルが同書で紹介した研究が示すように、「低学歴」に対する低評価、「高学歴」に対する高評価は、学歴を持たない人々でさえ内面化しがちである。日本でも、自身の学歴に対する卑下や、難関大学出身者に対する過剰な敬意などが随所で観察できる。

本書の著者の見聞でも次のようなことがある。著者は、数年前まである都市に存在したバーに足繁く通っていた。そのバーの店主は俗に日本一と呼ばれる中学・高校から東京大学法学部に進み、大企業で課長まで昇進するも、退社したのちに夜の店の経営を始めた。

不思議だったのは、夜の街の同業者や客の多くがこの店について語る時、店そのものの良し悪しよりも「○校出身」「東大出」という点を必ずといっていいほど強調、連呼したことである。

灘や開成、東大の出身だと酒の味がよくなるなら別だが、脱サラして苦闘する店主に対してやや失礼ではないか、とも思われた。

だが、よくよく見ると店主自身も東大を売りにしている気配がある。高学歴とは無縁な同業者や客からすれば、東大出の店主の仕事ぶりにあれこれ文句をつけ、からかえるところにこそ妙味があったのかもしれない。いずれにせよ、大学と縁のない人でも東大には非常に大きな価値を感じている様子がよくわかった。

「東大は日本そのもの」？

多くのエリート校が存在する米国とは異なり、日本の場合、サンデルのいう「学歴偏重主義」の頂点には常に東大が君臨し、人々のマインドを支配している。それは、日本の近現代そのものが東大を頂点とするシステムによって生み出されたことと関係するだろう。ある研究会で、京都大学出身の社会学者が「要するに東大が日本そのものなんですよ」と語るのを聞いたことがある。これはいい得て妙のフレーズである。

歴史をさかのぼると、国家が作った大学である東大とその前身校の使命とは、つまるところ日本の近代化を急速に推し進める人材を急速生産することにあった。つい最近までマゲを結っていた人々とその子息の中からエリートを急造し、民衆を統治させ、各方面の指導にあたらせる。明治維新から最初の対外戦争である日清戦争まで二六年、日露戦争まで三六年しか経っていない。短期間で巨大な機構を作り上げ、各方面に指導者を配置しようとするのだから、本書で見るように随所で大きな無理や摩擦が生じた。その無理や摩擦の吸収と克服を積み重ねて、現代にいたる日本が形成されていく。

「反・東大」の系譜

ところが、明治のかなり早い時期から、東大の存在しない日本、東大に匹敵する対抗勢力がひしめく日本、東大を克服した日本の姿を構想する人々が、かなりのヴォリュームであらわれた。東大が形成される過程と東大に抵抗する勢力が形成される過程は、実は同時代的である。

たとえば、明治国家が東大を作った時に最も大きな被害を受けることが予想されたのは、それまで日本の教育をリードしてきた私塾群、特に福澤諭吉の慶應義塾であった。福澤は早くから東京大学－帝国大学批判を展開するが、その背後には明治日本の現実とは異なる社会構想がある。「明治十四年の政変」で政府から放逐された大隈重信を創設者とするのちの早稲田大学は、「民衆的」であることを売り物にして「官」に対抗した。明治や法政などの私立法律学校の学生は、自分たちの「学力」は東大生にも劣らないと主張し始めた。早くから有望な研究・教育分野に進出し、実際に東大に対する優位を誇る一橋のような学校も出てきた。

大正期には、「個性の尊重」を呼号する私学が、一高・東大的な教育のあり方に異議を唱えた。肉体労働者は決起して東大出身労働運動家をつるし上げにした。昭和期には、東大は西洋盲従で「反日本」的だと叫ぶ集団もあらわれた。このような明治以来の流れの先に、戦後の意識が形成されたといってよい。

本書は、過去・現在・未来の東大における学問研究や改革を直接の対象とするものではない。東大から排除された、あるいは自分から背を向けた人々による抵抗と挑戦の歴史が主題である。したがって東大が時にモンスターのように、時に矮小に描かれることもあり得よう。現在の日本の国家と社会は東大の存在を抜きにして語ることはできないが、たとえ悲劇的または喜劇的な結末に終わったとしても、東大への挑戦を通して別の未来像を描いた人々の苦闘も、これからの日本を考える上で多少なりとも意味があるのではないか、と考えている。

「反・東大」の思想史◉目次

はじめに　*3*

第一章　「官尊民卑」の打破――慶應義塾・福澤諭吉の戦い　*19*

凡例

一　引用した史料・文献に付されていた圏点、傍点、傍線、波線、ふりがななどは削除し、難読と思われる言葉に改めてふりがなを付した。また、読者の便を考慮し、引用文に句読点がない場合は補った。

一　引用文中の旧字は極力現在通用の字体に改めた。合字・変体仮名は改めたが、かなづかいはそのままとした。闕字・平出などは反映させていない。

一　人名の表記は原則として学界などでよく通用しているものに従い、難読と思われるものにはふりがなを付した。

一　引用文中の……は原則として省略を意味する。〔　〕は引用者による補足である。

一　引用文中に現在の価値観に照らして不適切な表現もあるが、歴史史料としての性格上、原文のままとした。

「反・東大」の思想史

第一章　「官尊民卑」の打破――慶應義塾・福澤諭吉の戦い

明治45年の慶應義塾大学

「学生界」を揺るがした投書

大正の一時期、『東京朝日新聞』の「学生界」というコーナーが、学生スポーツや学生イベント関連の投書を募集していた。学生としての「希望抱負」の投書も同時募集しているので、明るくフレッシュな話題で紙面を飾る思惑があったのだろう。

だがスポーツやイベントのレポートは別にして、このコーナーの雰囲気はさほど明るくなかった。学校（生活）への不満と怨みを綴った投書がやたらと目につくからである。高校受験失敗談や入試制度への呪詛、親族に中学進学を阻止された師範学校生の嘆き、「低能扱ひ」される女学生の怒りなど、当時の教育制度の問題点や、若者の心の闇を映し出した投書が多い。これらの投書が掲載された数日後には、同様の苦悩を抱える者や、苦悩を克服したとうそぶく先輩が応答し、ちょっとした論争になることもあった。

その中で、何度も蒸し返され、読者の強い反応を引き起こしている話題がある。私立大学とその学生に対する差別である。

最初の私大差別論争は、一九二〇（大正九）年九月一五日、山形高等学校の第一回新入生である鈴木務の投書「山形高校へ入学の記」が呼び起こした。山形高校はこの年水戸高、佐賀高と同時に設置された新設校で、校舎は山形中学（現・山形県立山形東高校）に間借りし、専用の図書施設もない状態だった。当時の山形市は人口五万に満たない小都市で、仙台二中出身の鈴木は、学生が食事できるようなカフェや飲食店もなく「何から何まで不自由至極」と漏らしている。

しかし鈴木の投書の目的は、地方新設校のお粗末さを告発することではなかった。むしろ強調されるのは、この「不自由な田舎町」に全国どころか朝鮮や台湾からも大量の受験生が殺到したことである。実際、志願者一一七六人に対して入学者二〇〇人、倍率は六倍近くに達した（『文部省第四十八年報』）。地元紙は、華族の受験者が三人もいたことを誇らしげに書き立てたという。

読者を刺激したのは、山形に押しかける受験生の心境を描いた次の一文だった。「私立の大学にはいつて如何《いか》がはしい教育を受けるより如何な辺鄙な土地でも高等学校の方が望ましいと云ふ考がまだ日本の学生の頭を抜けないのである」。

いかがわしい私大に比べれば、帝国大学への正規の入学資格が得られる高等学校の方が望ましい。たとえ東北の田舎にある新設校であっても——。ここには、田舎は嫌だが私大よりはましだ、という明確な判断基準がある。都会・田舎・官立・私立という四つの象限のうち、学力や学資準備の条件からどこに入り込めるか、という問題である。

この点、もちろん首都東京にある官立の第一高等学校に入学することがベストに決まっているだろう（七年制の東京高校はこの翌年開設）。次は、のちに「五大都市」にカテゴライズされる京都市・大阪市・横浜市・神戸市・名古屋市あたりがよいであろう。だが、この時点では京都に第三高等学校、名古屋に第八高等学校があるだけだった。

明治以来、立身出世や華やかな文化につながる「上京」という行為が多くの若者を熱狂させたことはよく指摘されている。鈴木にせよ、都会のほうがベターだと思っていることは間違いない。

だがそれにしても、東京にたくさんある私大は、あくまで次善以下の進路としてしか認識されていないのであった。

「官学崇拝」のゆがみ

鈴木の投書は、私大関係者を強く刺激した。最初に反応したのは、本章の中心人物である福澤諭吉を創設者と仰ぐ慶應義塾大学の学生、松村金助である。昭和期に日本・満洲・南洋経済ブロックを提唱する経済記者の松村金助と同一人物と思われる。青森中学を卒業した松村は、鈴木と似た発想を持つ各地の中学校長が進路指導をゆがめ、官立崇拝を助長している現状を告発した。

青森中学時代、校長に呼び出されて受験校を尋ねられた松村は、慶應の理財科（現・経済学部）を志望していることを伝えた。すると校長は、青森中学が官立学校進学実績で東北三位、全国一九位の地位にあり、成績良好の松村は官立高等商業学校である小樽高商（現・小樽商科大学）に無試験入学できるので、是非そうすべきと諭した。つまり慶應に進学するのを阻止しようとしたのである。松村はこの言葉を聞き、長年尊敬していた校長が自分の栄誉のために進学実績を気にする「利己主義者」だったことに気づいた。「恐らく大多数の中学校長は彼の如くなるべし」と松村はいう。松村は、教授や教育内容で慶應を選んだ。だが、「官立」至上主義に冒された中学教師からすればそんなことはどうでもよく、「官立」進学実績だけが問題なのである。

こういった現象は、現代の地方公立進学校の進路指導でもよく指摘される。やや古い話だが、一九九〇年代初頭、東北地方のある進学校の文系クラスでは「東大がダメなら東北大の法学部、法学部がダメなら経済学部、次に文学部、教育学部、それもダメなら新潟大の法学部、経済学部、人文学部……」といった具合に、どの大学でなにを学ぶかをほぼ度外視した進路指導が時に行われていた。とにかく手が届く国立大学に合格させる、という発想である。そもそも私大は進路指導の対象ですらなかった。

松村のほかにも、官学崇拝が社会の未開さに起因することを説く投書者（明大生など）や、官学私学を問わず「教育」を受ける行為そのものを疑問視し、学校の本領は社会から隔絶された環境で自由を享受することだ、と訴える投書者（早大生）もいた。

本書で見ていくように、大正期には出身校で人間の格付けをすることや、上からの一方的な「教育」をありがたがることは時代錯誤だという認識がある程度広がりを見せていた。にもかかわらず、この「学生界」という投書欄には、帝大・高校側の優越感や、私大生の劣等感が以後も時折噴出した。

「私学の国」の夢

私立蔑視と官立（国立）崇拝は、明治から現在に続く根強さを持っている。しかし、教育学者の天野郁夫が「もともとわが国は、明治維新の以前から私学の国であった」というように、近代以前に私塾すなわち私立学校の果たした役割は大きかった。中江藤樹の藤樹書院、伊藤仁斎の古義堂（堀川塾）、広瀬淡窓の咸宜園など、師弟関係を原点とする私塾は、徳川政権の昌平坂学問所や各藩の藩校と並立して学問と教育を担っていたのである（『大学の誕生』）。歴史家の大久保利謙も、「近世の学問発達史を見ても、真に貢献のあつたのは官立学校でなく、寧《むし》ろ之等の私塾であつた」と指摘した（『日本の大学』）。

明治になってからも、ある時期までは私塾から発展した私立学校は光を放っていた。一八五八（安政五）年に福澤諭吉が創設した蘭学塾を起源とする慶應義塾は、明治初頭に入門者が増加し、塾舎の増築や出張所・分塾の開設、移転を繰り返して発展した（『慶應義塾百年史』）。

大ベストセラー『西洋事情』を書いた代表的洋学者の私塾は、志ある全国の若者を惹きつけた。ちょうど維新の混乱期で、明治新政府は学校どころではない。「日本国中苟《いやしく》も書を読んで居る処は唯慶應義塾ばかりという有様」で、洋学といえば慶應義塾という状態が五、六年は続いたという（『福翁自伝』）。開塾五年の一八六三（文久三）年から一八七一（明治四）年までの入門者数は一三二九人を数える（「慶應義塾紀事」）。

『西国立志編』で知られる中村敬宇（正直）、自由民権運動を代表する思想家である中江兆民も、それぞれ同人社、仏学塾という私塾を持っていた。一八七三年創設の敬宇の同人社は、福澤の慶應義塾、近藤真琴の攻玉塾（攻玉社）とともに明治の「三大義塾」と呼ばれたという。一八七四年に開かれた中江兆民の仏学塾（はじめ仏蘭西学舎）は、名前が示すようにフランス語教育とフランス学が中心であり、モンテスキュー、ルソー、ヴォルテールなどのテクストを用いた。仏学塾が刊行する雑誌『政理叢談』は、ヨーロッパの思想を紹介して自由民権運動に強い影響を与えることになる。ルソーの『社会契約論』をもとにした兆民の『民約訳解』が掲載されたのも、この『政理叢談』である。

夢物語にすぎないが、もし政府が官立学校を作らずに私学を育成する方針を選んでいたとしたら、特色ある「同人社大学」「仏学塾大学」などが続々誕生し、慶應などと覇を競う別の世界が生まれたかもしれない。少なくとも、後世の私立学校生が官学との格差に煩悶する事態にはならなかっただろう。官学が存在しなければ私学差別は発生しないからである。

ところが、同人社も仏学塾も明治二〇年代にはその歴史を閉じ、いまや跡形もない。私塾起源の私学は、近代日本の学問と研究の王座に君臨することなく、東大を頂点とする官学がその地位を占め続けた。一八七一年設置の文部省よりも前に創設され、大きなプレゼンスを誇った慶應義塾は、私学の衰退、官学の隆盛を実体験しながら歴史を刻んでいくことになる。慶應こそ東大の覇権確立の第一目撃者であり、第一被害者でもあった。

井上哲次郎の「勝利宣言」

私学の衰退と官学の隆盛は、教育界における主役の交代を意味する。一九〇六（明治三九）年、東京帝国大学文科大学教授の井上哲次郎は、「初め帝国大学が未だ大学の地位に達せずして、開成学校と称して居る頃は、三田の慶應義塾の方が、却て盛んであるかの如き状態でありました、是れ〔慶應義塾〕は帝国大学抔《など》と云ふもの、まだ出来ない時には、速成の学校として一時必要であつたのであります、即ち過渡時代に於ける欠陥を充たす道具となつたのであります」と述べた（「帝国大学論」『太陽』第一二巻第一号）。

井上にとって、福澤の教育上の「偉績」は、教育機関が整備されていない過渡期にあって当座の人材を「速成」したことにとどまる。専門の学科を組織的に探究する帝国大学ができた以上、もはや「速成」校の慶應義塾には高い地位を与えることはできない。東大の文科大学長も務めた井上はそう宣言する。

この時すでに福澤はこの世にいないが、生きていれば井上の発言をどう思っただろうか。慶應義塾の経営に身を捧げた福澤である。悔しいには違いない。だが同時に、やはり予想通りの展開になった、とも思ったことだろう。

福澤はかなり早い段階から、政府が自前で学校を作ることの意味を考えていた。江戸末期には、当時の政府である徳川政権が開設した洋学の研究教育機関、開成所を強く意識していた様子がうかがえる。

明治維新期の福澤の書簡には、「此塾〈慶應義塾〉小なりと雖《いえ》トモ、開成所を除クトキは江戸第一等なり。然《さ》ハ則《すなわち》日本第一等乎」という記述がある〈山口良蔵宛、『福澤諭吉書簡集』〈以下『書簡集』〉第一巻〉。福澤自身もわずかではあるが籍を置いたという蕃書調所《ばんしょしらべしょ》、のち洋書調所を前身とする開成所は、加藤弘之、西周《あまね》、津田真道といった新進洋学者を幕府直参の教授職に登用して教育にあたらせ、直参だけでなく優秀な陪臣とその子弟を集めて教育を施していた。教授科目は、ヨーロッパ言語から天文学、器械学まで多岐にわたる〈『東京大学百年史』〉。

この開成所がやがて徳川政権から明治政府に移管され、大学南校、次いで井上哲次郎の発言に出てくる開成学校を経て、東京大学の法・理・文学部、そして帝国大学へと発展していく。いかに福澤の名声が高まっていたとはいえ、手弁当の私塾ではちょっと相手にならない。「開成所を除ク」という表現にはそういう意味がある。

ちょうどこの頃、福澤は「学校之説」（一八七〇年）という文書で、開成所を念頭に置きつつ「官の学校」と「私立の塾」を比較し、両者の得失を箇条書きにしていた。「官の学校」の長所の筆頭は、書籍や器械類の買い入れ、教員の給与に十分な金額を支払うことができ、貧しい学生でも負担なく充実した環境で勉強できることであった。私塾はちょうどこの反対で、金がないために設備、書籍類が整わず、安月給の教員は生活費を別に確保しなければならない。だからどうしても教育に支障が出る。生徒も授業料を納めなくてはならないが、福澤曰く、それまで日本の私塾には束脩《そくしゅう》（入学時に納める金銭）と先生への盆暮れの付け届けぐらいしか習慣がなく、生徒から授業料を取るなどということは驚愕の事態だったという。なお「授業料」制度を作り、毎月徴収することを始めたのは福澤と慶應義塾が最初といわれている。

明治のごく初期、福澤は慶應義塾を官有化してしまい、教員を「天下諸方へ手分ケ教授」させて学問を普及するアイディアを思いついたことがあった（『書簡集』第一巻）。洋学を学んだ慶應義塾の人的資源が「官」の財力で支えられれば、日本全体の文明化を進めることができ、私塾の経営難も解決できると考えたのだろう（平石直昭『福澤諭吉と丸山眞男』）。

いずれにせよ明治初期の福澤は、「官立」「私立」という学校の区分について、それほど硬直した考えを持っていなかったとはいえそうである。

慶應義塾の経営難

慶應義塾の経営は多難だった。当初の学生はほぼ華士族の子弟で、各藩の公費支給を受ける者が多かったが、一八七一年の廃藩置県によってパトロンである藩が消滅した。翌年には、設置されたばかりの文部省が私塾生徒に以後公費を支給しない布達を出した。当然、慶應義塾の学生は減少する。

さらに、一八七七（明治一〇）年の西南戦争にともなうインフレによって士族は窮乏、学生数は急減し、深刻な経営危機に陥る。二年後の一八七九年には、授業料などの収入が必要経費の半分にも満たない状態となった（『慶應義塾百年史』）。

そこで福澤は、勝海舟らを通して徳川家に、大蔵卿大隈重信を通して政府に働きかけ、借金を申し入れた。後者に関しては、政権中枢の伊藤博文、井上馨、西郷従道《つぐみち》、黒田清隆らにも熱心な工作をしかけたが、不首尾に終わった。結局、慶應義塾は広く塾内外に維持資金を募集してなんとか命脈を保つことになる（富田正文『考証　福澤諭吉』）。

福澤が政府から金を借りようと奔走していた頃の慶應義塾の年間必要経費は、八〇〇〇円から一万円程度といわれている。この時すでに創設されていた東京大学の経費は、開成所から発展した法・理・文の三学部で二〇万三五三二円、医学部で一一万四〇八六円、合計すると三二万円程度に達していた（一八七八年度、『東京大学百年史』）。

教員の給料で比較すると、一八八〇年の慶應義塾の月給は「少きは七、八円より多きは三十円にして、五十円なる者は時として有れども甚だ稀」という状態である（「慶應義塾維持法案」）。つまり、慶應義塾の教員は年収三六〇円あれば上出来で、少ない者は八五円程度ということになる。一方、翌年度に定められた東京大学を含む官立学校の教授の年俸は最高で四八〇〇円、最低で一五〇〇円、助教授の最低が六〇〇円であった。まず相手にならないことがわかる。

福澤が政府に借りようとした金額は、当初無利子で二五万円、のち作戦変更して有利子四〇万円という大金であった。文部省の一八八〇年度予算が一一八万円という時代を考えると、かなりの金額である。もちろん借入金を単年で使い切るわけではなく、一〇年程度の運用で必要経費をまかなって返済する計画だったが、福澤が大隈にそう訴えたように、「私塾を潰す歟《か》、官之保護を得る歟」(『書簡集』第二巻)の二者択一、という深刻な懐事情が反映されている。

認められなかった「特別扱い」

福澤は、政府が慶應に金を貸すのは当然だと考えていた。幕末から明治初期の騒乱の中でも教育活動を続けてきた実績があるからである。

文部卿西郷従道に宛てた願書には、その自負が明確にあらわれている。福澤の塾が貸付を受ければ、ほかの私塾も続々申し入れるはずで、政府も対応に困るには違いない。だが、自分たちは「他ノ学塾」より優遇されてしかるべきだ、という。慶應義塾は、文部省や官立大学が設置される以前から存在する。幕末には攘夷論者から敵視され、戊辰の戦火では書を読む者などいない中で、ひたすら洋学教育に打ち込んだ。その甲斐あって、いまや慶應出身者は官吏として、全国の学校の教員として、企業家として、言論人として大活躍しているではないか。その功績を考えれば特別視するのが当たり前だ、と福澤は主張する（『書簡集』第二巻）。だが、資金貸付は実現しなかった。理由はさまざま考えられる。福澤と自由民権運動の関係を問題視する者が政府にいたことや、ちょうど財政政策の転換点で、濫発される政府貸付金を見なおす機運が出てきたことなどである（富田前掲書）。

確実なのは、福澤が慶應義塾は特別扱いされて当然と考えたのに対し、伊藤博文、井上馨など政府首脳の多くはそう考えなかったことだろう。制度上の最高学府である東京大学はすでに設立されている。しかも、この時代は各官庁が専門官僚の養成を企図し、独自の高等教育機関を立ち上げていた。工部省の工部大学校、司法省の司法省法学校、開拓使の札幌農学校、内務省の駒場農学校がそれである。「高等教育の乱立時代」「高等教育の八ケ岳時代」などと呼ばれることもある（竹内洋『学歴貴族の栄光と挫折』）。人材供給の面で、福澤の塾に期待する時代は過ぎ去りつつあった。

政府に貸付を求めていた時期の慶應義塾は、制度上のカテゴリーでは「中学校」に該当する。一八七九年の全国中学校数は七八四で、うち公立一〇七、私立が六七七である。「学制」上の中学校は「普通ノ学科」を授ける学校とされていたが、特に私立では数校を除いて教科が揃わず、漢学や数学などの一、二科目しか教えていない学校もあった。公立ですら修学期間が二〜六年とばらつきがある状態である（『文部省第七年報』）。

私立中学の多くは、ほぼ私塾に毛が生えたような、あるいは生えてさえいない学校と推察される。同年九月布告の教育令を受け、三一七あった東京の私立中学は翌年に一校を除いて格下げ的に「各種学校」に分類されることになるが、私立中学校として認められた一校は学習院であり、慶應ではない（『文部省第八年報』、武石典史『近代東京の私立中学校』）。

かつて「開成所を除クトキは江戸第一等」を自負した慶應義塾が政府からの貸付も受けられず、有象無象と同じカテゴリーに入れられる。一方、開成所の後身である東京大学は、政府から潤沢な資金を受け取り最高学府として君臨する。維新後の福澤が一〇年にわたって見せられたのは、そういう光景であった。

福澤の奇妙な祝詞

福澤は、東京大学の教授と学生に対して、直接に官立学校論を語り込んだことがある。正確にいうと、一ヶ月後に東大教授となり東大生となる人々に対して、である。

東京大学が創設される一月前の一八七七年三月一〇日、その前身である東京開成学校で新しい「講義室」の開設を記念する集会が開かれた。福澤は来賓の一人として招かれ、演説した。

そこで福澤は、東京大学法・理・文三学部の綜理となる加藤弘之らを前に、奇妙な話をした。

「諭吉が此盛学の祝詞を述るに当り……後来益《ますます》この学校の盛大なるを祈ると云はんと欲して、先《ま》づ之を見合せ、諭吉は此盛大の字に易《かえ》るに高尚精密の語を用ひんと欲するなり」。

普通、式典のスピーチならば「今後の盛大なるご発展をお祈りします」とでもいいそうなものだが、それはあえて見合わせ、「高尚精密」であることを祈るといいたい、という。

法学、化学、工学などの専門学科を併せた「官立大学校」と称する東京開成学校には、多額の国費が注がれていた。福澤曰く、開成学校の費用は毎年十数万円で、生徒三〇〇人に割りあてると一人あたり五、六百円になる（『文部省第三年報』では一人あたり五三六円八五銭）。田舎の小学生には、公立私立合わせても一人につき一円二〇銭程度しかかかっていない。開成学校の生徒一人には、一般人民の五百倍もの国費が使われている。生徒は「果報者」というべきだが、開成学校がますます「盛大」になり、規模が大きくなるほど国家財政を圧迫する。

だから、開成学校は「盛大」ではなく小規模で「高尚精密」な学校を目指して欲しい、というのが福澤のメッセージであった。法学、工学、農学、医学など百般の学科を集め、生徒は各科三〇〜五〇人の少人数に限り、善美を尽くした日本最高のモデル校を作る。拡大路線ではなく、「全国最第一の標的」たる教育の模範となることに「官立大学校」たる開成学校の役割を限定したのである。規模を小さくすれば、費用が節約できる。その分、全国の小学校の予算を増やすことができるし、また私学に助成して開成学校をモデルとした「小開成校」を作らせることもできる（「明治十年三月十日開成学校講義室開席の祝詞」）。

福澤は、高名な『学問のすゝめ』第四編で、「一国の文明は、独り政府の力をもって進むべきものに非ざるなり」と訴えていた。政府だけ強大になっても、大多数の国民が「無気無力の愚民」のままではどうしようもない。そこで期待されるのが西洋の学術を学んだ「洋学者」の役割である。彼らが民間世界に入って学術、商業、新聞発行などに活躍することで、「民」のレベルを引き上げることができる。ところが、目下「洋学者」はこぞって政府に出仕し、「官」の強化にばかり貢献している。福澤はあくまで在野で「私立」の立場にこだわり、「民」の発展に尽くす「洋学者」のあり方を示そうとしたのである。

開成学校演説にあらわれているのは、このような福澤のスタンスである。「官立大学校」つまり政府の学校だけ立派にしても、日本全体を「文明」化することはできない。政府は小規模なモデル校を用意するにとどめ、「私立」の学校がそれを手本にすぐれた教育機関を作る。そうしなければ「文明」の裾野を「民」に広げることはできないと考えたのである。

親心にあらわれた本音

だが、現実は福澤の希望とは真逆の方向に進んだ。慶應義塾全体の年間経費は八〇〇〇～一万円程度だが、開成学校の「講義室」はたった一つで工費三〇〇〇円超である。慶應義塾は政府の支援を得られない一方、東京大学一校には文部省経費の三割近くが注がれることになった。

この段階の福澤は、小規模モデル校を作るという次元では官立学校の存在意義を認めていた。福澤自身、慶應義塾よりも開成学校や東京大学のレベルが高いと考えていたことは明らかである。

一八七八（明治一一）年、福澤の長男・一太郎と次男・捨次郎が前年に創設されたばかりの東京大学予備門に入学した。一太郎はこの年一五歳、捨次郎は一三歳だったが、同学年での入学である。東京大学予備門は、当時「東京大学法理文三学部に生徒を送り込む実質的に唯一の学校」（『東京大学百年史』）で、第一高等学校の前身にあたる。同級生には、のちに首相となる平沼騏一郎、住友財閥で総理事となる鈴木馬左也らがいた。

子供の教育と進路に細心の注意を払い続けた福澤が、慶應義塾ではなく東京大学を選んだという事実はそれなりに重い。現代でも私大教員が自分の子女を勤務校ではなく東大に進学させることがたまに話題になるが、福澤はその先駆けでもあった。

ところが、息子たちの予備門での生活はうまくいかなかった。両者とも一八八一年頃には退学してしまったのである。

大きな原因は、二人の健康状態にあったと考えられる。慶應義塾出身で予備門訓導の森春吉に宛てた福澤の書簡には、捨次郎は退学の前年夏頃から胃弱や頭痛などの症状で十分に勉強できない状態に陥った、とある（『書簡集』第三巻）。予備門は東京大学進学を前提とする学校だけあって学業はハードで、健康を害する生徒が多かったという（『福翁自伝』松沢弘陽補注）。『福翁自伝』でも、息子を予備門に通わせては休ませる様子や、親しい間柄の文部大輔田中不二麿に教育方法を改める提言をしたことが語られている。福澤は、このままでは生徒を殺すか、心身ともに重篤な状態にしてしまうと田中に訴えた。

それでも福澤は、二人の退学を逡巡した。そのうちに予備門の教育内容や大学への進学方法が改善されるのではないかと期待したのである。改革より前に予備門を中退してしまえば、東京大学への道は断たれてしまう。だが結局、健康状態はよくならず、二人とも慶應義塾に転学することとなった。

いくら自分が創設した学校が高名でも、日本で唯一存在する「大学」に子供を進学させたいという親心には勝てなかったのだろうか。そればかりか、一八八〇年頃の慶應義塾には東京大学への進学準備課程があったという。前年、東京大学の規則が改正され、予備門以外の入学希望者のための学力検定に関する条文が設けられた。これが実施されれば、慶應から東大にダイレクトに進学できる道が開ける。ところが実際はただの空文にすぎなかった。慶應の「東大進学コース」もすぐに立ち消えになったという（『慶應義塾百年史』）。少なくとも、明治一〇年代前半の福澤は、東大を頂点とする官立学校の価値については認めざるを得ない立場だった、とはいえるだろう。

教育は「私」なり

ところが、明治一〇年代後半から政府と官立学校に対する福澤の態度は硬化する。具体的にいうと、「政府は教育活動全般から手を引け」というメッセージを、みずからが創刊した新聞『時事新報』でさかんに発するようになる。その中には、文部省の廃止や官公立学校の廃止もしくは民営化の主張も含まれた。

たとえば一八八七（明治二〇）年の論説「国民の教育」では、政府が公的資金を出して「国民の私の教育」を補助する義務など存在しない、と断言した。この場合の「国民の私の教育」とは、一般家庭で親が子供を教育することを意味する。子供の教育とはひとえに「私」の行為であって、父母が責任と費用を負担すべき事柄である。政府が国費で学校を作り教員を雇ってそれを代行する必要はない、というのである。

したがって、大学をはじめとするあらゆる教育事業は民間に委ね、官公立学校は全廃してしまうことが望ましい。そうなると、金に余裕のある家しか子供を高等教育機関に通わせることはできないが、それはそれでしかたがない。福澤は一連の論説でこのように主張した。

政府は教育事業への参入をやめよ、という主張なので、明治初期の慶應義塾官有化案や、政府への支援要請、東京開成学校を小規模モデル校として進化させよという主張、息子を東京大学予備門に入れた行動などとはだいぶ矛盾する。

なぜこのような変化が生じたのだろうか。いくつか理由が考えられる。第一に、「明治十四年の政変」以後、福澤と慶應義塾に対する政府の抑圧が著しく強まったことである。

早期の国会開設と英国流の議院内閣制を訴える参議大隈重信の急進的意見書と、開拓使官有物払下げ事件をきっかけとするこの政変の背後には、福澤の存在があった。まず、大隈の急進的意見書は福澤の国会開設論の影響を受けていると考えられた。大隈意見書の原案起草者は慶應義塾出身の少壮官僚矢野文雄である。これに加え、払下げ事件を暴露し政府を追及した新聞各紙には慶應義塾出身者が多数おり、福澤が門下生を使って払下げ反対運動を煽っているという疑惑が生じた。さらに、福澤と親しい三菱が、官有物払下げを受ける予定の関西貿易社と競合関係にあった。福澤と三菱の協力を得た大隈が、払下げ事件を奇貨として政府の掌握を企んでいる、という陰謀論が政権中枢に成立する（久保田哲『明治十四年の政変』）。

この陰謀論の結果、大隈は政府から追放され、多くの大隈系官僚も免官または下野を余儀なくされた。矢野、福澤の甥の中上川彦次郎、牛場卓蔵、尾崎行雄、犬養毅ら慶應義塾出身官僚も政府を去った。

実は福澤は、政変の前に伊藤博文、井上馨、大隈の三参議から政府系新聞の発行を依頼されていた。法令規則や官吏任免などを伝える政府広報と、政治や学術に関する論説記事で構成される新聞である（「法令公布日誌関係文書」）。

高名な福澤はその発行者に適任と考えられた。だが政権転覆計画の黒幕と目されるようになったとなれば、そんな人物に政府系新聞の発行を頼むはずがない。計画はあえなく頓挫した。潔白を主張する福澤は、伊藤と井上に計画中止の真意を何度も問いただしたが、もはやどうにもならなかった。

この時計画された政府系新聞の広報部分が、一八八三年に創刊され現在にいたる『官報』につながる。福澤が新聞発行のために集めた人材や物品は、一八八二年に創刊され、東京の有力紙となる『時事新報』に転用されたという（佐々木隆『メディアと権力』）。福澤からすれば、政府に慶應義塾への資金貸付を拒否された二年後に、政府のほうから頼んできた新聞発行計画でハシゴを外されたことになる。

『学問之独立』の主張

福澤と政権中枢との間には大きなわだかまりが残ったが、だからといってすぐに政府の学校である官立学校への憎悪が昂進したわけでもなかった。だが、「明治十四年の政変」に接したことによって、政治の変動の速さや政争の激しさが学問と教育に与える影響を再確認した、とはいえそうである。

一八八三年の『学問之独立』という小冊子では、学問と教育を政治から切り離すことを提言している。具体的には、東京大学など文部省の学校、工部省の工部大学校を本省から分離し、帝室

（皇室）の所管とする。そののちに、学校を民間の有志に付託して「共同私有」の私学とし、帝室から賜金をもらって基金を作るか、毎年定額を受け取るかして運営する。文部省は就学者数の調査や義務教育などに機能を限定してしまう。

一八九〇（明治二三）年に国会が開設されることがすでに決まっており、将来、政権交代のある政治が実現するかもしれない。政府の方針が変わるたびに教育が変わるようなことは許されないが、官立学校は政府機関である以上、どうしても政治の影響を受ける。そこで、いまのうちに政治的に中立であるべき皇室に高等教育機関を移管してしまおう、という提言であった。

すでに福澤は、一八七〇年の「学校之説」で、「官の学校」には政府の動向に左右されやすい欠点があることを指摘していた。最たる例が徳川政権の開成所で、政権が瓦解するや、この学校のことを顧みる者はいなくなった。このような事態を避けるためにも、学問と教育は政治から離れなくてはならないというのが『学問之独立』の趣旨である。

これは、それほど過激な主張ではない。東京大学や工部大学校を官庁から切り離して帝室の保護の下に置け、といっているだけで、東大を解体しろ、とか、文部省を廃止しろと叫んでいるわけではないからである。

ところが、福澤の主張は激化していく。明治一〇年代後半から目立つ「政府は教育から手を引け」という福澤の強いメッセージの背景には、政府による露骨な官学優遇・私学冷遇政策がある。それは、若者にとって死活問題になりうる徴兵制度において官学と私学を差別する、という形で端的にあらわれた。

徴兵令改正と私学衰退

一八八三年一二月二八日、大規模な徴兵令の改正が行われた。公布された新たな徴兵令は、官立・府県立学校と私学との格差を決定的なものにした。具体的には、官立・府県立の学校の生徒には徴集猶予の資格が与えられ、卒業すれば短期服役の特典も与えられた。「官立大学校」などの高等教育機関で一定の課程を終えれば実質的に平時免役となる。

一方、私学の生徒にそのような特典は与えられなかった。この改正以前の徴兵令には、免役料（代人料）をはじめとする免役制度があった。兵役を避ける方法はいろいろあったのである。それらが廃止されてしまったので、法律上私学の生徒は徴兵検査に合格して籤に当たれば即三年間軍隊行きになる。学校選びの際、兵役を回避できるか否かが重大問題として浮上した。

改正の作用はすぐにあらわれた。徴兵令改正から一ヶ月後の一八八四年一月、慶應義塾では一〇〇人を超える退学者が出た。一八八二年に創設されたばかりの東京専門学校（現・早稲田大学）でも、在籍者三〇〇人中六〇人が退学する事態となった。徴集猶予の資格が与えられないことが大きな原因と考えられている（両校『百年史』）。

かつては慶應義塾にも徴兵に関する特典が与えられていた。一八七六年、文部省所轄学校の生徒と同レベルに達していることが認められればその他の学校の生徒でも兵役を免除されることになり、慶應義塾（本科第三等以上）も翌年に認定されていたのである（寺崎修「徴兵令と慶應義塾」）。

早慶のみならず、私学全体が大きなダメージを受けた。中江兆民の仏学塾は一八八八年に廃校となるが、兆民は、徴兵令の厳格化によって「生徒はだんだん学業をやめて故郷に帰るようになり、数年の間に仏学塾は寂れてしまった」と回想している（『中江兆民全集』第一七巻）。中村正直の同人社の衰退にも、徴兵令改正が大きな影響を与えたといわれている（関口直佑「明治初期における東京の私塾」）。

私学衰退の一方、徴集猶予などの特典がある官立・府県立学校は大盛況となった。一八八四年の『朝日新聞』によれば、大阪府立中学校や堺師範学校、神戸師範学校などでは志願者が急激に増加した（二月一五日、九月一九日）。それから二年後の『時事新報』は、徴兵令改正以後の官立・府県立学校が「門前は常に市を成」す活況になったと伝えている（一八八六年二月八日）。

徴兵令改正によって私学は退学者の増加に苦しみ、官立・府県立学校は入学者の増加に喜んだ。このような結果は当然予測できたはずである。予測できたというよりも、文部省は意図的に徴兵令改正とある種の「教育改革」をリンクさせようとした可能性が高い。

冷遇される慶應義塾

福澤と慶應義塾は、この事態を受けて東京府知事に「願書」を提出、官立・府県立学校と同様の特典を与えるよう求めた。

慶應義塾は「全国洋学私塾」の中で最古の歴史を持ち、二七年間休まず学問と教育に励み、多くの人材を生み出した。かつては兵役免除の特典も与えられていた。私学でこれだけの実績があるのは、慶應義塾だけである。ところが、徴兵令改正によって、「廃滅」の危機に立たされている。是非とも調査した上で、官立・府県立学校と同様の特典を与えて欲しい。「願書」はこう訴えている（「慶應義塾生徒徴兵免役に関する願書」）。

同時に福澤は、陸軍の最高実力者で内務卿の山縣有朋に書簡を送り、官立に準ずる保護を慶應義塾に与える「特別ノ御取扱」を依頼した（『書簡集』第四巻）。いずれも、慶應義塾は特別な学校だから特別扱いせよ、という論法であった。

これらの工作は完全な失敗に終わった。一八八六年、官立・府県立学校と同レベルと認定された学校にも特典を与える小改正があったが、慶應義塾は無視された。その一方、政府高官と強いコネクションを持つ獨逸学協会学校（獨協学園の前身）や熊本県の私学済々黌などには特典が認められた。慶應義塾が特典にふさわしい学校と認められるのは、それから一〇年後の一八九六年のことである（寺崎前掲論文）。

この冷遇には、文部省の意向が反映されている。文部省は、福澤の「願書」に対する意見書の中で慶應義塾の優越性を完全否定した。そもそも官立・府県立・町村立・私立の学校は、「国家にとって必要か」「学科その他が整備されているか」という二基準で優劣が決まっている。私学は、国家に害がないという理由で存在を認められているにすぎない。慶應義塾は長い歴史を持ち多数の人材を輩出したと主張するが、教育が進んできた昨今、「中学校ニモアラス、専門学校ニモアラス、一種雑駁ノ教育」を行っている慶應義塾を官立・府県立学校と比べることはできない。過去の教育実績に対しては別に褒美でも与えればよいので、兵役面での特典は不要である。特典がなければ慶應義塾が「廃滅」するというが、「国家ニ必須緊要ナル学校」とは認められないので、「廃滅」しても大した問題ではない。文部当局はこのように主張した（「慶應義塾生徒徴兵ノ儀ニ付文部省意見」）。

扱いがここまで悪くなったことには、さまざまな理由が考えられる。明治政府の中に、言論人、教育者としての福澤の影響力を懸念する人々がいたこともあるだろう。たとえば明治国家の設計者の一人である井上毅は、福澤の著作が若年層に対して強い感化力を持つこと、全国からその門下に集まって「政談ノ淵叢」ができることを強く警戒した。「私学私塾ニ於テ一家ノ私言ヲ広ムルノ害ヲ除ク」ための学校振興を提言したこともある（「人心教導意見案」）。

すでに紹介したように、東京帝国大学教授の井上哲次郎は、帝大が完成した以上「速成」校の慶應義塾に高い地位を与えることはできないと断じたが、文部省はその二〇年以上も前から同様の主張をしていた。それどころか、徴兵令改正に便乗して官私学校の格差をいっそう助長する「教育改革」を実践していたことになる。

帝大特権と官学全廃論

官立学校に対する特典の付与は、兵役にとどまらない。一八八六年、東京大学と司法省法学校、工部大学校など各省の高等教育機関が統合され、帝国大学が発足する。この大学は「日本帝国の唯一最高の大学、文字どおりの最高学府」（天野前掲書）であり、当初の卒業生は高級官僚になるための試験さえ免除された。帝大発足の翌年に出された「文官試験試補及見習規則」によって、帝国大学法科大学と文科大学（のちの法学部と文学部）の卒業生と、前身校の卒業生は文官高等試験を免除されたのである。

行政官の試験免除は一八九三年から予備試験だけになったが、法律学科卒業生を司法官試補（修習を経て判事・検事となる）に無試験採用する制度は、大正期まで続いた。弁護士資格も無試験で得られた。第三章に見るように、これには過酷な試験に合格しなければ法曹になれない私立法律学校生が憤激した。このほか、帝国大学の医科大学には医師資格が、文科と理科には中等教員資格が無試験で与えられた（天野前掲書）。

明治初頭、福澤はすでに「官の学校」の長所として「自《おのず》から仕官の途に近し。故に青雲の志ある者は殊に勉強することあり」と述べていた（「学校之説」）。帝国大学への進学はエリートの地位と制度的に直結しており、立身出世を求める若者にとって抗いがたい魅力を持つ。一方の私学は兵役の猶予すら得られない。官学の隆盛と私学の衰退は、井上哲次郎に指摘されるまでもなく、明治一〇年代後半以降の福澤がリアルタイムで感じ続けた危機だったのである。

このあたりから福澤の官学批判はエスカレートしていく。前に触れた一八八七年の論説「国民の教育」では、「人民が私の目的にする其教育に公けの金を使用するは正則にあらず」と主張した。教育とは、子供を成功させたい、立身出世させたいという親の「私情」によるもので、そもそも「公共の資金」を支出する対象ではない。ただし、なにも教育しないのは「社会全体の安寧」に問題を生じるので、読み書きと多少の算術までは政府が負担する。それ以上は親が負担すべきで、政府が「高尚専門の教育」に費用を出すのは「余分の世話」である。この福澤の主張は原則として高等教育に公金を投じることを認めないので、必然的に帝国大学をはじめとする官学は廃止または民営化されるのが望ましい、という結論になる。

実際、これに続く論説「教育の経済」では、官学を廃止して私学に教育を委ねるべきと主張した。その際に障害となるのは、私学の教育レベルが低いという世間の評判である。福澤は、驚くべきことにその悪評をなかば認める。だが、それは政府の責任だという。

私学のレベルが低いのは単純にお金がなくて高度な教育ができないからである。なぜお金がないのか。学生から高い授業料を取ることができないからである。なぜ高い授業料を取れないのか。「授業料の最も低くして課程の最も高き官立学校なるものあればなり」。

官学が安い授業料で最高度の教育を提供しているので、それより程度の低い私学で高い授業料を取るわけにはいかない。税金が原資である「国財」を使って最も高度な教育を最も安い授業料で提供している官学が諸悪の根源なので、これを廃止すれば私学しか存在しない世界になる。そうなれば、私学は堂々と授業料を値上げして資金を集め、高等の課程を設置し、素晴らしい人材を育成できる。

要するに、官学が政府の力をバックに不当な安値でよい品物を叩き売るダンピング行為をするから、私学の発達が阻害されるというわけである。

「貧生は下等に安んぜざるを得ず」

官学が全廃されて民業圧迫がなくなれば、教育は市場原理に委ねられることになる。高いレベルの教育には高値がつき、低いレベルの教育には安値がつくという当たり前の現象が発生する。

福澤は、「学問教育も一種の商売品」なのだからそれでよいのだ、と説く。次のような批判が寄せられることは、もちろん百も承知である。

第一に、高い学費を払えない者は進学を諦めるので、就学者数が減って「学問の衰微」を招くのではないか。これに対して福澤は、社会全体で教育熱が高まっており、景気が悪くなっても生徒数は増加の一途なので心配はまったくない、と反論する。たしかに慶應義塾の入塾者数を見ると、徴兵令改正の翌年一八八四年こそ前年比一〇八人減の二二三人に落ち込んでいるが、その後順調に回復し、一八八七年までの三年間で二七一人、四三五人、五一四人と飛躍的に増えている（坂井達朗・松崎欣一「解題」『書簡集』第四巻）。就学熱を肌で感じていたからこそ、学費値上げによる影響はたかが知れていると確信できたのだろう。

加えて福澤は、政府の教育への注力は「財政之困難」のため長続きしないと踏んでいた。この頃米国に留学させていた子息に宛てた手紙には、「他年一日、日本之教育ハ私立学之手ニ落つ可きハ誠ニ睹易《みやす》き数」とある。（『書簡集』第五巻）。慶應義塾の学生に対する同時期の演説では、国税や府県税を合わせた国民全体の教育費負担は一二〇〇～一三〇〇万円程度と推定し、絹糸の輸出高約一四〇〇万円の大半にあたる金額が教育に費やされていると指摘している（「社会の形勢学者の方向、慶應義塾学生に告ぐ」）。教育に注力するあまり財政は早晩バランスを失い、教育を私学に委ねざるを得なくなる、と考えたのだろう。

第二に、授業料が払えない貧乏人を教育から排除することは許されない、という批判が想定される。これについて福澤は、貧乏人を教育から締め出すことを明確に肯定した。「銭ある者は上等の衣食を買ふて衣食す可し、銭なきものは下等の衣食に満足せざるを得ず。簡単明白の数にして、今の人間万事この法則に洩る丶ものあるを見ず」（「官立公立学校の利害」）。

金持ちはよい服を着て美食するが、貧乏人は粗末な衣食で満足するしかない。これが世の常態である。「故に教育も亦この法則に洩る丶こと能はずして、富家の子弟は上等の教育を買ふ可く、貧生は下等に安んぜざるを得ず」（同右）。

世の中の法則では、金持ちの子弟が高度な教育を受け、貧乏人は低いレベルの教育で満足するのがむしろ当たり前なのだ。福澤はこう断言した後で、官公立学校がすぐれた教員陣や施設を整えつつ、学費を安くして「貧家の子弟」に門戸を開放していることを批判した。

なぜ貧乏人に高度な教育を安価で提供してはいけないのか。第一の理由は、官公立学校が税金で開設され、運営されているからである。篤志家による資金提供などで運営される私学と違い、官公立学校は金持ちと貧乏人とを問わず強制徴収した税金によって設立され、運営されている。

つまり、その費用には食い詰め者から徴収した税金も含まれている。ところが、税金で作った「盛大高尚」な官公立学校の恩恵を受けるのは、もっぱら一握りの「貧書生」だけである。優秀な若者を見捨てることは忍びないが、「公共経済」の観点から見て、限りある税収で無数の「天下の貧才子」を養うことはできない、と福澤は断言した。

貧乏人に高度な教育を与えてはならない第二の理由は、「社会の安寧」を乱すからである。「知字明理は唯《ただ》徒《いたずら》に不平の媒介にして、其いよ〳〵高尚なるに従て不平もいよ〳〵甚だしかる可きのみ」（「教育組織の改革を祈る」）。学問を修め精神を発達させると、どうしても社会の不完全さが目につき、不満を抱くようになる。最大の不満は、もちろん我が身の不遇である。そういう人間はなんとかのし上がろうとして「結社集会」「新聞演説」といった手段に走る、と福澤はいう。

「反・学問のすゝめ」

この時期の福澤は、貧者に対して一定レベル以上の教育を与えること自体が「天下の禍源」だと主張するようになった。

教育を受けた者は、知識を得て精神を発達させるので、どうしても「気位」が高くなる。その状態にいたった人間は、「知識相応の地位」を渇望するようになるので、「貧賤に居るの不幸」に耐えることができない。常に不平不満を感じるようになる。

現に小学校程度の教育ですら、父母と一緒に農耕に従事することや、郷党の仲間と一緒になることを嫌がる者を発生させている。中学教育や大学教育を受けた者ならなおさらである。「凡そ人間社会の不都合は人の智力と其財産と相互に平均を失ふより甚だしきはなし」。「智力」が成長しても、それを実地に活かせる地位や財産がなければ「憂患」となるだけであり、就学する貧者の数が増えるほど「社会の安寧」を脅かす原因が増える。官公立学校は官吏の道に近いというが、多くの者にポストを与えられるわけでもない。安寧を維持するためには官公立学校を全廃するか、公的資金の投入をやめて学費を値上げするかして、貧困書生を「淘汰」し「富んで志ある者」の子弟にのみ門戸を開くのがよい（「教育の経済」、「教育組織の改革を祈る」）。「公共助成の教育」は、読み書き算盤の初歩といった犯罪防止に寄与する「最下等」のものに限定し、それすらも現時においては義務教育として行うべきではない（「公共の教育」）。これは、『学問のすゝめ』初編（一八七二年）で、読み書き算盤から地理学、究理学（物理学）、歴史、経済学にいたる「実学」の意味を説いた姿とはかけ離れている。もはや「反・学問のすゝめ」といってよい。福澤は、教育と社会不安との関係をかなり長期的な視野で捉えていたようである。三男の三八によれば、ちょうどこの時期、福澤は共産主義への懸念を周囲に語り出したという。まだ共産主義というものが存在していることすら一般に知られていない時代である。

さらに日清戦争後には、「学問知識の進むに従いこの状態に満足せず不平が起ってくる。その不平は共産主義の形で現れる」と語り、政府と共産主義者の対立が長く続くことを予言したという。注目すべきは、この共産主義の震源地になるのは帝国大学だと予測していたことである。ある者が「若し真先に立って共産主義を唱える学校が日本にあるとすれば、それは慶応義塾でしょう」と尋ねたところ、福澤は「それは違う。将来真先に立って共産主義を唱える学校は政府の学校・帝国大学（今の東大の前身）に決りきっている。今に見ろ、この学校が共産主義の根強い根拠になり、学生は勿論教授の間にも共産主義を沢山出し政府は非常に困るに相違ない」と答えた（福沢先生研究会編『父諭吉を語る』）。

この晩年の談話が真実だとすれば、のちのマルクス主義の時代に帝大関係者が果たす役割までも予感していたことになる。少なくとも、知識が人々に不満を自覚させ、増幅させるメカニズムの中に共産主義思想が入りこんできた場合を想定していたことは間違いないだろう。

「官尊民卑」の打破

なぜ福澤は官学の廃止や民営化を強く主張したのだろうか。目の上のたんこぶである官学にせめて一撃加えたい、との思いもあるだろうが、それだけではあるまい。

明治一〇年代後半の福澤は、日本社会のあらゆる領域に「官」が進出し、「官」の価値がほかの価値を圧倒していることを激しく批判した。その際に多用されるのが、「官尊民卑」という言葉である。『日本国語大辞典』によれば、「官尊民卑」とは「政府や官吏を尊いものとし、一般人民や民間の事を卑しいものとすること。また、その考え」を意味する。

早い用例は、一八八五年に刊行された福澤立案の『士人処世論』に見られる。そこでは、「日本の士人」（この場合は学問や教養を身につけた人々を指す）がみな「世に官吏の職業ほど尊きものはなしと心得、只管《ひたすら》仕官に熱中煩悶」する有様を激しく批判し、「断じて官途の事は思ひ止まり、一日も早く他の独行私立の営業に身を転ずべき」「尋常普通の商売工業に従事せよ」と訴えた。官吏の地位に恋い焦がれるのをやめ、「普通の商売工業」に活路を求めよというのである。

なぜ多くの若者が官吏の地位を熱望するのか。「官尊民卑」の気風がその元凶である。福澤によれば、それは封建時代にさかのぼる起源を持つ。たしかに、明治維新によって「封建門閥」の時代は終わった。だが「数百年来」の習慣は容易になくなるものではない。お上をありがたがり、身分の低い庶民を卑しむ「上下尊卑の懸隔」はいまだに残存している。「政府の筋と云へば一種特別の重みを附けて、之を仰ぎ尊ぶこと、封建世禄の時代に所謂《いわゆ》る御上様の御用の筋をむやみに尊敬したるの風に彷彿たるもの少なからず」。

封建の時代、お上の「御用」がむやみに尊重されたように、明治になっても政府筋といえばそれだけでありがたがられる。公用の文書における名前表記の大小や、敬語の使い方などを見ても、それは明らかである。明治の「官尊民卑」は、武士が尊ばれ、庶民が卑しまれたかつての「士尊民卑」が姿を変じたものにほかならない。これが福澤の見立てであった（『士人処世論』）。

のち明治三〇年頃の福澤は、政府とまったく関係のない私的な集まりでさえ、官吏は上座で横柄な言葉づかいで威張り、無位無爵の民間人は下座で卑屈にへりくだるのが当たり前になっている風潮を批判した（「社会の交際に官尊民卑の陋習」）。

「官尊民卑」とは、要するに「政治上尊卑を標準にして全国民の分限を定めんとする」ことである。政府における価値基準が、社会のあらゆる領域を支配する。たとえば勅任奏任といった官吏の地位。これは政府の内部では尊ばれるべきだが、それ以外の社会にはまったく関係がない。一つの国には学問、殖産、宗教などさまざまな「立国の元素」があり、それぞれの領域にはそれぞれの権威者がいる。彼らに払われるべき敬意は、本来は政治における太政大臣や勅奏任官と軽重がないはずである。ところが、政府における地位のみ社会全体に通用し、「栄誉権勢」を独占している。福澤はこう批判した（「秩序紊乱の中に秩序あり」）。

「多情の老婆政府」

福澤は、勧業、衛生、収税、戸籍、警察などさまざまな領域で「民間の人事に手を出して政治の本色外に逸する」明治政府を「多情の老婆政府」と呼んだ。心優しい老婆が家族を思うあまり家人の生活のあれこれに介入し、指図するように、明治政府は「民」の領域にずけずけ侵入して、ある時はみずから事業を展開し、またある時は執拗な監視・管理・統制を行っている（「安寧策」）。

もはや福澤にとって、政府が官立学校を作って教育の領域に乗り出すことは「多情の老婆」の大きなお世話そのものでしかなかった。多数の生徒を集めて教育を施すのは、本来「政治の本色」ではない。しかしいまや官公立学校全盛の時代である。政府は、私学を圧迫して自分が教育の総本山になろうとしているのではないか。その証拠に、官学では学費を安くし、兵役を緩和し、卒業後は「官吏登用の道」まで用意している。その一方で、私学は冷遇する（同右）。

「前年一時は私立学校の盛大を邪魔物視するの内情を伝聞したることさへあり」というように、福澤は前に見た慶應義塾に対する文部省内の悪意を知っていた。この論説が書かれたのは一八九〇年であり、すでに帝国大学が設立されて四年が経過していた。

福澤はその主著『文明論之概略』で、社会を「文明」へと進歩させる動力について考察したことがある。それは、政治、軍事、経済、学術、文化など人間の活動のさまざまな領域が自立し、競い合うことであった。どれか一つの価値が支配的な地位を占めず、多元的な要素がせめぎ合うダイナミズムこそが進歩をもたらす。逆に、始皇帝の焚書坑儒のように「異説争論」を抑圧する社会は停滞する。たとえ「純精善良」な説であったとしても、それが真理の座を独占してしまえばもはや進歩は望めない。

この福澤の思考からすれば、政府が自前の学校（官学）を作って学術と教育の分野を占拠し、民間のさまざまな学校を抑圧することは、「文明」への進歩を妨害する行為にほかならなかったのである。

「拝金宗」の真意

では、「官」の価値が全社会を覆う明治日本において、どの対抗原理にとりあえずの勝ち目があるだろうか。すでに述べた通り、福澤は、官学を全廃して教育を私学に委ねよと主張した。そうすれば公金が投入される学校がなくなるから、学校経営はもっぱら授業料に依存することになる。授業料を払えない貧乏人は高等な教育を受けられなくなるが、それはやむを得ない。

この福澤の主張に見られるのは、金銭の価値の重視である。実のところ、福澤は「官尊民卑」を打破しうる力として、カネの力に強く期待した。たとえば、政府高官より富豪が偉い、役人より富豪になりたい、という世の中であれば、「官」がそれほど猛威を振るうことはできない。

一八八五年の諸論説では、「〔西洋では〕銭あれば政治家たる可し、又公侯伯子男たる可し。一切万事、西洋社会運動の根本は銭の一物に在り」といったように、西洋世界を動かしているのはカネの力であり、カネさえあれば政治家にも貴族にもなれる、快楽も栄誉も体面も思いのままであるといった極端な主張がなされていた（「西洋の文明開化は銭に在り」）。

西洋とは違って金銭価値を軽視する日本も、やり方次第ではカネを尊ぶ「銭の国」になれる、という。まず人物評価の基準として、財産が多いか少ないかを重要視する。従来型の、政府が作った官職や位階で身分の尊卑が決まるやり方を変えて、財産を持つ者ほど世間の尊敬を集めるしくみを作る。そうすれば栄誉や権勢はひとえに金次第になるので、人々は殖産に邁進するはずである（「日本をして銭の国たらしむるに法あり」）。

かなり露悪的な金力の強調である。こうした言動によって、福澤は「拝金宗」「学商」などと呼ばれ、悪評を買うようにさえなった。慶應義塾幼稚舎の舎長を務めた坂田実は、「〔福澤〕先生は明治十四年の政変以来、慶應義塾出身者を、官途に向け難きを悟り、民間事業に就かしめんとして、非常に金儲け論を吹聴せしより、後来先生を拝金宗などと評する者が出来たのである」と回想している（『福澤先生を語る　諸名士の直話』）。

たしかに、前述の「明治十四年の政変」で慶應義塾系官僚は下野し、その後官界は帝国大学出身者の独壇場となった。慶應義塾出身者の官界進出は今後あまり期待できない。だからビジネスでカネ儲けを……というのは「拝金宗」の有力な理由の一つかもしれない。

だが、それだけではないだろう。「民」の地位を向上させ「官尊民卑」を打破するためには、政府の権威と権力に打ち勝てるだけの力が必要である。そこで福澤が見出した力こそが、カネであった。政治が全領域を圧倒している現状を変えるためには、多少露悪的になったとしても、金銭の威力と魅力は強調したほうがよい。米国では大統領から知識人にいたるまで人生の希望はただ富の一辺倒、富以外に希望なし、とさえ説くこともあった（「社会の人心は其尚ぶ所に赴く」）。

「八百屋学校」を誇る

では、福澤のいうように官学を全廃または民営化した場合、私学ではどのような教育がなされるだろうか。

『時事新報』に掲載された福澤の慶應義塾の学生に対する演説を読み返すと、熱心に勉強せよ、学問に没頭せよという論調ではなく、学問への過度の集中を戒める論調が多いことに気がつく。

福澤は教育を養蚕にたとえて説明することがあった。「養蚕の目的は蚕卵紙《たねがみ》を作るに在らずして糸を作るに在り、教育の目的は教師を作るに在らずして実業者を作るに在り」（「慶應義塾学生諸氏に告ぐ」一八八六年）。

養蚕を営む目的は絹糸を得ることであって、カイコガに卵を産みつけさせる蚕卵紙を作ることではない。同じように、教育の目的は学校の教師を養成することではなく、商工業などで活躍する実業家を生み出すことである。少なくとも慶應義塾は「一芸一能に達したる専門の学者」つまり研究や教育に従事する者の養成を第一の目的としていない。

福澤によれば、日本には「教育さへ行届けば文明の進歩、一切万事、意の如くならざるはなしと信じて、却て其教育を人間世界に用るの工風を忘れたる」風潮がある。教育を重視するあまり、教育さえ受ければ（受けさせれば）どうにでもなると誤解して、肝心の成果の利用には関心を持たない。その結果、現実の「人間世界」を見下し、「学校世界」に引きこもってそのまま教師を目指す者が増加する。

しかし、これではカイコガが卵を産みつける蚕卵紙ばかりひたすら作っているようなもので、本来の目的である絹糸は一向に生産されないということになる。要するに、日本の「文明富強」のために教育を振興したはずが、教師の生産しかできていないということである。

慶應義塾はそういう学問を目指さない。西洋の学問を修めつつも、その一面で「学問教育を軽蔑する」、つまり学問を神聖視せずに通俗的に利用する姿勢で臨んできた。あらゆる俗事を学問に取り込み、英語、物理学、数学、地理、歴史、簿記、商法、経済学まで広く学ぶ。卒業後は、教師になりたいとか、役人になりたいとか情けないことはいわず、すぐ「工商社会」に飛び込み、資本があれば起業し、または実家の家業を継ぐ。これがあるべき姿だと福澤は説いた（同右）。

時に慶應義塾は「八百屋学校」と中傷された。学問の専門性が重視される時代、無規律に「種々様々の事」を教えている様子がまるで八百屋商売のように見えたからである。福澤はこの世評に対し「八百屋との高評は如何にも左様、義塾にては種々様々の事を教る故に、種々様々の人を生じ、開塾以来二十五年、何ものが出たか頓と分らず」と、多様な人材を輩出したことをむしろ誇っていた（「私塾誤り証文之事」）。

「実業」のすすめ

福澤は、学問に向かう人間を三種に分類したこともある。第一が、学問を本職とし、書物を著し、教育に従事し衣食を得る、いわゆる「学者」。今日でいう研究者や教員などのことである。第二が、化学や土木、法律などを学び、実務に応用する「学術の実業家」。つまり、エンジニアや法曹などである。

そして第三が「普通学者」。高度な学問に従事するでも、専門技術を駆使するでもないが、「智識見聞を博くして物理学人事学の要略を知る」者たちである。福澤が慶應義塾の学生に期待したのは、まずこの「普通学者」になることであった。

それは、慶應義塾に「地方富豪の子弟」が数多く在籍することと関係する。彼らには、家産を守る義務がある。ところが、親までの世代とは違い、旧態依然とした商売のやり方は通用しない時代に入った。だからこそ知識と見聞を持ち、学問の要所を知る「普通学者」になることが求められる（「慶應義塾学生に告ぐ」一八八九年）。

要するに、大方の塾生に呼びかけたのは、実業ありきの学問のすすめ、学問を基礎とした実業のすすめだった、ということになる。いうまでもなく、実業とはつまるところカネ儲けである。

明治日本において実業軽視の風潮を蔓延させた元凶は、帝国大学を頂点とする文部省の教育体系だと福澤は考えた。明治のはじめ「学制」が頒布された頃は、「文明世界に国を立つるの道は商工の実業を盛にするにあり」という思いを文部当局者も共有していたはずだ、と福澤はいう。『学問のすゝめ』の影響を受けたといわれている一八七二年の「学事奨励ニ関スル被仰出書」は、たしかに「其身を立て其産を治め其業を昌《さかん》にして以て其生を遂《とぐ》る」ための学問と教育の必要性を説いている。それと同時に、「国家の為」などと唱えて「空理虚談」に走る「士人」（士族）の学問を戒めてもいた。

ところが、この二〇年の教育普及によって「殖産を軽んじて空理虚談を重んずる」者ばかりが生産されたと福澤は嘆く。学問をする者には「士人」が多い。かつての士族は、家禄があるので殖産に関係する必要がなく、もっぱら「国事」を学ぶ「政治専門の人」だった。だから、関心はどうしても政治に偏る。「農工商」の子弟もやがて学校に入ってくるが、彼らも士族の影響を受けて「士化」していく。政治に強い関心を抱く士族の風潮が、平民に伝染するのである。

その結果、新聞や演説会における政治論の流行や、官吏になりたくて「熱中煩悶」する若者の増加に帰結した、と福澤は考える。彼らは政治に熱中し、実業を蔑視する（「政治の思想一方に偏す可らず」、「二十年来教育の結果如何」）。

福澤は、慶應義塾の学生に対し、「今の学問は目的にあらずして生計を求るの方便」だと考え、「成学即身実業」を目指せと説いた（「成学即身実業の説、学生諸氏に告ぐ」）。

たしかに、新時代の実業家の養成に力を尽くす学校にも大きな存在意義があるだろう。では、高度な学術研究はどうするつもりなのだろうか。現実に日本の高度な研究と教育を担っているのは帝国大学だとしても、慶應義塾はその方面にノータッチでよいのだろうか。

ドイツ語より英語

福澤は、慶應義塾が高度な学術研究を担うことを諦めたわけではなかった。すでに触れた一八八三年徴兵令改正の官学優遇方針が明らかになった頃から、慶應義塾は学科を改正し、英語教育の重点化や外国人教師の増員を図った（『慶應義塾百年史』）。

英語教育についていえば、福澤は英語を「万国通語」「貿易通語」として捉えていた。日本が目指すべきは「東洋の貿易国」であり、そのためには「局部」にのみ通用するフランス語やドイツ語よりも英語を学ぶべきである。もし中途で学問をやめるようなことがあっても、英語力があれば必ず仕事の役に立つ（「我国普通の洋学は英語に帰す可し」）。

これは、明治一〇年代から二〇年代にかけての、獨逸学協会の設立、東京大学法学部でのドイツ法学導入、そして帝国大学における国家学会の設立といった、「体制の学」としてのドイツ学の伸長（瀧井一博『ドイツ国家学と明治国制』）を意識したものであろう。

一八八四年、福澤は『時事新報』の漫言「日耳曼《ゲルマン》風万々歳」で、「人も日耳曼、酒も日耳曼、遊学も日耳曼、学問教育も日耳曼、高尚の学者は扨置《さてお》き、日本国中津々浦々の小民に至るまでも、横文読むには日耳曼に限るとて、今日の世界、日耳曼に非ざれば国にして国に非ず、人にして人に非ず」とその隆盛ぶりを諷刺した。政府肝煎の国家学を中心とするドイツ学に対し、福澤はあくまでビジネス言語である英語を通した西洋学術の修得を訴えたのであった。

帝国大学設立の年である一八八六年、福澤は慶應義塾を「大学校」にする意向を固め、四年後の一八九〇年には米国から三人の主任教師を招聘して文学・理財（経済）・法律の三科から成る慶應義塾大学部を開設した（『慶應義塾百年史』）。

福澤は理科の重要性をよく認識していたが、「フヒジカルサイヤンス」（物理学）などの理科教育には多額の費用がかかるので、とても「私立塾之及ふ所」ではないという認識を持っていた（『書簡集』第四巻）。福澤以降も官学廃止論は数多く出るが、最大のネックは官学が遂行してきた理科教育を私学が代替できないという問題である。

英語教育強化と外国人教師増員に取り組み、財政上の問題をなんとかクリアした上で大学部を設立し、高度な文系専門教育を実現する。こういった福澤の対帝大・対官学戦略が見えてくるが、それだけなら実のところ驚きはない。資金難という前提を踏まえ、幕末以来の得意分野である洋学に注力するという、福澤でなくても思いつきそうな計画である。果たしてそれで、政府の庇護下にある官学をしのぐ教育が実現できるだろうか。

幻のハーバード大学日本校プラン

実は、福澤の構想はもっと大きく、国際的なスケールを持っていたように思われる。それは、アメリカ合衆国が培った知の財産を大胆に導入し、活用することである。政治学者の小川原正道は、明治期の慶應義塾で学んだ人々が米国に留学し続け、福澤や塾の支援を受けながらハーバードやイェールなど東海岸の名門大学で「先端の学問」に専心したことを指摘した。福澤自身が二度幕末に渡米して以降肯定的な米国観を持ち、米国に人脈があったことが影響しているという（『慶應義塾の近代アメリカ留学生』）。

留学生を送りこむだけでなく、福澤はハーバード大学との強力な提携を模索していた。慶應義塾大学部開設と米国からの教師招聘は、そのことと密接に関わっている。米国から招かれたウィリアム・リスカム（文学）、ギャレット・ドロッパース（理財）、ジョン・ウィグモア（法学）の三人の主任教師は、いずれもハーバード大学総長のチャールズ・エリオットが選定し、推薦した人物である。エリオットは一八六九年から総長を務め、抜本的な教育改革によって現在にいたる同大学の基礎を作ったことで知られる（『慶應義塾史事典』）。

慶應義塾とハーバードとの関係は続き、一八九〇年には大学部の池田成彬《しげあき》（のち三井財閥の指導者で大蔵大臣も務める）らを留学生として送り出しているほか、教師が帰国する際にはエリオットに後任の推薦を依頼している。

だが福澤の希望は、教師の推薦や派遣留学の次元にとどまるものではなかった。一八八九年、エリオットに宛てた福澤の書簡には以下の記述がある。

「次のようなことが可能にならないだろうか。すなわち、慶應義塾の教授陣を次第にハーバード卒業の人達で埋めてゆき、教科目や教授法をできるだけハーバードの組織や実際に近づけて行き、また試験法も同じく進めて行って、遂には学位試験にまでおよぼす、言葉をかえて言えば、我々の学校を、ある意味でハーバードの日本分校とする」（清岡暎一編・訳『慶應義塾大学部の誕生』）。

慶應義塾をハーバードの日本分校とする。これは非常に斬新な提言である。福澤自身、このプランの実現が大変な困難をともなうことはもちろんわかっている、と付言している。だが、なかなかに壮大な野望ではないだろうか。

福澤とエリオットとの間を取り持ったユニテリアン（キリスト教の教派）の宣教師アーサー・ナップは、慶應義塾を「帝国大学に次ぐ大教育機関であり、帝国大学には見られない多くの特長と強みを持つ学校」とエリオットに紹介した（同右）。その慶應義塾が米国で一、二を争う名門ハーバードの日本分校となり、学生はハーバード出の教授陣からハーバードそのままの教育を受ける。米国東海岸の「本校」に正規入学し、卒業する機会を得る学生も飛躍的に増えるだろう。優秀な若者にとって非常に魅力的な進路になりうる。

「官」の威光を背景とする帝大に対し、慶應義塾は米国の名門大学と提携して対抗する。「官」の強い圧迫を跳ね返す方策として、考えうる中で最も強力ではないだろうか。もしこの夢が実現していれば、帝国大学とはまったく違ったタイプの知の権威が日本に登場した可能性さえある。

先進学院との合併構想

ハーバードがらみの学園強化策は、福澤が脳溢血で倒れる前年の一八九七（明治三〇）年頃にまた取り沙汰される。再来日した宣教師のナップが福澤を訪問、ハーバードとの提携や日本におけるユニテリアン神学校である先進学院と慶應義塾の合併案などについて話し合った。福澤はすでに老境に入っていたが、協議は五時間に及んだという（土屋博政『ユニテリアンと福澤諭吉』）。「儒教主義」教育の批判者として知られる福澤は、三位一体説を否定し合理主義と寛容を重んじるユニテリアンに共感を寄せていたといわれる。新時代の日本社会の道徳を確立する上で役に立つと考えたからであろう。福澤は雑誌『ゆにてりあん』に寄稿した一文の中で、同派を「一派の宗教宗門」としてではなく、「一個人一家族の関係に至るまでも、之を網羅して善に向はしむる」ことを目的とする運動と理解している（「ユニテリアン雑誌に寄す」）。

先進学院の命名者は福澤であり、慶應義塾との合併は要するに慶應義塾に神学部を設立することを意味する。先進学院は、特定の教派の教理を教えるのではなく、さまざまな宗教との比較の中でキリスト教を客観的かつ学問的に教え、「諸宗教に共通する普遍的なもの」を探ることを目指していた（土屋前掲書）。

したがって福澤は、両校の合併は慶應義塾内にユニテリアン由来の比較宗教学部を作るようなものだと考えたのかもしれない。これもある意味でハーバード・モデルである。土屋博政は、福澤が「ハーヴァード大学の神学部に対応するもの」を考えていたと推測する。当時ハーバードは

「ユニテリアンの本拠」と呼ばれ、その神学部もユニテリアンとの関わりが強かった（土屋前掲書、『慶應義塾百年史』）。

結局、ナップの失策やユニテリアン内部の問題もあり、福澤の希望は果たせなかった。だが、福澤は最晩年にいたってもハーバードとの連携や新学部構想などを通して、帝国大学とは異なる高等教育機関を模索していたことがわかる。

反官学の先にある「文明化」

その後、官学は廃止されるどころかますます栄えたことは、誰でも知る事実である。冒頭で見たように、やがて大正期の地方中学校では慶應志望者の進路を無理やり官学に変えさせようとする指導さえ行われるようになる。その流れの中にあっても、福澤は官学にはできない教育を模索し続けた。

たとえば、帝国大学法科卒業生などの文官試験免除を批判する文章の中で、帝大お得意のペーパーテストでは測定できない能力に着目している。福澤は、文官試験それ自体の廃止もしくは簡略化と、人物本位の採用を提言した。ペーパーテストはごく一般的な問題にとどめ、人物考査を重視する。そうすれば、民間の会社や商店から大蔵省に、郡市町村の役所から内務省に、という具合に、実務に通じた者を採用することができる。「一知半解の白面書生」を採用するよりも、政府の活動は迅速になるに違いない。地方官や収税吏は人民との折り合いや人望が最重要なので、完全に無試験で構わないとした（「文官試験規則」、「文官試験規則（地方官に就て）」）。

民間の実務経験者の官吏登用を唱えていること、そして、勉強ができるかできないかよりも人物の如何を重視していることは興味深い。人物教育は、「成学即身実業」を唱える福澤の教育論の中でも重要な部分であった。慶應義塾の塾生に対する演説でも、立派な人物になるためのアドバイスをこまごまと語っている。曰く、郷里の親を安心させるために文通せよ。曰く、学問を活用して、活発に機転を利《き》かせよ。曰く、温和な顔をし、礼儀作法や言葉づかい、筆跡を丁寧にせよ。曰く、運動して心身の健康を増進させよ。曰く、他人に金を借りるな。曰く、「自利々他」の精神を持て。などなど。

福澤は「国家ノ須要ニ応スル学術技芸ヲ教授シ及其蘊奥《うんのう》ヲ攷究《こうきゅう》スル」（帝国大学令第一条）ことを使命とする帝大ではできない、私塾だからこそ可能な人物教育を重視した。「政府が人を採るに漸《よう》く《や》実用を重ずるの風を成したらば」、実用本位の学問を身につけた慶應義塾の卒業生が再び官界で活躍する道が開ける、と福澤は学生に説いている（「慶應義塾学生諸氏に告ぐ」一八八六年）。これは、民間で実業を経験した者、世の中のことを理解した「臨機変通の才」を持つ者、徳望のある者が官途につくことを意味する。その時、実業と政治の回路はつながり、「官尊民卑」は破壊されるはずである。

福澤の東大（帝大）への対抗戦略は、江戸期の「士尊民卑」に起源を持つ「官尊民卑」の打破、新しい教育・学校像の提示、そしてその先にある日本の「文明」化という大きな戦略と、不可分に結びついていた。

第二章　「民衆」の中へ——レジャーとモラトリアムの早稲田大学

昭和初頭の早稲田大学

早稲田の中の東京大学

帝国大学を頂点とする「官」の学校体系が構築されつつあった明治中期、福澤諭吉は「官尊民卑」の克服という壮大なスローガンを掲げてこれに対抗した。ところで、「官」と福澤が決裂する大きなきっかけとなった「明治十四年の政変」は、もう一つの学校をこの国に生み落としている。一八八二（明治一五）年一〇月に創設された東京専門学校、のちの早稲田大学である。

政変で政権から逐われた大隈重信は、同じく下野した腹心の少壮官僚小野梓と図って、新たな学校を作ることにした。かねてから人材育成の必要性を感じていた大隈がパトロンとなり、小野とその周辺の若き学徒が教師となる学校である。大隈が政権中枢に居続け、小野も官僚を続けていればこの学校はこの世に存在していないだろう。この二人が下野したからこそできた学校で、早稲田大学が今日も標榜する「在野」という言葉は、発端に強く刻印されている。

「在野」とは「公職につかないで民間に居ること」を意味する言葉だが、辞書によるともう一つ別の意味がある。それは「政党が政権をとらないで、野党の立場にあること」である（『日本国語大辞典』）。

東京専門学校は、この意味での「在野」とも強い親和性を持っている。大隈は、学校創設の同年に結成された民権政党、立憲改進党の党首でもあった。小野梓もこの政党の創設者の一人であり、基本文書の起草者である。

『早稲田大学百年史』（以下『百年史』）が、「片手に政党、片手に学校」あるいは「双生児」と表現するように、立憲改進党と東京専門学校は人的にも理念的にも強く結びついていた。『読売新聞』は「今度立憲改進党諸氏が政治学者を養成の為め東京専門学校といふを設け学科を政治法律理学等の数科に分ツて速成を旨とし英語学科をも設けて入校生徒の便を計り来月中旬頃より開校される由」と報じている（一八八二年九月二四日）。

早稲田という学校は、「明治十四年の政変」が生み落とした在野党の双子の弟なのである。政府はこの学校を「謀反人養成所」のように扱い、教場や寄宿舎にスパイを送り込む、入学をやめるよう父兄に働きかける、官吏や官立学校教員の出講を禁ずるなど強い圧力をかけた（『百年史』）。

しかし、「在野」といえば、もともと福澤諭吉がその道を代表する人物であり、しかもだいぶ先輩である。慶應義塾の創設は文部省の設置より古い。前章で見たように、福澤は「私立」の立場を高らかに宣言し、「官」の学校体系を激烈に糾弾した。

一方、東京専門学校＝早稲田大学の創設は、官立学校である東京大学と切り離せない。『百年史』は、高田早苗、天野為之、市島謙吉、岡山兼吉、山田一郎、砂川雄峻《かつたか》、山田喜之助ら東京大学の学生が、土佐出身の民権派知識人である小野梓と出会ったことを学校創設の起源とする。彼らは小野と意気投合して鷗渡会という結社を作り、大隈の学校設立計画を現実のものにしていった。大学を卒業するや彼らは東京専門学校で教鞭を執り、高田、天野はのちに総長や学長を務めることになる。講師陣には、高田の東大同級である坪内逍遙も加わる。鷗渡会に参加した高田ら東京大学の学生は、立憲改進党結成に関しても理論面から大きく貢献したといわれている。

「東大の分家、慶応の弟分」

彼らを送り出した東京大学の側は、このことを快く思わなかった。官立の、しかも唯一の大学である東京大学の卒業生が大隈の下に走ったのだから当然である。その人数も座視することができなかった。一八八二年の法学部卒業生八人のうち三人、文学部卒業生四人のうち三人が鷗渡会のメンバーになっていた。

これでは政府が大金を投じて敵対者を養成したようなものである。前章で見たように、福澤諭吉はちょうどこの頃、官立学校の生徒一人あたりに投入される国費の大きさを批判していた。この年の東大卒業式の式辞では、総理の加藤弘之や外国人教師のフェノロサが高田たちを厳しく非難したことが知られている（天野郁夫『大学の誕生』、真辺将之『東京専門学校の研究』）。

早稲田の起源に東京大学が培った学知があるということ。この点について、早稲田側は意外にも肯定的、というよりどこか誇らしげである。『百年史』は、高田ら東大卒の新学士教員陣の存在を根拠に東大との密接な関係を語る。そして、大隈と福澤の親密さ、または立憲改進党の慶應義塾出身者（矢野文雄、犬養毅、尾崎行雄ら——彼らは東京専門学校の議員や評議員も務めた）の存在を根拠に、早稲田と慶應義塾との密接な関係を語る。早稲田は「東大の分家、慶応の弟分」であり、官学の特徴と私学の特徴を総合した学校だ、と豪語するのである。

『百年史』該当巻の総編集にして執筆者である木村毅の著書『早稲田外史』は、このことを「慶應的な畑を耕して、東大的学問の種子をまいた」と表現する。慶應的なものもあれば東大的なものもある、「東西古今の文化の諸潮流のうずまく明治日本を、小縮図にしたようなのが早稲田」だというが、これはさすがに手前味噌というべきだろう。

帝大から見た早稲田

とはいえ、東京大学と早稲田との関係の深さは、必ずしも早稲田側の思い込みとはいえないものがある。前章でも取り上げた東京帝国大学文科大学教授の井上哲次郎は、一九〇六年に次のように語った。「私立大学の中でも、聊《いささ》か群を抜いて勢力ありと称する所の彼の早稲田大学抔《など》に至ても、大学出身者の経営する所に係るものではありませぬか、鳩山、高田、坪内の諸博士の如き、皆な孰《いず》れも大学出身者に外ならざるものであります、其他教員の名簿を見ると云ふと、其重なるものは、大抵皆大学出身者であるではありませぬか」（「帝国大学論」『太陽』第一二巻第一号）。

上記の「鳩山」とは、一八九〇年から一七年間東京専門学校、早稲田大学の校長を務めた鳩山和夫のことで、戦後に首相となる鳩山一郎の父である。鳩山は東大の起源である大学南校・東京開成学校の出身で、帝国大学法科大学の教授も務めた。

井上がいう「大学出身者」とは、東大とその前身の官学出身者のことである。勢いづいている「私立大学」の早稲田ですら、東大の力がなければ学校運営と教育が成り立たないではないか、というのがその論旨であった。

なお、東京専門学校は一九〇二（明治三五）年に「早稲田大学」と改称するが、その時期、法令上正式な大学は東京と京都の両帝国大学しか存在していない。早稲田は改称の翌年に公布される専門学校令に基づく専門学校で、「大学」を自称することを認められたにすぎない（だから正式には「私立早稲田大学」と呼ばれる）。ほかの私立専門学校も同様で、明治大学、法政大学、日本大学などの「私立大学」が発生した（『百年史』、『学制百年史』）。

かつて東京大学の加藤弘之、フェノロサらは、東京専門学校に東大出身者が参画することを嫌悪した。逆に井上は、東大と「私立大学」との格付けが完了したことを強調するために、「早稲田大学」が東大出身者によって運営される学校であることを誇ったのである。

『百年史』の自慢と自虐

「東大の分家」を称する早稲田側の東大観は、アンビバレントなところに特徴がある。福澤の官学廃止論のような明快さはない。

そのことは、『百年史』が採録する劇作家小山内薫のエピソードに典型的にあらわれている。近代演劇の開拓者とも称される小山内は、東京府立一中（現・東京都立日比谷高校）から第一高等学校を経て東京帝国大学文学科に学んだ経歴を持つ。早稲田とは一見無関係だが、『百年史』は小山内が『文章世界』に寄稿したエッセイに着目した。

「私は十九の春に中学を卒業して、其年高等学校の試験を受けた……尤《もっと》もその時分、私の考へでは、文学をやるなら帝大よりも早稲田の方が可いと思つて居たので、どうか高等学校の試験は落第して早稲田へ入りたいと思つて、好い加減な試験を受けて見た。ところが、文科など志願する者は、学問も出来ない人が多いと見えて、私は中通りのところで入学を許された。そこで入ることにした。一つは高等学校の帽子も冠つて見たかつたので」。

この回想によれば、小山内は文学をやるならば帝大よりも早稲田がよいと考え、一八九九年実施の一高入試をわざと失敗して早稲田（この時はまだ東京専門学校）に行こうと考えた。ところが意外にも合格してしまったので、結局は一高へ進学した。そういうエピソードである。

『百年史』は、このエピソードを次のように解釈する。「その頃早稲田は既に早く、この日本一の中学の秀才を惹きつけるだけの業績を整えていたのだ。しかし、一高の受かったのを蹴飛ばしてまで彼を惹きつけるだけの魅力にはまだ欠けていた。この時は、早稲田大学が昇格する噂も世間には飛んでいない前だ。もし二年遅れて、早稲田が大学になるチャンスに彼が巡り合せたら、この寧馨児《ねいけいじ》（神童）は、或いは早稲田に来たかもしれない」。

当時の東京専門学校とりわけ文科は、一中の秀才ですら進学したがる学校であった。だがまだ大学ではなく、一高を蹴るだけの魅力はなかった、と『百年史』はいう。実のところ、大学を名乗ったとしても早稲田が選ばれるとは考えにくいが、このような自慢なのか自虐なのかよくわからない記述が『百年史』の個性の一つになっている。校長の鳩山和夫が子息の一郎と秀夫（のち東京帝大教授）を一高・東大に進学させたことや、教授の片上伸が子息四人全員を官学に入れたことを取り上げ、「早稲田の教授自身も、自分の学校を全面的には信頼していなかったのかもしれない」などというあたりは校史の枠を越えているといえよう。福澤諭吉も長男一太郎と次男捨次郎を東京大学予備門に進学させたが、校史でその意味を楽しげに論じたりはしない。

丸山幹治と眞男の場合

東大に対してアンビバレントな心情を抱いていたのは、木村毅ら『百年史』執筆者だけではない。ある有名な親子のエピソードにも濃厚にあらわれている。その親子とは、東京専門学校邦語行政科出身のジャーナリスト丸山幹治と、その次男で東大法学部教授を務めた政治学者丸山眞男である。一九八四年、七〇歳になった眞男は長谷川如是閑に関する長いインタビューを受けた（「如是閑さんと父と私」）。如是閑と父の幹治は友人であったので、話題は幹治の思い出に自然と及んだ。

目につくのは、学歴と成績に関するエピソードである。一八八〇年に長野県埴科《はにしな》郡清野村に生まれた幹治は、陸羯南《くがかつなん》の新聞『日本』や、『京城日報』『大阪朝日新聞』『大阪毎日新聞』などで活躍した新聞記者だが、旧制中学から旧制高校へ、といった正規の進学コースを歩まなかった。長野の村で尋常小学校を卒業した後、一八歳で家出して横浜に行き、同地で牛乳や新聞の配達人として働いた。そこから東京専門学校に進み、一九〇一年に卒業する。

一方、次男の眞男は東京府立一中・第一高等学校・東京帝国大学法学部という典型的な学歴エリートの道をたどり、そのまま法学部助手に就任、のちに「戦後民主主義」を代表する東大教授として広く知られるようになる（『丸山眞男集』別巻新訂増補）。

父の幹治が眞男に対して見せた態度は揺れ動いている。眞男は、母セイの教育ママぶりと対比しつつ「父の方は徹底して、学校なんてどこでもよく、また成績などはテンデ問題にしない」人だったと述べているが、この回想自体がまた別の回想によってすぐに否定される。

幹治は一中時代の眞男に「学校を卒業したら共産主義者になりたければなってても俺はちっとも構わない。ただ、日本では学校を出ないとひどく損をするから、学校だけは出てくれ」と諭し、一高一年の一学期にクラス四〇人中一三番になった時には、「一高で十三番なら大したもんだ」という励ましの手紙を送ったという。学校なんてどこでもよい、成績なんてどうでもよいといいつつ、一方では学校は出てくれといい、息子の成績に気を配っている。

一高入学時には、幹治は『大阪毎日新聞』にいたので、大阪から祝いの手紙が送られてきた。そこには「うちの社にも一高出がいるけれど、大したのはいない。きっと一高にも屑がいるんだろう」と書かれていた。眞男はそこに父親の「学歴コンプレックスと帝大出身者への軽蔑とが入りまじった心理」を読み取っている（「如是閑さんと父と私」）。

大正期、幹治が籍を置く新聞社でも入社試験の導入が進み、それまでの紹介や推薦などの多様な採用ルートが、今日も見られる筆記を中心とする入社試験に集約されていった（河崎吉紀『制度化される新聞記者』）。眞男によれば、幹治は「新聞社は入社試験をやるようになってからだめになった」「東大が多くなった」と後年笑いながら語っていたという。

ペーパーテストは東大生の得意分野なので、入社試験をやればやるほど東大出身の社員記者が増える。それが新聞を劣化させている、というのが幹治の見解であった。学歴エリートに対する複雑な思いと、長野の村を飛び出して早稲田に潜り込み、筆一本で言論界を生き抜いてきた自負の両方を、幹治は抱えていたのだろう。早稲田人から見た東大は、ここでもやはりアンビバレントなのである。

私学生と官吏への道

東京専門学校は、政治経済学科・法律学科・理学科の「正則三学科」に英語学科を備えてスタートした。法律学科があるということは、この学校は法律学校でもあるということであり、このことが早稲田と東大との関係を陰影に富んだものにする。

東京専門学校は、専修学校（現・専修大学）、明治法律学校（現・明治大学）、東京法学校（現・法政大学）、英吉利法律学校（現・中央大学）などとともに、「五大法律学校」にカテゴライズされることがある。この場合の「五大法律学校」とは、一八八六年の私立法律学校特別監督条規によって帝国大学総長の監督下に置かれた、東京府下の私立法律学校群を指す。「監督条規」は、各学校の課程（三年以上）とカリキュラムを定めた上で、帝国大学法科大学（現・東大法学部）の委員から「常時及試験ノ時」に「臨監」を受けること、毎月の授業時間割や定期試験の科目、時間割、成績表を帝国大学に提出することを義務づけていた。つまり、法制度的に東大から支配されていたのである。

なぜ各校がわざわざ帝国大学総長の監督下に入ったかというと、法曹就職の道が用意されたからである。各校の卒業生のうち、帝大総長の名において優等と認められた者は、司法官吏立ち会いの試問に合格すれば判事試補に登用されることも可能であった（藤原政行「官僚養成制度と私立法律学校への統制について」）。

「監督条規」は一八八八年に特別認可学校規則に取って代わられた。帝国大学総長の監督から文部大臣の認可に改まり、入学資格や進級・卒業試験などが厳格化された。そのかわり、認可された学校の卒業生には高級官僚への登竜門である高等試験の受験資格と、勅任官・奏任官・判任官の官吏ランクのうち一番下にあたる判任官見習への無試験任用が認められた。一八九一年には、判事検事登用試験の受験資格が与えられた。

政府は中級・下級官僚の供給源として、また、行政官に比べて相対的に人気のない司法官の供給源として私立法律学校に着目し、統制と教育の質保証を図ったのである（天野郁夫『増補 試験の社会史』）。私立法律学校からすれば、卒業生に官吏や法曹への道を用意できるかどうかは非常に重大な問題であった。また、文部大臣に認可されるかどうかは兵役猶予などの資格とも連動していたので、学校経営上絶対に無視できなかった。

「セカンドクラス」の拒否

東京専門学校の法律科も、一八八八年に文部大臣の認可を受けた。卒業生の進路を拡充させるためにはやむを得ない措置である。

しかし帝国大学は、私立法律学校よりもはるかに大きな「特権」を享受していた。この時点では行政官、司法官とも無試験任用である。私学の主戦場ともいえる代言人のち弁護士の試験は普通に受験すれば合格率数パーセントの超難関だが、帝国大学法科大学とその前身校の出身者は無試験で資格が得られた。帝大法科の卒業生には高級行政官僚または判事・検事の道が開けているのに対し、早稲田は中級・下級官僚の座か、受験資格しかもらえない。文部大臣の認可を受けることは、セカンドクラスとしての扱いを受け入れることを意味する。

実は、東京専門学校内部では政治科の学生が特別認可に猛反発していた。セカンドクラス扱いを拒絶したのである。法律科と同様に政治科でも認可を得ようとする学校側の動きを察知した政治科の学生たちは、演説会を開き、評議員を訪問して反対運動に決起する。結局、高田早苗をはじめとする学校当局は、妥協策として政治科では認可を願い出ず、法律科と新たに創設する行政科（第二法律科）の二科で認可を求めることとなった。したがって政治科の学生には国家試験や兵役上の特典はない（真辺前掲書）。

一八九九年刊行の村松忠雄『早稲田学風』には、「嘗て文部省指定学校の制を設け、専門学校の政治科亦指定の二字を冠らせられんとせしや、彼学生等は憤然として曰く、我輩は独立の学生なり我校の主義は学問の独立に在り、我輩は国家の人材を以て任ず、豈《あに》指定を受けて俗吏の群に入り、腰を五斗米に屈せんやと」とあるのはその経緯を記したものであろう。文中にある「五斗米」とは少しの俸禄、という意味である。

認可によって得られる特典が判任官見習への無試験任用ではなく、帝国大学と同じ高等官の試補への無試験任用だとしても同じように決起したかどうかはわからない。しかし「国家の人材」を自負する政治科の学生たちが、帝大を頂点とする秩序に組み込まれてセカンドクラス扱いされることを拒絶したのはたしかである。

民間企業の学歴差別

早稲田の出身者に対するセカンドクラス扱いは官吏登用にとどまらない。資本主義が発達するにつれ企業が就職先の主流を占めるようになるが、民間の世界でも出身学校による差別は常態化していた。

たとえば、初任給は卒業した学校によって違った。戦後に東大文学部事務長を務めた尾崎盛光の著書『日本就職史』は、明治末期の官立私立学校卒業生の初任給（文系）の格差を「帝大一〇〇に対して一橋六〇～七〇、慶應五〇～六〇、早稲田は三〇～四〇、といったところ」と見積もっている。

会社が採用活動を行う場合、出身学校によって初任給に差をつけるのはごく自然なことだった。『日本就職史』は、一九〇五年に早稲田大学法学科を卒業し、ラサ工業の社長を務め、戦後には参議院議員となった小野義夫の談話を記録している。

「卒業生の月給相場は、東大（赤門と呼ぶ）医科は七〇円～八〇円で地方の病院長とか部長という地位に羽根が生えて飛ぶような状況であり、法科も四〇～五〇円、まず赤門には売れ残りはもちろんない。……つぎは一つ橋の三〇円内外が相場、慶応が二五円ぐらい。ところで早稲田の法科は大学第一回卒業生で相場がない、買い手まかせに月給などは何程でもよろしい、ただ御採用を……。奉職の口のあった連中は二割にも達しない。その相場は一七円ぐらいが普通」。

小野自身がその卒業生だから、信憑性のある証言ではある。早稲田法科の卒業生は東大法科の三～四割程度の値段しかつかなかった。帝国大学を卒業するまでの年限は長くかかるので速成の専門学校より高くなるのは当然だが、それにしても差が大きすぎる。

大正期にも厳然とした給与格差があった。たとえば第一次大戦好景気時代の日本郵船では、帝国大学、商科大学（現・一橋大学）卒業生の初任給は八〇円、早慶と地方高等商業学校が六〇～六五円、早慶を除く私立大学が五〇～五五円である（寿木孝哉『就職戦術』）。概して、帝大・商大・早慶・その他私大という具合に序列化され、新入社員は同じ企業に就職しながら差別待遇を甘受していた。

早大差別に憤る石橋湛山

是正の動きが出るのは、一九一八（大正七）年公布の大学令によって単科大学や私立大学の設立が認められて以降である。一九二〇年に慶應義塾大学と早稲田大学が正式に大学に昇格、続いて明治・法政・中央・日本・國學院・同志社も昇格した。

それを受けてか、一九二三年には三菱が直系企業の待遇差別を改めたことが報じられた。それまで帝大工学部が一〇〇円、その他の帝大が八〇円、高等商業・高等工業が七〇円、早慶が六五円、明治・中央・同志社が五五円であったところ、この年の四月から帝大・東京商大・神戸高商（現・神戸大学）・早慶を七五円、その他の専門学校と私立大学を六五円、私大専門部を五五円、中学校・実業学校程度を三五円に改めた。将来的にはその他の私大、専門学校も七五円に引き上げるという。

この決断の背後にはケンブリッジ大学卒の三菱総帥・岩崎小彌太の決断があったようである。岩崎は「学校の程度に依つて、その出身者に最初からハンデキヤプをつける事は間違つてゐる」

「東京商大は東京商大、東京高工は東京高工、又早稲田大学は早稲田大学といつた風に、各学校の特色と歴史を、重んじて貰ひたいものだ」と語った（「実質的に愈々認められた私立大学出の学士」『受験と学生』一九二三年七月号）。

だがその三年後の同じ雑誌では、三菱系の日本郵船の顧問である寺島成信が「今日では余程差等がなくなつたと云ふけれども、未だ〳〵である」と述べているように、全面的な差別撤廃を推し進めることは簡単ではなかった（「官立大学と私立大学との比較」同一九二六年一一月号）。

戦後に首相となる石橋湛山は、専門学校時代の早稲田大学の文学科を一九〇七年に首席卒業し、特待研究生として宗教研究科も修了、『東京毎日新聞』を経て東洋経済新報社に入社した。自伝『湛山回想』によると月給は一八円で、四歳年上の小野義夫がいう早稲田法科の相場一七円とほぼ同じである。下宿の一人暮らしでも少々足りない金額だったという。

その石橋も、早稲田に対する差別待遇に憤っていた。中等学校教諭は文学科の就職先としては最良の部類だが、石橋によれば公立校には帝大と高等師範の学閥があり、早稲田出身者は少し昇進するとクビにされたらしい。大正の中頃まで早稲田出で公立中等学校校長の地位にいたものは一人もいなかったという。慶應義塾と違って早稲田には実業界の勢力もない。「いっこう引っぱってくれる先輩がなく、はなはだ、みじめなものであった」と石橋は回想する。

例外は「新聞界」と「文芸界」である。「官学出で、これらの方面に志すものは、いたって少なかった」というのが大きな理由で、実際に石橋は新聞記者の道に入った。

「国家の人材」の進路とは

東京専門学校草創期、政治科の学生たちは、判任官見習への無試験任用など二流の「特権」を拒絶した。彼らは下級官僚の卵ではなく「国家の人材」を自負していたのである。その自負心を満足させうる進路こそが、新聞記者であった。

当時の記者は、現代のサラリーマン記者とは違う。学校が創設された明治一〇年代は、自由民権運動の時代である。民権派は新聞を利用し、時に政府を激しく糾弾しつつ自陣営の主張を世間に浸透させようとした。「記者・投書家であり、演説家であり、同時に党員・社員であるという人びと」が新聞を舞台に言論戦を展開していたのである。一八八一年に自由党が、翌年に立憲改進党が結成されると、有力紙も民党系機関紙と化した。改進党系の新聞には『郵便報知新聞』(のち『報知新聞』)『東京横浜毎日新聞』『読売新聞』などがある(山本武利『新聞記者の誕生』)。

東京専門学校の首脳部を占めていたのはいうまでもなく改進党員で、彼らはもちろん新聞と深い関係を持っていた。小野梓は『読売新聞』で論陣を張り、高田早苗は一八八七年から『読売新聞』主筆を務めた。『郵便報知新聞』は、改進党の結成に加わりのちに東京専門学校校長も務める前島密の発案で創刊され、「明治十四年の政変」以後には矢野文雄が買収した。尾崎行雄、犬養毅もこの新聞に依拠した。のちに大隈重信が「野に下つた我輩は種々《いろいろ》とやつて見たが、大概は皆失敗で今日残つて居るのは、此学校(早稲田大学)と、報知新聞」と回想したほど、大隈系と強く結びついていた(『大隈侯昔日譚』)。十四年の政変で下野して改進党結成に参加した島田三郎は、東京専門学校議員であると同時に『東京横浜毎日新聞』を拠点とし、やがて社長となった。

「改進党気取」

政治活動家であり、言論人であり、最高度の知識人である人々が創設し、運営する学校ということ。教壇にも姿をあらわす彼らの存在は、「国家の人材」を自負する学生にとってまたとないロール・モデルとなる。村松忠雄の『早稲田学風』によれば、草創期の早稲田の学生は、東京の官立私立の学生の中で「最も弁論に長し最も文筆に巧みに、且つ一種のヂクニチーを保つ」と称せられたという。彼らの演説の仕方、文章の書き方、さらにはディグニティ（威厳、気品）のあり方は、要するに改進党員でありかつ早稲田の経営者や教員でもある人々から伝染したものだった。同書には「其演説議論及びヂクニチーなるものは、矢野小野鳩山嶋田（島田三郎）尾崎高田等の諸先輩が……社会の上に一種の異彩を放ちて、所謂《いわゆる》「改進党気取」を始めしものが、次第に学生を感化し、学生をして同一スタイルたらしめたるによる歟」とある。

そして、学生が渇仰する政党人であり新聞人であり教育者である高田らは、多数の卒業生を自分の関与する新聞社に送り込んだ。石橋湛山が最初に就職した『東京毎日新聞』は『東京横浜毎日新聞』の後身であり（現在の『毎日新聞』とは異なる）、早稲田大学教員の田中穂積が経営に参画した新聞である（河崎吉紀「新聞界における社会集団としての早稲田」）。

メディアでの優位

こうした流れによって、明治末期にはメディアにおける早稲田の優位が公然と語られるようになった。早稲田出身の作家、河岡潮風は一九〇九（明治四二）年に著した『東都游学学校評判記』で次のように述べている。「〔早稲田出身者は〕一体に政府の事業では左程成功して居らぬ。法科でも判検事弁護士にも得意の腕を振へるもの少なし。商科にしても当分は日本銀行や何んかに向かぬ……其代り、新聞雑誌業には日本第一の大便宜を有し、他校が勢力を張らぬ間に、この方面に発展したものだから、有力な先輩多く、陣笠連に至つては、天の川の星の数より多い位。北は雪深き樺太の涯より、南、生蕃躍る台湾の端に至るまで、新聞と云ふ新聞、雑誌といふ雑誌には、少くとも一両名は早稲田出身者がゐる盛況。操觚者たらんには、本校に敵する修養所はない」。

早稲田は政府や商業関係では不調で、法曹界でも中央や明治などよりも実績が劣った。だが、新聞・雑誌への進出は早かったため、どの会社にも有力OBがおり、ヒラ記者にいたっては星の数ほどいる。表現者を志すなら早稲田に敵う学校はない、と河岡はいう。

記者へ、代議士へ

慶應義塾の福澤諭吉は、「官」とその学校の強大化を前に、実業つまり商工業を主戦場に設定した。早稲田の場合、「官」が帝大を基盤とした人材供給ルートを確立する中で、法律科は二級の特典を甘受する特別認可を受けたものの、政治科はそれを拒絶した。帝大出身者の下僚に甘んじるのではなく、筆一本で政府を褒貶し、天下国家を論じる言論世界に展望を見出したのである。

そしてその先に見据えていたのは、学校関係者の尾崎行雄、犬養毅、島田三郎が、また高田早苗、天野為之、市島謙吉らが実際そうなったように、未来の国会で代議士となることであっただろう。一八九〇年の国会開設はすでにスケジューリングされている。

高級官僚だけが「国家の人材」の道ではない。言論人として政論を磨き、修練を重ね、人脈を形成していけば、その先には代議士としての未来もありうる。もちろん誰もがそのようなルートを歩めるわけではない。真辺将之の詳細な校史研究は、中央・地方の官公吏は早稲田出身者にとっても有力な進路だったことを明らかにしている（真辺前掲書）。

しかし、最高にうまくいっても中級官僚か地方吏員が関の山、という学校が世間の声望を集めるとは考えにくい。以後の早稲田の発展に記者と代議士という将来像が有効に機能したことは疑いないだろう。加えて、これも真辺が検討したように、「ドイツ学」の帝国大学とは異なり、東京専門学校が英国流の議院内閣制を展望する「イギリス学」を標榜したこと、高田早苗が一八八八年に授業の一環として導入した「擬国会」（模擬国会）が評判を呼んだことなども、イメージ定着に大きく寄与したことだろう。

「民衆の早稲田」

ところで、記者と代議士にはある共通点がある。それは、民衆を直接の相手とする稼業だ、ということである。代議士の場合は、よく知られているように直接国税一五円以上の納税要件から始まり、時代とともに緩和されて一九二五（大正一四）年に男子普通選挙が成立するにいたる。

昭和戦前期に書かれた学校評判記において、早稲田大学は「民衆の早稲田」「民衆的な早稲田」と評されることがあった。「早稲田には、まつたく他のいづれの大学にも見られない一種特別の親しみを、民衆の間に見出すのである。それは此の校歌の響きと共に、年一年と津々浦々に波及し、そして反響する。——早稲田は、今や、全国民の所有である」（榛名譲『大学評判記』）。「数多い帝都の大学の中で、凡そ早稲田大学ほど一般民衆に親しまれてゐる大学はあるまい」（大村八郎『帝都大学評判記』）。

かつて早稲田出身の作家尾崎士郎は、学校の「伝統的雰囲気」というものは「むしろ学校のワクをはなれて一般民衆の生活感情の上に濃厚に反映している」と語ったことがある（「早稲田大学について」）。「民衆の早稲田」というフレーズは、この国の庶民が、早稲田という学校を自分たちに近い存在として感じていたということを、願望も含めて表現している。

早稲田を「民衆的」と評した人々は、だいたい次のような歴史認識を持っている。早稲田は「明治十四年の政変」で政府から放逐された大隈重信が創設した学校であり、したがって同校は藩閥政府に対抗する宿命を負っている。建学の理念である「学問の独立」とは、藩閥政府の庇護を受けて官吏を供給する帝国大学（を中心とする官学）へのアンチテーゼにほかならない。「在野精神」や「学問の独立」といった早稲田側の売り文句をそのまま敷衍するとこういう話になりがちだが、実のところ学校創設の経緯や建学理念は、早稲田が「民衆的」であり、民衆に親しまれたことの証拠としては説得力がない。政治権力への反抗は、民衆の支持獲得に直結しないからである。もし直結するならば、幸徳秋水ら明治社会主義者や大杉栄のようなアナキスト、あるいは昭和初期の無産政党は、もっと広い支持を得てもよかっただろう。早稲田人気の例として必ずといっていいほどあげられる六大学野球の早慶戦などを見ても、巷のスポーツファンが「在野精神」や「学問の独立」という理念に共鳴して応援しているとは考えにくい。

政党政治家モデル

各種の大学評判記は、早稲田が「民衆的」であることの説明として、別な理由も付け加えている。第一に、民衆の支持によって立つ政党政治家、という進路モデルを確立したことである。これは、文官高等試験に合格して官界に入り、最終的には大臣に任ぜられて内閣に列することを目指す帝大モデルとも、財界に入って大会社の重役となることを目指す慶應モデルとも異なる、早稲田ならではの特色として示される。

たとえば、一九三三（昭和八）年に刊行された榛名譲の『大学評判記』は次のように述べている。「代議士に、そして大臣たれ——これは実に早稲田学徒の理想であつた。官僚となつて事務に跼蹐《きょくせき》せず、会社員となつて小理想に満足せず、野に立つて民衆に訴へ、民衆に立脚した政治家となつてかねて抱負を実現せんとするところにあつた」。

つまり、民衆に直接呼びかけ、民衆に支持され、一票一票を集めて代議士となることが、早稲田の学生の理想像だというのである。実際、三回目の男子普通選挙である一九三二年の総選挙に当選した衆議院議員四六六人中、「早大」ないしその関連校に学んだことを標榜する議員は六八人に達する（『東京朝日新聞』一九三二年二月二三日）。

『大学評判記』は、早稲田出身の政党政治家のうち、「次期の大臣級」として中野正剛、三木武吉、小山松寿（のち衆議院議長）らの名をあげ、「大物」として永井柳太郎らを、また議席はないものの「無産党闘士」として大山郁夫、浅沼稲次郎らをあげている。周知のように、浅沼はのちに衆議院議員、日本社会党委員長となり、一九六〇年、日比谷公会堂で右翼少年の山口二矢《おとや》に暗殺された。当時の首相池田勇人は衆議院で追悼演説に立ち、「沼は演説百姓よ　よごれた服にボロカバン　きょうは本所の公会堂　あすは京都の辻の寺」という、浅沼の友人が詠んだ詩を引用した。東に西に駆けめぐり、場所を問わず民衆に語りかける早稲田型政治家のイメージが反映されている。この演説は大きな反響を呼んで歴史に残ることになったが、かつて傍流を約束された非東大卒（京大卒）の大蔵官僚であり苦労の多かった池田が、地べたを這いつくばって生きた無産政党の闘士にオマージュを捧げた、という点にも聞きどころがあったのかもしれない。

大衆文化とデモクラシーの時代

早稲田が「民衆的」である第二の理由として指摘されるのは、文壇やメディアに確固とした基盤を持っていることである。創立時から坪内逍遙を擁していた東京専門学校は、一八九〇年に文学科を創設したが、やがてそれまでの早稲田の看板であった政治科を上回る名声を得るようになった（真辺前掲書）。

榛名の『大学評判記』が具体的に例示するのは、島村抱月、正宗白鳥、小川未明、江戸川乱歩、直木三十五といった名前であり、「早稲田派」の文芸は「帝大派のアカデミズム」とは違って「常に何らかの点で大衆と密接に結びついてゐる」と指摘する。民衆を相手にし、民衆の中へ飛び込んでいく早稲田出身者というイメージが、ここにも見られる。

早稲田の発展史は、マスとしての民衆が時代の前面に躍り出る大正期以降の状況にマッチしていた。日露戦争後の一九〇五年、賠償金が取れなかった講和条約への不満から、民衆暴動である日比谷焼打事件が発生した。それ以降、二個師団増設問題に端を発する憲政擁護運動、そして一九一八年の米騒動と、民衆は政治を突き動かす存在になっていった。

同時に、就学率の向上を背景として、月刊誌『キング』や週刊誌『サンデー毎日』『週刊朝日』などの創刊に代表されるメディアの急成長も見られた。民衆が活字をむさぼる時代である。「大正デモクラシー」の波はやがて普通選挙法の成立に帰結する。

メディア史研究で知られる佐藤卓己は、一九二三年の関東大震災後に mass の訳語としての「大衆」という言葉が広く使われるようになったことを指摘している（『『キング』の時代』）。早稲田は、時代を動かす大衆に栄養分を供給し、同時に栄養分を吸い取ることを生業とするメディア人や政党政治家を続々と輩出していった。

肯定的な意味でも否定的な意味でも、大正期の早稲田には民本主義的だという世評があった（鞭爾「早稲田大学の世評と其実相」『大学及大学生』第一五号）。デモクラシーと大衆文化の時代に「民衆の早稲田」が躍進するのはある意味自然なことだったのである。

「劣等生と落第生の掃溜め」

早稲田が「民衆的」な理由は、ほかにもある。それは「在野精神」などよりもはるかに実質的な理由で、要するに入学が相対的に簡単だったことである。

一九〇二年、東京専門学校は早稲田大学に改称された。その際、中学校を卒業した者であれば、無試験で入学が認められた。また、中学中退者や私塾出身者、独学者のための入学試験を行い、さらに高等学校をはじめとする官立学校の受験失敗者のために編入生を募集した。これらの試験は、「学力を見る程度で、及第を建前とし、落第を異例としたので、学生にはきわめて気安さを感ぜしめた」という（『百年史』）。

「高等学校の入学試験を受けて官報に名が乗らず、高商や高工で落第し、兵学校機関校では試験官と説が合はず、商船校、士官校でスカを喰ひ、それでは早稲田へでも入りませう」という具合の安易さは、「官学のあぶれ者の収容所」「劣等生と落第生の掃溜め」との世評を招く原因となった（南北社編『早稲田生活』、『百年史』）。

慶應義塾と早稲田は、ほかの私学と比べて別格の扱いを受けることが多かった。設立からの歴史的経緯や人材輩出力に加え、慶應の場合は医科、早稲田の場合は理工科という理系学科を兼ね備えた総合的学園であるという根拠に基づく。

しかし、正式に大学に昇格した後も、早稲田にはいかがわしいイメージがつきまとった。『東京朝日新聞』の投書欄「学生界」には、「商科等はどうも多数学生を取る為かやはり粗製濫造の非難がある。開校前大分評判だつた高等学院〔早稲田大学の予科にあたる学校〕も中の質はあまり香しくないと学院関係者は云つて居る」（一九二〇年五月一四日）、「早稲田を来年もう一回受験しようと思ふ受験者は現代には多くはあるまい」（一九二一年四月二三日）といった悪評が踊る。

また受験雑誌にも、「早稲田といへば、高等学院の入学試験に換へ玉が沢山あつた事を発見したり、又高等学校志望者が一時腰掛けに入学して欠席勝であつたり又月謝を数ケ月納めないからつて、二百名許《ばか》り退学を命じたと或新聞に出てゐましたが、事実でせうか」などという受験生の疑問が掲載されたりもした（「受験生と記者との対話」『受験と学生』一九二〇年八月号）。

受験難易度にあらわれた私学の地位の低さを嘆く早稲田の若者もいた。高等学院の生徒は『東京朝日新聞』に次のような投書を寄せている。「私立校の入学競争は未だ貧弱なものがある所を見ると社会人の官私学間の差別はまだ〳〵決して撤廃されてはゐない。私立学校昇格なるものも、この社会の偏見がある以上は何の意味があろう。僕には恐らくこの差別が益〻著しくなつて来た様に感ぜられる」。そしてこの生徒は「自重せよ私学生！覚よ社会！」と、偏見を取り除くための努力を私学の学生に求めたのである（一九二一年四月二二日）。

難関校化を拒否する卒業生

在校生は社会の視線を過剰に意識して気に病むことも多いだろうが、卒業生は逆に入学の安易さを早稲田エピソードとして好んで語ることも多かった。脚本家の野田高梧は一九一七年に英文学科を卒業し、のちに『東京物語』をはじめとする小津安二郎監督作品の共作者となる。野田は片上伸教授との入学口頭試問の様子を次のように回想する。

「君はどういふ理由でこの学校の文科を選んだんです」

入学の時の片上伸先生の口頭試問である。

「この学校の文科がいいと思つたからです」

「いいといふのは？」

「悪くないからです」

「なるほど」

これで入学が出来たのだから、僕などは良い御時世に生れたものだといふべきだらう。（「あのころの早稲田風俗」『早稲田学報』一九五一年七月号）

戦後、早稲田大学の入学難度は飛躍的に高まるが、戦前の卒業生は母校が難関大学になることを必ずしも喜ばなかった。それどころか、過去の簡単な入試を誇らしげに語り、その復活を強く要求する者さえいた。彼らは、希望者はなるべく全員入学させ、その後ふるいにかければよい、と考えた。一九五〇年頃の早稲田大学校友会機関誌『早稲田学報』に掲載された卒業生の声には、次のようなものがある。

「僕らのときも早稲田は入学試験はあれどなきが如しです。その代り予科から本科へ行つてみると、四割位落つこちて顔触れがひどく変つている」（小汀利得《おばまとしえ》・日本経済新聞社顧問）
「地方の学校を出て直ぐ早稲田を志願する者には試験問題を別にする。特に語学については平易な問題を課する。その代り入学後は特別に勉強させる」（中山均・日本銀行政策委員）
「ワセダの校風はもっとおおらかであったはずである。もっと暴れて、もっと伸びて欲しい。それには色々と対策もあろうが、ひとつ武蔵野の奥深くにでも、新しいワセダ街でも創ったらどう

だろう。校舎もうんと殖やしてもっと多くの学生を収容することだ」（後藤基治・元毎日新聞東京本社社会部長）

「入学試験なども点数だけで決定するのは早計だと思う。校友が推薦してくるものは、とらなければ駄目だ……関西方面に分校をつくることも必要となつてくるのではないか」（降旗徳彌・元逓信大臣）

これらの「おおらか」な入試復活の提言は、卒業生の子弟を無試験で受け入れよ、という要求に連なってくる。純印度式カリーで知られる新宿中村屋社長の相馬安雄は、次のような要求を大学当局に対して突きつけた。「一、学校はO・Bの長男（又は特に選ばれた息子一人）に対し無試験入学の特典を与える。二、O・Bの長男が正規の試験に合格して入学を許されたる場合には、右特典を二男に与える。以下これに準ずる。三、右規定に基き、無試験入学を許されたる者は、一カ年の勉学の後、その成績が学校の定めたる標準に達しない時、退学せしめる」。

校友の子弟や校友が推薦した者は極力入学させろ、という要求は、この時期の『早稲田学報』に数多く見られるものである。

高田早苗の入試有害論

彼ら卒業生の要求は、そう突飛なものではなかった。というのは、入試有害論は創設者の一人である高田早苗の持論でもあったからである。明治四〇年代初頭、高田は上級学校への「入学」試験が、受験生をふるい落とす「拒絶」試験と化している現状を強く批判した。厳しい入学試験が学校教育を受験のための「詰込み教育」に変えてしまい、人物を育てるための教育を妨害しているというのである。高田は「入学試験などを施さず、自然の径路に依つて、学生をして学問を継続せしむるだけの設備が整ふやうになる」ことが日本の学校教育を健全化する道だと訴えた（「現代学制の欠点」『早稲田学報』第一五二号、「教旨と風紀」同第一七六号）。

この理屈からすると、無試験入学こそが「正しき道」ということになる。いうまでもなく「拒絶」試験の最たるものは、旧制高校の入試である。なぜ高校に多くの受験生が殺到しふるい落とされるのかというと、その先に帝国大学があるからである。東大を頂点とするエリート校は、門戸を閉ざすことによってエリートたり得ている。ならば早稲田はその逆を行く。早稲田の入りやすさは、それ自体が高田の教育論に基づく、反・東大的な営為といえなくもないのである。

自由と放埒の学園

早稲田は、学園が持つ娯楽性によっても「民衆的」な存在であった。国民的な人気を博した早慶戦などはその好例といえるが、大学経営や学生生活全体にも多分に娯楽的なところがある。早稲田・慶應・明治・日大・中央・法政・東京帝大・日本女子大の校風と人物を紹介した一九一二年刊の平元兵吾『八大学と秀才』は、早稲田を次のように評した。

「私立大学中早稲田程不真目《ふまじめ》らしく見られる学校はなからう、或は徒党を組み、或は隊伍を成して、所謂弥次連を組織するの妙を得てをるのも独り早稲田に見る而已《のみ》、彼の野球戦又は諸種の歓迎会に望んで見ても事実明かである、聞く所によれば、元来早稲田には学校に籍だけ置いて遊んでをる者が二千余人もあると云ふことだ」。

早稲田の学生の粗暴さやだらしなさを批判しているようだが、決してそうではない。著者の平元はこう続ける。「不真目らしくして、尚且つ今日の大発展を成し、破格の栄誉を担つたと云ふのも、亦決して他の私立大学中に見る事の出来ない例である」。

平元は、早稲田の不真面目さは大隈重信の個性に由来している、と考えた。法律学校に起源を持つほかの私学とは違い、早稲田の法科は不調であった。ところが大隈は私財を投じて「誇大的」に学校の規模を拡大し、輩下の者も追随して文科、商科、理工科と増設を続けた。スポーツにも力を入れ、巨費を投じて野球部を渡米させた。いちいち大げさなやり方で世間の注目を集めるので、内実はともかくやがて「早稲田は偉い」という観念が生まれたと、平元は推測する。

好きなことをやる

前出の野田高梧は、創立記念行事の仮装行列でまだ生きている文壇の作家たちの葬式ごっこをやって大学当局から怒られたエピソード、授業には出ずに戸山ヶ原で友人たちと日向ぼっこをしながら人生を語り、ドストエフスキー、ボードレールを読み、ギリシャ劇に没頭したエピソードを楽しげに語る（「あのころの早稲田風俗」）。決して勉強しないわけではない。「自分の身に着けるための勉強」、自分の興味のある勉強に、それぞれのやり方で没頭しているのである。早稲田の講師になる際、「優や良より可の方が多い」ことが問題になった国文学者の暉峻《てるおか》康隆も「好きなことだけは勉強したからね。つまり呑む量と同じだけ勉強したね」と学生時代を振り返る（「今

昔の早稲田」『早稲田学報』一九五〇年九月号)。

授業にはきちんと出席し、語学力や基礎学力をコツコツ身につけ、嫌いな科目にも前向きに取り組む優等生とは異なる学生生活である。学問を志すにしても、「〔生涯の〕その前半は黒板を前にして坐した、その後半は黒板を後にして立った」(西田幾多郎「或教授の退職の辞」)というような人生とは違ってくるのかもしれない。

レジャーランドとモラトリアム

早稲田の「自由」は、教師の存在すら不要とした。大正期の『東京朝日新聞』の投書欄「学生界」には高校・帝大コンプレックスをめぐる投稿が多かったことは第一章で触れたが、早大生「多麻和泉生」は、この問題に対して「学校と云ふものは所謂「教育」を授かる所であるか」という問いを立てて参戦した。

大学の「教育」を受けて残るものは、授業で筆記した薄いノートでしかない。そのことに学生が感じる失望には、官立も私立も違いがないと「多麻和泉生」は説く。

だが、大学には「自由な研究」の喜びが存在している。「黴臭い、陰気な教室での前述の如き失望も、一度図書館の重い扉を押して、奥深い書庫の中を覗ひ、夥しいカタログを繰ることを親しむ様になれば、忽《たちま》ち氷と解け去つて、夫《それ》に替るものはやがては計り知る可くもない憧憬的な喜悦である」。

社会からも教師からも束縛されずに古今の書物と向き合う喜びこそ大学の存在意義だ、といいたいのだろう。そしてそれは、「どうせ再び社会へ出ねばならぬ吾々の身だがこの森に住む数年丈《だ》けででも自由であるのが愉快だ」というモラトリアムの感覚をともなってもいた（「学校に関する迷信」『東京朝日新聞』一九二〇年九月二四日）。

早稲田を主要な舞台の一つとする小説『人生劇場』の作者、尾崎士郎は、「早稲田は陽気であり、野放図な楽しい学校であった」といった（「早稲田大学について」）。民衆が早稲田を好んだとすれば、おそらくその陽気や野放図と深い関係がある。早稲田の歴史は、日本の大学と人間形成のあり方に、東大とは異なるモデルを提供した。それは、よくいえば授業などに縛られず自分のやりたいことを追求できる場所であり、悪くいえば「レジャーランド」化の先駆である。

第三章　「帝大特権」を剝奪せよ——私立法律学校の試験制度改正運動

大正元年の明治大学

「帝大特権」への不満

一九一三（大正二）年三月、東京・日比谷公園に三〇〇〇人規模の私立大学の学生らが結集し、司法省、衆議院、政友会などの政党本部に繰り出す騒ぎが発生した。その先頭には「試験制度改正同志会」と赤インクで大書された白い旗が翻る。早稲田、慶應義塾、明治、日大、中央、法政など私大生らが作ったこの集団は、帝国大学に与えられていた、ある「特権」の廃止を要求項目の筆頭に掲げていた。

第一章で触れたように、この時期の帝国大学の法律学科出身者は、無試験で判事・検事の候補生である司法官試補に任用され、同じく無試験で弁護士資格を得ることができた。現代風にいうと、法学部を卒業すれば司法試験を受けずに司法修習生になれた、ということになる。当時の弁護士には修習制度さえなかったので、卒業後すぐになれた。

これは法律に定められた「特権」だった。一八九〇（明治二三）年制定の裁判所構成法第六五条には、「帝国大学法科卒業生ハ第一回試験ヲ経スシテ試補ヲ命セラル、コトヲ得」という一文がある。第一回試験とは判事検事登用試験の学科試験（民法・商法・刑法などの筆記試験と口述試験）で、第二回試験は修習後に行われる実務に関する試験（筆記・口述）である。今日でも、司法修習の最後に課される試験は「二回試験」と通称される。

弁護士に関しても、「代言人」と呼ばれていた時代から帝大法科の前身である東京大学法学部の卒業生には自動的に資格が与えられた。一八九三年制定の弁護士法も、無試験で弁護士になれる者に「帝国大学法律科卒業生」を加えている。

では、帝大法律学科出身者以外はどうか。法曹を目指す者は、判事検事登用試験か弁護士試験に合格する必要があった。一八九一年に始まる判検事試験には受験資格があり、認可や指定を受けた学校で三年以上法律学を修めた者に限られた（のち厳格化）。

一八九三年時点では、関西法律学校（現・関西大学）、日本法律学校（現・日本大学）、東京法学院（現・中央大学）、獨逸学協会学校（獨協大学の源流とされる）、東京専門学校（現・早稲田大学）、明治法律学校（現・明治大学）、慶應義塾、専修学校（現・専修大学）、和仏法律学校（現・法政大学）が司法大臣から指定されている。弁護士試験には学歴上の受験資格はない。

両試験は超難関だった。判検事試験では一八九七年から一九〇八年の平均合格率は八パーセントで、一九〇五年は出願者一一〇六人中合格者三九人、合格率は三・五パーセントであった。のちに「憲政の神様」と呼ばれる尾崎行雄は、「出願する者の内、一千人内外は、其目的を達する能はずして、失意不平の群に入る。中には父兄妻子郷党朋友に対し、面目なくして、自殺を企るものもある」と書いている。弁護士試験は、明治三〇年代は概ね合格率五パーセント、ひどい時には二・一パーセントにとどまった（『学問と生活』）。

「特権」と反帝大戦線

帝大の法律学科を卒業すれば無試験で司法官試補にも弁護士にもなれるが、一応、同じ法学徒である私立法律学校の出身者は過酷な試験に苦しめられる。これらの私学が明治三〇年代に専門学校令の下で続々「大学」を名乗ったことは前章で触れたが、だからといって帝大同様に試験が免除されたわけでもない。大正の初頭に起きた私大生によるデモは、格差への不満がピークに達したことを示している。

福澤諭吉が早くから指摘していたように、明治期の多くの若者は「官」への就職を熱望した。国家が設置した帝大の法科に進学できればそれに越したことはないが、学力や家計の事情で叶わない者が圧倒的多数である。京都帝国大学が一八九七年に創設されるまで、帝大といえば東京に一校しかない。

仕官を諦められない者は、必要科目を学習するために、あるいは受験資格を得るために私立法律学校に集まる。学校側も、文官高等試験・判検事試験・弁護士試験に合格した自校出身者の氏名を新聞広告に並べて宣伝する。

私学にとって、帝大の「特権」はあらゆる意味で障害物である。無試験で判事・検事の道に進む帝大出身者が増えるほど採用枠は埋まり、私学出身者のパイが縮小するからである。また、無試験で資格を得た帝大出身弁護士が増えれば増えるほど、私学出身弁護士の仕事は減る。

帝大だけが占有する「特権」は時代とともに縮減する傾向にはあった。以前は行政官僚にも無試験で採用されたが、一八九四年からは帝大出身者も文官高等試験の本試験受験が義務づけられ、予備試験のみの免除に改められた。官僚になるためには、帝大法科出身者も憲法、刑法、民法、経済学など多岐にわたる本試験の受験が必要になったのである。

その中で、私立法律学校の主戦場ともいえる判検事試験と弁護士試験では、帝大出身者の無試験は維持され続けた。一八九二年、明治ほか東京府下の五つの法律学校は合わせて五、六百人の卒業生を抱えていたが、彼らの志望は概ね「代言人と司法官との二途」であった(『読売新聞』七月二二日)。明治後期から大正にかけて、法曹を目指す私学の反帝大戦線が形成される条件は十分にあったのである。

「平等」の追求

帝大の「特権」に挑戦する動きが目立ってくるのは、明治二〇年代後半である。一八九五年一二月五日の『東京朝日新聞』は、明治法律学校・東京法学院・日本法律学校・東京専門学校・和仏法律学校の代表者が集まり、貴族院と衆議院の議員に「大学特権廃止案」の提出と可決を求めることを決議した、と報じた。

教育学者の竹中暉雄が指摘するように、帝大の「特権」に抗する私学には二種の対抗策が考えられる(「帝大法科特権論考」)。一つは、私学出身者にも帝大と同様に無試験を求めることである。つまり、自分たちを帝大と同じレベルに引き上げることで差別の解消を図る。戦前の医師資格や学校教員資格の変遷はこれに該当するだろう。無試験での資格取得は、帝大や官立学校だけでなく認可された私学の出身者にも拡大していくからである。

二つ目は、任官や資格取得には帝大卒であっても試験合格を必須とするよう求めることである。これは帝大出身者を自分たちと同じレベルに引き下げて差別を解消するやり方といえる。

一八九五年の法律学校関係者による運動は、後者に属する運動だった。『東京朝日新聞』の記事によれば、私学側は「特権」のおすそわけを求めているのではなく、「大学卒業者も亦五大法律学校卒業者と同一に司法官試補並に弁護士たるには受験せしむることと為すべし」と訴えている。「自分たち〔私学〕にも特権をよこせ」という運動ではなく、「帝大から特権を剥奪せよ」という運動なのである。

「学力」という問題

なぜ帝大出身者の無試験は許されないのか。私学側はその理由を「学力」の観点から説明する。「従来の実験に徴《ちょう》し大学卒業者と五大法律学校卒業者と其学力に於て更に径庭あること無し」〔前掲『東京朝日新聞』〕。つまり帝大と私学の間には待遇格差が許されるほどの「学力」差はない、という。

今日からすれば、これはかなり思い切った主張である。現代の公務員試験や司法試験には東大特権も旧帝大特権も存在していない。民間企業の就職においても、一部の「学歴フィルター」疑惑などを除いては、応募自体が阻まれることは基本的にない。また、旧帝大と私大の間にかつてのような初任給の格差もない。

だが、たとえば東大と早慶・ＭＡＲＣＨ〔明治・青山学院・立教・中央・法政〕の「学力」に差はない、などという主張は、一般的にはなされない。偏差値とそれに基づいてグルーピングされる学校群の存在によって、法の下でこそ人は平等だが「学力」には差があることが自明視されているからである。

明治・大正前期に限定していえば、帝大出身者と私学出身者はそもそも制度的に対等ではない。「特権」廃止運動がピークを迎えた一九一三年当時、明治国家が正式に大学と認めた学校は東大・京大・東北大・九州大の四帝国大学しかない。法科をはじめとする文系を備えるのは、まだ東大と京大だけである。京大ができた後も、俗に「大学」といえば概ね東大のことを指すことが多かった。前章で述べたように、一九一八（大正七）年公布の大学令以前の「私立大学」は国家が認めた大学ではない。

帝国大学と私立大学の違いは、修学年数の違いにもあらわれていた。私立大学は、中学卒業が入学資格で、そこから一年半ほどの予科を経て三年の大学部（大学科）に進む。専門部（専門科）は中卒程度からそのまま三年の課程に入るが、こちらでも判検事試験の受験資格は得られた。まだ法律学校を名乗っていた時代には、中卒程度あるいはそれ以下からダイレクトに三年の法律学の課程に進んだ。

一方、帝大に入るには中学校を出た後で高等学校に進み、三年修学して卒業しなければならない。加えて、東京帝国大学法科大学は明治後期から大正の初めまで四年制を採用していた。同じ東大の文科大学（のちの文学部）に比べても一年長い。東大法科と私大専門部を比べると単純に四年の修学年数の違いがある。私学の学生は、四年も長く勉強した人たち（東大法科）と自分たちを比較して不平不満を爆発させるという、考え方によっては大変おこがましいことをしていたのである。

教育社会学者で戦後に文部大臣も務めた永井道雄は、かつて明治前期の私学を三つに分類した。一つが官学に対抗する理念を持つ「自由主義派」であり、早稲田、慶應義塾、同志社などがこれに該当する。

二つ目が「伝統主義派」で、神道を背景とする皇學館や皇典講究所（のちの國學院）や、日本主義を標榜する哲学館（のちの東洋大学）などが入る。「伝統主義派」の学校は文部省直轄の官立学校よりもさらに保守的で、「国策に対する忠誠」を露骨に示した学校と評される。

そして三つ目が「適応派」である。主要な私立法律学校はここに該当し、明治法律学校、英吉利法律学校（東京法学院）、日本法律学校などが名指しされている。「適応派」の代表例とされる英吉利法律学校のちの中央大学は、「私学卒官僚の生産機関」となる道をたどった。その「私学卒官僚」は、「将校」としての官学（帝大）出身官僚を支える「下士官」にたとえられる（「知識人の生産ルート」）。私立法律学校は、官学支配体制に適応する「下士官」を輩出したという意味で「適応派」なのである。

「下士官」の反逆

早稲田の場合は、中級・下級官僚の供給源となることを拒否した初期の政治科は反抗的といえるが、法律科は五大法律学校の一つとして、司法官やその他の官吏を目指す者を吸収していた。両方の立場に軸足を置いていたといえるかもしれない。

一八九五年の私立法律学校関係者による運動が重要なのは、「下士官」候補生である私学の学生が、修学年数からしてそもそも違う「将校」候補生である帝大生と同等の地位を要求し、しかも「学力」にさほどの違いはないと主張し始めたことにある。

「学力」の再定義

滑稽に見えるが、この手の主張は当時ある程度存在した。まず、文官高等試験本試験で私学出身者が健闘している、という見方がある。私立法律学校の関係者が「特権」廃止運動を起こした一八九五年、雑誌『教育時論』は、私学出身合格者が帝大出身合格者に比べて「議論文章、共に遥に優等」だという風説を紹介している。帝大出身合格者は「概ね文章拙劣なるを免かれず、中には普通の文章も綴り兼ぬる者さへあり」という有様だという(『教育時論』第三八一号)。『教育時論』の記者は、一概に判定できないと前置きしつつも、官学私学双方の事情から見てこの風説には一理あると説く。帝大生が履修する科目は非常に多く、外国語を使用した講義も多い。このほかラテン語やギリシャ語の修得も求められたとなれば、とても「学理の応用、討論、及邦文の稽古等」に取り組む余裕はない。

一方、私立法律学校の科目は多くなく、その上外国語学習に力を尽くさなくてもよい。実際、各種の学校案内を見る限り、この時期の法律学校(三年間)の課程では日本語による日本法の学習が強調されている。だから、討論会や演説会を開いて議論の練習をし、日本語の文章訓練をする余裕がある。

結果として帝大出身者は、「学理〔と〕外国語」に関してはもちろん私学出身者よりすぐれているが、「実用の智識」や「邦文の巧拙」では劣ることになる。帝国大学の教育は「純粋の学者」を養成するのに向いていて、「実際の才学」が必要な官吏の養成には向かない。このような理屈になっていた。

この記事の論拠はかなり怪しい。というのは、帝大法科卒業生が文官高等試験の本試験を受験したのはこの年一八九五年が最初であり、まだろくにデータがないからである。前年一八九四年から帝大卒でも本試験受験が必須になったが、帝大卒業生が抗議して試験を一斉ボイコットしたため帝大からの受験者はゼロだった。もう「特権」廃止はくつがえりそうもないということで、翌年からやむなく受験するようになったのである。

結果は帝大卒受験者四二人のうち二五人が合格（合格率約六〇パーセント）、予備試験から受験の私学出身者などは受験者八四人で最終合格者一二人（合格率約一四パーセント）であった。しかも成績上位一〇人は帝大法科出身である（水谷三公『官僚の風貌』）。

全体として、帝大出身者が私学出身者より劣っていたとは思えない。風説の源であろう当局者が、帝大の下位合格者と私学の上位合格者のサンプルを比較して優劣を誇張した可能性もある。そもそも『教育時論』という雑誌は、帝国大学が俗臭漂う「官吏養成所」と化していること、官界では帝大出身者以外は人間扱いされなくなっていることをかねてから批判していたので、その点も割り引いて考える必要があるだろう。

だが、この記事に見られるような、「実際の才学」「実用」の観点から「学力」を再定義し、官学と私学、帝大と私大の地位を転倒させようとする試みは、挑戦者の戦略として以後も活用されていくことになる。

明治三〇年代の暗闘

試験制度改正を訴える私学側の運動は、明治三〇年代にかけて激化する。この時期、「非大学（同盟）倶楽部」「非大学派」などの名称で呼ばれた私立法律学校関係者の運動体は、各種受験資格の撤廃や、文官高等試験・判検事試験・弁護士試験の受験料の値下げなどを求めて活動していた（『東京朝日新聞』一八九七年二月一七日）。法律学校の入学金と一月あたり授業料はそれぞれ二円、一円三〇銭程度だったが、各試験の受験料は一〇円もする。これらの負担は馬鹿にならなかったものと思われる。

加えて「非大学（同盟）倶楽部」は、各法律学校が「未熟の法学士」（若い帝大法科出身者）を教員として極力採用せず、自校生え抜き教員を養成することを訴えた。教育スキルの稚拙さもあるだろうが、さほど年も変わらない、場合によっては年下の法学士から指導されることの不快感もあっただろう。教壇に立つ帝大卒若手教師の存在に刺激されて私学側の自我が形成されていく。

私学の動きをよそに、判検事試験や弁護士試験の制度は改まりそうになかった。それどころか、むしろ私学を痛めつける改革が次々に進められていった。

一九〇三年、それまで別日程だった判検事試験と弁護士試験が東京の司法省で同日実施されることになった。この頃から「大学」を自称し始めた私立法律学校の学生は、それまで両方の試験に挑戦するのが習わしだったが、同日実施なのでそれができなくなった。しかも、各地の控訴院

（現在の高裁）で行われていた弁護士試験の筆記試験も司法省での実施に一本化された。さっそく私学の学生らが反対運動に乗り出したと新聞各紙が報じている。

司法省の総務長官（次官）である波多野敬直《よしなお》は、この措置が私学圧迫であることを隠さなかった。これまで両方の試験を受けて片方は合格、もう片方は不合格という者がいたが、それでは両方受ければどちらかは合格するかも、というまぐれを願う「僥倖心」を喚起してしまう。だから一つしか受けられないようにした、というわけである。続けて波多野は、日程の決定は「受験者の権利」ではないので既得権侵害などと非難するのは筋違いと語り、取りつく島もなさそうだった（『国民新聞』一九〇三年六月二〇日）。

この年の暮れ、帝大「特権」の廃止運動が山口県法政会という団体から起こり、私学出身者や学生の運動に発展し、裁判所構成法改正同盟会が結成された。こうした運動に対して司法省は冷ややかだった。試験採用の私学卒よりも無試験採用の帝大卒のほうが優秀なので現状「特権」廃止の予定はない、という当局者の談話を掲載した新聞もある（『読売新聞』一二月四日など）。

語学という鬼門

私学により大きな影響を与えたのが、一九〇五年、判検事試験と弁護士試験に外国語（英語・独語・仏語から一つ選択）と論文の予備試験が導入されたことである。帝大出身者は完全無試験、私学出身者は難関の本試験に加えて予備試験まで課されるというさらなる格差が生じた。

私学側は激しく動揺した。特に打撃が大きかったのは外国語試験である。私立大学の大学部

（大学科）には外国語や外国法の科目があったが、法政大学が学則に明記していたように、専門部（専門科）では日本語だけで法律や政治経済を学んでいる。カリキュラムには外国語も外国法もないか、随意科目である。

また、専門部には原則として中学卒業者が入学するが、それ以外でも各校自前の入試を受ければ別科生（特科生）として入学できた。たとえば明治大学の特科の入試は国語・漢文・初歩的な数学だけだった。これらの課程で学ぶ者にとって、外国語試験は当然鬼門となる。

結局のところ、私学側の抵抗や在野法曹の反対が強く、外国語試験は延期に延期を重ねて実現せずに終わる。論文予備試験は実施された。一九〇五年の弁護士試験での問題は、「余ハ何故ニ弁護士タルコトヲ願フヤ」「品性論」「徳川幕府ノ政治」から一題を選んで仮名交じり普通文体で記述するというものだった（奥平昌洪『日本弁護士史』）。

これらの施策を単なる私学いじめと捉えるのは早計だろう。背景には、帝大卒や試験合格者など「新教育」を受けた法曹が増えすぎて、生活難を感じる弁護士が「十中五六の有様」となったという供給過剰問題がある（『東京朝日新聞』一九〇六年一二月一〇日）。

加えて、判検事や弁護士の「学力」を向上させる政策的意図もあった。前述の判検事試験と弁護士試験の片方しか受験できないようにした措置では、受験機会を減らすことでまぐれを期待する「僥倖心」を削ぎ、志望に即した法律学の着実な修得を促す意図が説かれた。

外国語試験に関しては、すでに一九〇一年、東京帝国大学教授の岡田朝太郎が西洋語の知識に欠ける私学出身者の問題を論じている。それは、つまるところ近代日本法の「法源」は西洋法なので、語学ができなければ外国の学説や実例を学ぶことができないというシンプルなものだった（『太陽』第七巻第一〇号）。西洋の先行事例を自力で調べられないようでは、官吏としても弁護士としても問題なしとするわけにはいかない、という見解には強い説得力がある。同様の観点から、外国語試験導入に賛成する新聞もあった（『時事新報』一九〇五年四月二三日）。

私学も事態を放置できなくなり、外国語予備試験の延期を求めると同時に、卒業生や専門部学生のために外国語講座を作るなどの対策を始めている（『東京朝日新聞』一九〇五年五月一・七日）。

これらに加えて、一九〇七年以降の専門部の別科新卒者には判検事試験の受験資格が与えられないこととなった。原則として中学校の卒業資格を必須化する、ということである。中学校に通えず、またはドロップアウトして別科に潜り込んだ者にとっては大打撃となる。試験制度の厳格化が一因となって若者の法科離れが進み、明治大学商科などの実業系が盛況を見せ始めたという報道もある（『東京朝日新聞』一九〇五年五月三一日）。

政府の意図は、論文試験と外国語試験によって、教養や作文力、語学力という意味での「学力」のない者を締め出し、受験資格の厳格化によって、中学校で学ぶ普通教育という意味での「学力」のない者を締め出すことにある。いずれも法曹の「学力」を高めるための方策だが、私学関係者にとっては不利益でしかないので、これらの改革（改悪）の撤回は帝大「特権」の廃止とならぶ重要な運動目標となった。

議会闘争の開始

明治三〇年代後半の試験制度改正運動は、私学の在学生・卒業生と出身弁護士によって社会的に展開され、やがて弁護士から輩出された衆議院議員によって帝国議会の場に持ち込まれることになった。

帝大法科卒業生の「特権」を廃止する裁判所構成法と弁護士法の改正案が正式に帝国議会に上程されたのは一九〇六年、第二二議会でのことである。法案提出者として衆議院で説明にあたったのは政交倶楽部の加瀬禧逸《きいつ》で、のちの中央大学である東京法学院出身の弁護士だった。

加瀬の説明や発言を議事速記録で追うと、「特権」廃止の趣旨は次のように要約できる。まず、帝大にのみ無試験が許されている主要な根拠は、帝大出身者は私学出身者より「実力」がすぐれているという「立法者の予断」に基づいている。ところが加瀬は、帝大卒が私学卒よりもすぐれているというその「予断」はすでに崩壊している、と断言する。

それは、帝大出身者も必ず受験しなくてはならない、実地修習後の第二回試験の成績にあらわれている。前年実施の第二回試験の結果は東大出身者三三人中三人落第、京大出身者は一一人中四人も落第したのに対し、私学出身者は八一人中たった三人しか落第していない。このことから、私学より帝大がすぐれているという判断は「最早維持することは出来なからうと思ふ」と加瀬は主張する。

第二回試験は、司法官試補として実地修習を受けた後、訴訟記録などを見て判決案を書く試験である。加瀬はこれを「軽微の試験」という。にもかかわらず、帝大から多数の不合格者が出る。帝大卒が「無能」だとはいわないが、これではとても私学卒より優秀だとはいえない。

加瀬は、現在「私立学校の生徒に対する科学の程度」は上昇し、学科も進歩した、という。もはや「法律学に於ては殆ど〔帝国〕大学と私立大学とは径庭なき程度」にいたっているにもかかわらず、帝大卒だけ無試験なのは「不公平」である。

さらに加瀬は、司法部を目指す帝大出身者の能力に根本的な疑問をぶつける。優秀な私学卒が登用試験に殺到して大変な高倍率になっている一方、無試験で司法部に来る帝大卒はどうか。そもそも優秀な帝大卒は文官高等試験を受験して行政官になる。司法部を目指すのは「稍〻それより力の劣る者」で、「試験を避くるところの憶病連中」である。加瀬は、帝大卒にも私学卒にも同一試験を課して、その中から「俊才」を得ることこそが真の人材登用だと主張する。

歯切れの悪い政府委員

「特権」廃止を強く求める加瀬に対して、制度を防衛する立場にある政府委員の歯切れは悪かった。委員の一人には、のちに首相となる平沼騏一郎〔司法省民刑局長〕がいる。その平沼は、加瀬の主張に対して「至極結構」「至極御尤も」と繰り返しながらも「特権」維持を訴えた。「大学の卒業生の中にも試験の成績の極めて悪かった者もあるのであります、是は事実が証明して居る」と帝大側の不始末を認めつつ維持を訴えるのだから、どうしても歯切れは悪くなる。

司法省には、それでも「特権」を守らなければならない理由があった。帝大生から見て「官」は「官」でも司法官は人気がなく、判検事試験の受験を強制したらますます敬遠されてしまうと考えられたからである。

不人気の原因は、司法官の待遇の悪さである。司法官では、試補として三年間の長い実地修習が課せられた。あまりに長いということで一年半に改められたが、その間検事代理として受け取れる俸給は年三〇〇円だった。一方、文官高等試験に合格して行政官となった者の中には、すぐ地方の参事官に任命されて八〇〇円の俸給をもらう者がいた（竹中暉雄「国家試験制度と「帝大法科特権」」）。歴史学者の安原徹也は、一連の待遇悪化が響いて帝大法律学科の成績優秀者が司法官ではなく行政官を選ぶ慣行が成立していったことを指摘した（「明治憲法体制成立期における司法官任用制度の形成」）。

平沼は、「司法官と云ふ者はぢみな職業であり、進歩も余り早くない」ので、帝大法科卒業生はほかの「派手の職業」を希望する、という。「派手の職業」とは、行政官である高等文官、ある種の民間企業などである。『読売新聞』はかつて社説で、帝大生の中の「平凡若《も》しくは其以下の者」「文官高等試験に及第すること能はざる者、会社銀行等に傭聘《ようへい》せられざる者」が無試験の司法官を目指す「弊害」を指摘した（一九〇三年一一月二二日）。だが平沼は、「少し理窟にはならぬやうでありますが」といいつつ、それでも司法官から帝大生の「足が遠くなる」のは困るのだ、と訴えた。私学好調・帝大不振の試験結果を見てもなお、私学出身者よりも帝大出身者を求めたのである。

京大法科の不振

前年実施の第二回試験は、私学卒が八一人中たった三人しか落第しなかったのに対し、東大卒は三三人中三人落第、京大卒は一一人中四人落第という結果に終わった。たしかに私学卒は好成績を収めたが、比率で見れば東大卒もそれほど悪くなく、口をきわめて痛罵するほどでもない。悪い意味で目立っているのは、京大である。受験者の三分の一以上が落第し、しかも総落第者一〇人のうち四人を出している。教育社会学者の潮木守一《うしおぎ》がすでに指摘したように、帝大の不振とは事実上京大法科の不振といえる（『京都帝国大学の挑戦』）。

私学出身代議士である加瀬は、この点をうまく突いた。京大法科から出た火を東大法科にも広げ、帝大全体の問題とする。帝大卒落第者七人に対して、私学卒落第者はたった三人。受験人数も私学のほうが倍近く多い。「特権」はもはや不要だ、というわけである。

そもそも、「特権」廃止運動自体が京大法科の動向に強く規定されていた。運動が盛り上がりを見せた一九〇三年は、京大法科が第一回の卒業生を出した年である。新たに無試験資格を付与される京大法科の設立は、容易に司法官試補や弁護士になれる層の拡大を意味する。そして、採用人数などに限りがある以上、私学出身者にとってそれはパイの縮小を意味するのである（潮木前掲書）。

判検事試験第二回試験における私学の好調と京大の不振は、反帝大戦線にとってまたとない反転攻勢のチャンスとなった。だからといって、京大だけ「特権」剥奪というわけにもいかない。このような背景もあり、平沼ら政府委員は苦しい答弁を繰り返すほかなかったのである。

帝大信任問題

思う存分に帝大を責め立てる加瀬に続いて、司法省当局の本音を暴こうとする代議士も出た。慶應義塾から東京専門学校を経て弁護士となった憲政本党の森田卓爾は、「明快なる頭を以て居る政府委員も答弁が渋ぶる」理由を次のように推測する。

司法省は、本音では帝大出身者にも試験を義務づけて有能な人物を選びたい。だが、それを嫌がって圧力をかける組織が存在する。文部省である。文官高等試験の無試験「特権」を失った帝大出身者は受験を強いられるようになったが、そこで暴露されたのは「〔帝国〕大学卒業生が高等文官試験に落第する」という事実であった。

この前年、東大から文官高等試験を受験したのは一二四人で、合格者は四一人である。天下の東大生の三分の二が不合格になっている。ここで司法官でも試験を義務化したら、大量の不合格者を出すことになるだろう。結果として「大学卒業生は無能であると云ふことが、天下に暴露する試験」になってしまい、「大学信任問題」に発展することになる。それを嫌がる文部省が司法省に圧力をかけているのだ、と森田は推測する。やがて「特権」廃止法案は委員会を通過し本会議に持ち込まれることになるが、東大法科が文部省や司法省に抗議し、貴族院での否決を求めて運動を開始したという新聞や雑誌の報道がある（『都新聞』一九〇六年三月八日など）。

多くの研究が指摘するように、いかに帝大卒（東大卒）といっても文官高等試験にたやすく合格できるわけではなかった。むしろ本試験の必須化以降、帝大卒の合格率は年々下がり、最初期七年間の平均は五割を割り込み、一八九九（明治三二）年には二割台にまで落ち込んでいた（水谷前掲書、竹中前掲論文）。

その中で私学も少なくない数の合格者を輩出するとなると、どうしても帝大卒（東大卒）を低く、私学卒を高く見積もろうとする気運が出てくる。帝大「特権」への挑戦は、このような私学側の気分にも支えられていた。

一発試験は有用か？

結局のところ、「特権」を維持するには帝大法科の教育と帝大生の能力が私学を圧倒することを論証しなくてはならない。だが、私学出身代議士から第二回試験の結果を突きつけられると、試験実施元である司法省当局者としては言葉に詰まる。第二二議会において、帝大の優位を主張する役目を買って出たのは、帝大出身の代議士であった。

委員会では、帝大（東大）法科出身の弁護士でもある政友会の丸山嵯峨一郎が「特権」廃止に反対を表明した。丸山が展開した帝大擁護論は、私学出身代議士には見えていなかったある重要な論点を含んでいる。それは、試験という方法が「唯一の智識学力を計る標準」として本当に有効なのか、という論点である。

丸山は、試験というものはあくまで「已むを得ざる制度」であり、完全に「衡平」を保つことなどできないと説く。たとえば帝大や私学で教師が学生と一緒に同じ試験を受けたとすれば、成績で教師が負ける、あるいは教師が落第するということが往々にしてあるはずだ、という。一度の試験で完璧に「学力」を測定することは、実は不可能なのではないか。

一方、帝大出身者は、「非常な年限と又非常な屢々競争試験を受けて、さうして兎も角も卒業まで堪え得たるところの人」である。学業を積み重ね、入学試験、進級試験、卒業試験をクリアしてきた長い年月が、判検事試験や弁護士試験では判定できない「学力」を物語る。帝大卒業はその証拠なのである。

本会議で同様の趣旨を明快に述べて反対したのは同じく帝大（東大）法科出身の弁護士である政交倶楽部の小川平吉であった。小川は、判検事試験や弁護士試験を「僅か一日の試験でもって数年間掛って学んだところの学問の出来るか、出来ないかと云ふことを極める」ものと断じる。「運の好いやつは、一向学問が出来ぬでも、幸ひ試験官が出した問題が分って居れば及第する、不幸にして其他の事に付いては十分に学問が出来て居る人であっても、其日出されましたところの、試験官の出した問題が、不幸にして分らなかったならば、一般の学問に於て進歩して居る人でも此試験には落第しなければならぬ」。

要するに、試験という制度そのものが「偶然」「僥倖」に左右されるしくみになっており、東大法科の場合は四年、京大法科は三年の試練に耐えて卒業した実績とは比較にならない、という。

一八八六年の『教育時論』第四七号に、「試験こそ教師に人のない証拠 教へよければ入らぬ試験ぞ」という文句が躍ったことがあるが、たった一点に泣き笑いし、若者の心身を害する試験制度への批判は当時の教育論の中でも一般的なものだった。学校教育の勝者である東大出身者が、「特権」維持のために俗耳に入りやすい試験批判を逆手に取って活用しているようにも見える。

丸山も小川も、東大を卒業して無試験で弁護士となった。その彼らが「偶然」や「僥倖」に左右される一発試験では「学力」や「智識」を判定できないと主張する。一方で、学校教育における勝者ではない私学出身代議士は、一発試験の有用性を説いてやまない。丸山の反対に接した加瀬は「一言で試験有要と云ふことを維持して置きます」、森田も小川に対し「学術技芸の鑑別方法としては、試験の制度より外にはないと極って居る」と訴えた。

結局のところ、採決は政府と東大出身者の側に軍配が上がり、判検事試験、弁護士試験ともに無試験「特権」は維持されることとなった。

帝国議会においては、これ以後も帝大の「特権」に関する法案がたびたび提出される。この問題に法文上ケリがつくのは一九一四（大正三）年である。私学出身者や学生による試験制度改正同志会の活発な運動が続く中、第三一議会に判検事・弁護士の両試験における「特権」廃止を盛り込んだ政府提出法案が提出され、両院で可決された。その後経過措置を経て、一九二三年に既卒者を除く帝大法科の「特権」は廃止された（竹中前掲論文）。

私学の「変則勉強」

法文上の「特権」が廃止されるまで、私学出身代議士を含めた運動側と、政府・帝大の側はある論点をめぐって綱引きを続けた。その論点とは、帝大卒と私学卒の差別が許される根拠である「学力」の内実である。

私学の「学力」に対する社会的評価は決して高いものではない。前に見た判検事試験第二回試験の結果をもって帝大と私学の「学力」差を否定するタイプの主張も、すでに相当冷たい目で見られていたと考えられる。

「特権」廃止運動が盛り上がりを見せた明治三〇年代初頭、『読売新聞』に掲載された「米峯生」の寄稿は、私立法律学校が集まる神田近辺でなにが起きているかを伝えている。

「試に神田下宿屋楼上に到り法学生なるものが如何なることを為しつゝあるやを見よ。彼等は学校の科程には殆んど注意せずして明治何年の文官試験問題何々明治何年の判検事試験問題は何々と此等を集て巻となし其答案を教師に求め汲々之のみを誦する者比々皆然るを見る可し」（一八九八年八月二四・二五日）。

世の中には文官高等試験の結果だけを見て私学卒が帝大卒に勝ると決めつける者がいるが、私立法律学校の学生のやっていることを知らないからそんな馬鹿なことがいえるのだ。中央大学や明治大学などの前身にあたる法律学校に通う学生は、学校で基礎からしっかり学ぶことを避け、過去問の模範解答の暗記にばかり勤しんでいる。そんな手段で合格しても帝大卒と同等の地位に立てるはずがない。この寄稿はそう力説する。

私学から官僚・法曹を目指した者の中には、のちに自分の「変則勉強」について白状した者もいる。民政党などの代議士として知られた川崎克《かつ》は一九〇一年に日本法律学校を卒業したが、その進学経路は実に怪しい。川崎は最初明治法律学校に入学するも、すぐに日本法律学校の二年次に編入、数ヶ月後には同校最終学年の三年次に編入した。川崎自身が「驚くべき話」というが、当時はどの学校もいきなり二年次までの入学を許しており、入学も非常に簡単で「換へ玉なども かなり無造作に出来た」という。

その川崎は、明治でも日大でも講義は聴かず、ひたすら図書館に通って勉強した。「ガリ版刷の帝大の講義プリント」は読んでも、自分の学校にどんな講義があるかさえ知らない。「これは私ばかりでなく、当時判検事試験や高文試験にパスした連中の多くは大抵かうした変則勉強をやつてゐた」(『東京朝日新聞』一九四〇年三月一八・一九日)。

一八九五年に和仏法律学校を卒業し、のちに長崎控訴院長となる石井豊七郎も、試験に必要な知識の仕入れ先は学校ではなく法律書や講義録を扱う貸本屋だったと回想する(同一九三九年一二月一八日)。

試験突破以外眼中にない若者が受験資格を得るために私学に潜り込み、法律学の着実な修得を放棄して暗記と過去問を中心とした「変則勉強」に明け暮れる。そして、年一回のペーパーテストにすべてを賭ける。こうした私学の実態はかなり広く知られており、すでに見た「米峯生」の寄稿文のように公然と揶揄する者もいた。もちろん、実態を知りつつ経営のために大量の学生を無試験同然で入学させている学校側も、批判や中傷を免れなかった。

「普通学」「普通教育」の力

では、帝大出身者はなにが違うのか。「米峯生」の答えは簡単で、それは学校教育で養われる「普通科(普通学)」の力である。時期によって変動するが、中学校では倫理・国語及び漢文・外国語・歴史・地理・数学・博物・物理及び化学・習字・図画・唱歌・体操など幅広い科目が課された。高等学校では、法科大学志望者の場合、倫理・国語及び漢文・外国語・歴史・論理及び心理・法学通論・体操などが課され、随意科としてラテン語まであった(『東京府第一中学校一覧』

明治三三年、『第一高等学校本部一覧』自明治三十三年至明治三十四年）。旧制高校の狭き門を突破して帝大に入るからには、これらの科目の多くで抜群の成績を収めたと考えられる。

一方、私学はどうか。慶應義塾、同志社、早稲田などを除く私学（「米峯生」はこの三校を別格扱いする）は、営利のために大量の生徒を無試験同然に入学させている。その多くは中学校で挫折して中退した者で、「物体は何故に地上に落つるや」「氷の水より軽きは何故なりや」「直線とは如何なるものを云ふや」などと問われても、ほとんど「夢の如く感ずる」ような人々である。

こういう人々が集う「速成的私立専門校」を帝国大学と同一視できない、というのが「米峯生」の主張である。もしも同じ地位が与えられるならば、誰も苦労して中学高校で「普通学」を勉強したりしない。そんなことになれば、「普通学」の基礎の上に立つ日本の高等専門教育は破綻する。「米峯生」からすれば、私学と帝大を同格に扱うことこそ「更に更に一層大なる不公平」で、大きな災いをもたらす。同じ資格を求めるならば、「私立学校刷新」によって教育程度を改めた上での話だ、という。

明治三〇年代、「学力」とはすなわち「普通学」「普通教育」の成績であり、それこそが学校や学生個人に対する社会的評価に直結するという見方が広がっていたことは、同じ『読売新聞』の投書欄や記事でも確認できる。一九〇三年、投書欄「ハガキ集」には「特権廃止運動などゝ私立大学の連中の意気組は片腹傷《いた》い話である、全体普通教育も碌々修めないで対抗しやう抔《など》とは以ての外さ、文官試験が何様《どう》で有らうとも試験を以て実力を知ることが出来やうか」という投書が掲載された（一二月一日）。ここには、いかに難関であっても、受験テクニックによって克服可能な一発試験では真の「学力」は測定できないという考え方があらわれている。

そして、私学出身者の中にも、母校に対する低評価はやむなしと考える者がいた。記者XY（東京専門学校出身の正宗白鳥）は、「早稲田専門学校卒業生が一も二もなく帝国大学卒業生よりも遥かに軽く思はれしは社会の公平なる仕打にて、学修年間も短かく、又多くは高等学校入学試験の落第生や数学の出来ぬ頭脳の劣等者の逃場所なれば、正則の順序を経て、官大学を終へし者に及ばぬと思はるゝは詮方なかるべし」と、早稲田と東大の比較論の中で書いている。早稲田の学生は高校にも入れず、数学もろくにできない頭脳の持ち主であるから、東大卒よりはるかに低い扱いを受けてもしかたがない、むしろそれこそが「公平」なのだ、という白鳥なりの自虐であろう（『読売新聞』一九〇五年二月二五日）。

「学力」は同じ？

帝大卒の「特権」を無効化する手段は、廃止以外にもう一つある。「特権」の範囲を拡大し、私学もその中に入れてしまうことである。私学出身代議士は、今度は私学卒（私大卒）にも無試験の「特権」を与える議案を第二六議会に提出した。裁判所構成法と弁護士法の該当条文に、予科を経た私立大学の大学部（大学科）の法律学科卒業者を加える改正提案である。司法官への任官や弁護士資格取得に関して、私大卒の価値を引き上げて帝大卒と同一にする試みといえる。

だが、一九一〇年三月、衆議院で説明に立った英吉利法律学校出身の弁護士である政友会の中村啓次郎の話は、かなりの無理筋だった。議事速記録によれば、中村は帝大と私大を比較したところ、「最も明瞭に双方の学力が同等である」という結論に達したという。ゆえに帝大だけに「特権」を与えるのは「不条理」であるから、双方とも「同等の待遇」にするのが「公平」だと主張する。

容易に想像できるように、委員会では政府委員の反撃を受けた。文部次官の岡田良平は、「競争試験」の存在と修学年数の違いから両者の「学力」が同じであるわけがないことを丁寧に説明する。まず帝大に進学するには高等学校に入る必要がある。三月の中学卒業から当時は九月実施の高校入試まで半年の間予備校などで受験勉強をし、その後厳重な「競争試験」を受ける。多くの志願者が振り落とされる過酷な試験である。それから高校三年、東大・京大とも法科四年の課程に進む。一時は法科三年制を採用した京大は、文官高等試験などの成績が振るわず、一九〇七年に東大同様の四年制に改めていた。

私大はどうかというと、中学卒業生または専門学校入学者検定の合格者は概ね無試験で予科に受け入れている。実際、各校は悪びれることもなく新聞広告で無試験入学を宣伝していた。その後一年半程度の予科を経て三年の本科に進む。入試のことを度外視しても修学年数が倍ぐらい違うので、帝大と私大が同じなどということはあり得ない。これが岡田の発言の趣旨である。この時も政府委員だった平沼騏一郎も「同等の程度に於て見ることは出来ない」と答えた。中村は「余計な雑駁な高等普通教育」を高校でやっているから長くかかるだけではないか、などと反駁したが、これでは敗勢は否めない。

なんのための「学力」か？

議論の位相を転換したのは、これまた英吉利法律学校出身の弁護士でもある立憲国民党代議士の卜部喜太郎である。卜部は「帝国大学の卒業生と私立学校の卒業生とは、学術の優劣にあらずして、私立学校の卒業生は弁護士、判検事として其職を尽すことに適当なる力を有して居ると云ふことが極まれば、必ずしも学問の優劣を論ずる必要はないと思ひます」と語る。「特権」をめぐる問題では、帝大卒は優秀だとか、私学は劣等生の集まりだ、とか、いや帝大卒の中にも無能がいる、とか、「学問の優劣」が常に争点化する。卜部によれば、この争点は私学卒にも「特権」を与えるか否かという議論と実は関係がない。問題は、私立大学の大学部卒業という資格が、弁護士や判事・検事に適する能力を証明するかしないかということだけである。

つまり、私学と帝大は対等だ、などと論じ立てて「特権」問題を解決する道を放棄し、私学出身者が法曹としてやっていける能力を持っているか否か、という話に切り替えてしまったのである。目的は私立大学にも「特権」を拡大することなのだから、帝大を比較対象に持ち出すことをやめればハードルはだいぶ下がる。

この仕切りなおしも功があってか、私大にも「特権」を拡張する案は委員会を通過し、本会議に持ち込まれた。報告にあたった委員長は元東京帝国大学教授で強硬な日露戦争主戦論を唱えた七博士の一人、戸水寛人《とみずひろんど》である。一九〇八年の総選挙で当選し、この時は政友会に属していた(当選の翌年東大を依願退官)。

戸水は、卜部が提示した「真の論点」を改めて論じた。問題は私大が官立大学より劣っているか否かということではなく、私大卒が司法官試補として、弁護士として職責を果たせる「十分の学力」を備えているか否かである。その上で「成程私立大学の卒業生の中には学力の足りない者も無いこともないけれども、併ながら若も主務省に於て十分に監督をしたならば、必ず此の如きことは無い筈である」という委員会の意見を紹介し、全会一致で賛成したことを報告した。

東大教授を務めた戸水だが、委員長の職責だけで私学への「特権」拡大を主張したわけではない。私大の大学科（大学部）にも「特権」を広げるべし、という考えはかねてからの持論であった。戸水は日露戦争開戦直前の一九〇四年一月、「予は元来試験が大嫌であつて試験は単に天下の人物を狭隘なる同一模型の中に詰込み、消極的の人物のみを製造し、決して積極的有為の人物を養成する道でないと信ずる」と語り、帝大における学年試験も全廃すべきと訴えていた。

理想をいえば、大学その他の学校での試験は全廃した上で、官吏登用の際にのみ全員に対し「今少しく低易で、而かも官吏たるに実際役に立つやうな」試験を課すことが望ましい。しかし現状、大学その他の学校の試験は廃止される見通しがない。そこで戸水は、すでに多数の試験をクリアしてきた帝大出身者に関しては行政官も司法官試補も弁護士もすべて無試験でよい、と主張する。私大に関しては、中学校を卒業し予科を経た大学科（大学部）は官立大学と「左程の相違はない」ので、同様に「特権」を与えても構わない。「普通学の素養」のない専門科（専門部）卒業生は、もちろん試験が必要である。

戸水は、文官高等試験などの水準が「大学卒業の学力に比して高か過ぎる」「官吏たるに格別必要がない」ものになっていると考えていた（「試験と人才」『教育時論』第六七四号）。実務にふさわしい「学力」は帝大と私学の優劣問題と関係がないので、私大の大学科（大学部）にも無試験「特権」を拡張すべしという点では、戸水も同意見だったのである。

私学による「門戸開放」要求

私学にも「特権」を広げる案は、政府の反対を受けつつも衆議院を通過したが、結局貴族院で審議未了のまま流れてしまう。貴族院は、私学側の利益拡大に対する防波堤の役割を果たすことがあった。一九〇九年の第二五議会では、衆議院が採択した各種の受験資格撤廃と予備試験廃止の請願を不採択としている。

私学関係者は、帝大の「特権」廃止を強く要求しつつ、判検事試験・弁護士試験・文官高等試験の受験資格（中学校正規卒業）の撤廃、論文・外国語予備試験の廃止や延期などを求めてさかんに運動した。帝国議会に出された請願書や、「特権」廃止運動をリードした試験制度改正同志会のパンフレットにはさまざまな理由が書かれている。学歴で受験資格を制限するのは貧乏人差別だ。論文予備試験は判決文作成の能力を見るというが、それは本試験でもできる。外国法を研究する学者ではないのだから外国語予備試験は不要、といった具合である。

結局のところ私学サイドの要求は、帝大の無試験「特権」をなくして合格枠を開放した上で、試される「学力」の範囲を極力縮小し、法律科目の一発試験にして欲しい、ということに尽きる。「学力」の大きな部分を問わないことで達成される「門戸開放」なのである。

「私立学校大刷新」論

大正の初頭、衆議院が「特権」廃止法案を通過させ、ついに政府提出法案にまで廃止が盛り込まれるようになっても、貴族院では異論を唱える者がいた。戸水と同じ七博士の一人、東京帝国大学名誉教授で貴族院議員の富井政章《まさあきら》である。

富井は、一貫して一発試験のみの司法官試補採用や弁護士資格付与に抵抗した。「唯一度二千人も三千人も来た者に付いて、たった一度の試験で決めると云ふことになっては、どうも将来行政官司法官の人物の程度が低くなるだらうと思ふ」（第三一議会議事速記録）。

この主張の背後には、大挙して試験を受けにくる私学の学生への著しい不信感がある。富井は帝大法科教授と兼任で和仏法律学校の校長を務め、のち法政大学教頭に就任した。京都法政学校のち京都法政大学（現・立命館大学）の校長・学長も長く務め、私学の内情をよく知っている。

その富井は、私学の法学教育をまったく信用していない。社会が未熟であった時代には私学で「不完全」な教育を受けた人にも需要はあったが、いまや「学校の教育が余ほど完備して居なければ社会の需要に応ずるだけの人が出て来ない」時代となった。

その中にあって、私学の改革は進んでいない。たとえば、私学では官吏の出講を仰いで授業をまかなっているので、公務関係の休講が多い。帝大なら落第の成績でも私学では及第させる。富井は、こういういい加減な私学に通った者が予備試験の廃止や受験資格の撤廃を叫ぶのは当然のことだと指摘する（第三〇議会議事速記録）。

富井は、「特権」の廃止と同時に「私立学校大刷新」の必要性を説く。それは、各私大を「出来るだけは合併する」ことである。

貧弱で教育程度も低い私学を統合し、帝大法科に匹敵する一大学校を作ろうというアイディアは古くからあった。一八九七年七月、当時の司法大臣清浦奎吾は東京の私立法律学校の校長らを官邸に集めて晩餐会を開き、中学校を卒業していない「全く普通学の力足らざる」者を入学させないことなどを求めると同時に、六校（現在の中央・明治・早稲田・法政・日大・専修）を合併して「一大法律学校」を設立するよう働きかけた。『東京朝日新聞』は「愈々来る三十一年の学期より一大法律学校を設立する事に決定」と報じたが、この動きは頓挫している（一八九七年七月二四日・八月一一日）。

また、「特権」廃止法案が審議され、実現する過程で大きな役割を果たした奥田義人は、中央・明治・日大・法政の四大学合併を熱心に主張していた。奥田は帝大法科の前身である東京大学法学部の卒業生だが、中央大学創設者の一人であり学長も務めている。奥田の文部大臣時代に四大学合併案は進捗し、日大創設者の一人で貴族院議員の松岡康毅（検事総長、農商務大臣を歴任）を校長、富井政章らを教頭もしくは理事とする新大学の人事案が新聞で報道されもした（『読売新聞』一九一三年五月一四日）。こちらも頓挫するが、帝大法科に匹敵する私立法科大学を創設しようという動きは実際に存在したのである。

富井は、帝大「特権」を廃止するならば受験資格を厳格化するよう求めた。政府が想定する中学卒業という基準はまったく「不十分」である。「普通教育の程度は高等官、司法官にならむとする者に対して今少しく真面目に、今少しく高いものにならなければいけまい」と訴えた（第三一議会議事速記録）。

帝大法科の「特権」がなくなり、教育レベルの怪しい人々が受験対策をして試験会場に押しかける。富井の「私立学校大刷新」や受験資格厳格化の提言は、一発試験がもたらす官吏の質の低下をいかに食い止めるか、という問題意識に貫かれていた。

「森厳なる訓練、秩序ある教養」

「特権」を剝奪される帝大の学生も決起した。一九一三年一二月二三日、それまで沈黙を守っていた東大法科の学生約一三〇〇人のうち約八〇〇人が法科第三二号教室に結集し、学生大会を開催したのである。議長に選出されたのは法科大学経済学科四回生森戸辰男で、卒業後に東大助教授となり、一九二〇年に論文「クロポトキンの社会思想の研究」の筆禍事件で大学を追われた人物として知られる。学生大会は三〇人ほどの委員を選び、「特権」維持と予備試験免除の維持を求めて運動することを決議した（『東京朝日新聞』一九一三年一二月二六日）。

年明け一月四日の『読売新聞』は、森戸をトップとする代表委員が枢密院などに対して運動を開始したこと、京大法科や全国の高校生、卒業生などとの連携活動を伝えている。

森戸ら東大側の主張をまとめると次のようになる。第一に、帝大は帝国大学令で「国家ノ須要ニ応スル学術技芸ヲ教授シ及其蘊奥ヲ攷究スル」機関と定められている。国家の必要に応じているので、その出身者には「一定の資格」が保障されている。したがって（無試験採用は）いわゆる「特権」などではなく「当然の資格」である。専門学校令下の私立大学とはそもそも立場が違うのである。
第二に、帝大出身者は「森厳なる訓練、秩序ある教養の下に数年の切磋、数次の淘汰を経た」人材で、「仕官就職」において「一定の資格」を持つのは当然である。帝大側の理想は私学を改善して地位を高め、官私の待遇を同一にすることだが、現状の優劣は歴然としている。この差を見ずに「帝大特権」を云々するのであればその「謬妄」を正し、「国家の理想とする設備の下に厳密なる教育を受けたる帝大法科卒業生の人格学識を保障する相当の資格」を主張せざるを得ない（『読売新聞』『東京日日新聞』一九一四年一月一五日、『教育時論』第一〇三六号）。

学生大会の模様を伝えた前出の『東京朝日新聞』によると、運動のきっかけは試験制度改正同志会をはじめとする私大生の増長に東大生が我慢できなくなったことにある。私大側の「帝大生が何処《どこ》がエラい」「向ふも大学生なら此方《こっち》も大学生だ」という調子に、それまで気にもとめていなかった東大生もさすがに腹を立てた。「私立大学生は何んだ試験に落ちた所謂低脳児ではないかソンな者と同一に見られて堪るものか」という気運が生まれた、とある東大生が語る。一方さすが東大というべきか、「機会均等主義」を唱えて学生大会決議に反対した者もいた。

大正デモクラシーと「特権」廃止運動

本章の冒頭で述べた通り、一九一三年、私学出身弁護士や学生が結集した試験制度改正同志会の運動がピークに達し、三〇〇〇人ともいわれる有志が帝国議会や司法省に押しかけた。試験制度改正同志会の動きは、「大正デモクラシー」の重要な局面である憲政擁護運動と連動している。

陸軍の二個師団増設問題と西園寺公望内閣の倒閣に端を発する憲政擁護運動が最高潮を迎えたのは、この年の二月である。数万の民衆が連日議会を包囲し、藩閥、官僚閥などの「閥族」を代表する桂太郎内閣の打倒を叫んだ。一一日に桂が総辞職を強いられた前後に運動は暴動と化し、大阪や神戸などにも波及したことはよく知られている。民衆のエネルギーが政治を大きく揺るがしたのである。

「特権」廃止と門戸開放を求める試験制度改正同志会が大挙して議会に押し寄せたのは、そこから一月も経っていない三月四日と八日のことである。憲政擁護運動は「憲政擁護」「閥族打破」のスローガンで知られるが、「特権」廃止運動もまた「閥族打破」を前面に押し出した。ただしこの場合の「閥族」とは藩閥・軍閥・官僚閥ではなく、「学閥」である。

議会や官庁に押しかける私学有志の幟には「学閥打破」と大書されたものもあった。群衆と化した私学の学生は、軍歌『敵は幾万』の替え歌で「正義の主張に敵はなく、真理の前には楯はなし、学閥扶植に努むとも、吾等に磨きし剣あり」と高唱しながら司法省になだれ込んだ。デモ隊を衆議院受付で接遇した犬養毅ら国民党代議士は、「藩閥打破と同一の精神を以て学閥打破の為十分努力する所あるべし」と演説した。「特権」廃止運動は、「閥族」の一つである「学閥」との戦いとして捉えられていたのである（『東京朝日新聞』三月五日、『東京日日新聞』三月九日）。

ここでいう「学閥」とは、いうまでもなく（東京）帝国大学閥のことである。彼らは藩閥支配の核心として見られることがあった。明治三〇年代初頭の『萬朝報』紙上で、政官界における東大関係者の跋扈を批判する「学閥」論争が起きた。その発端となった「懐風生」の投書は「藩閥の根本は即ち陸海軍と此学閥に外ならざる也」と訴えていた（一八九八年八月六日）。帝国大学が、藩閥政府に優秀な頭脳を取り込むための「藩閥御用機械製造大学」（『読売新聞』一八九九年七月一五日）と目される以上、打倒すべき「閥族」の一つに数え上げられたとしても決して不思議ではなかった。

平等化は進む？

私学有志らの運動が続く一九一四年、法文上に残った最後の帝大「特権」といえる、判検事・弁護士の両試験での無試験条項は削除された。その後、一九一八年には高等試験令が公布され、それまでバラバラだった文官高等試験・外交官及領事官試験・判事検事登用試験が新しい「高等試験」の行政科・外交科・司法科として一体的に運用されることとなった。同年に公布された大学令によって慶應義塾、早稲田を皮切りに私立大学が正規の大学と認められるようになり、これらの試験に関して制度的に私大が差別されることもなくなった。

だが、「官」の世界で帝大卒と私学卒が対等に扱われたわけではない。清水唯一朗が指摘するように、行政官に関しては帝大卒でも私学卒でも試験に合格すればほぼ全員採用されており、私学卒でも人気官庁に入れた。だが出世には歴然とした差があり、戦前期に私学出身で次官にまで昇進した者は三人しかいない（『近代日本の官僚』）。

司法官の世界はやや異なる。「殆んど行政官としての存在を認められなかつた私学の一団」も、多くの判事・検事を輩出していることが大正末期に雑誌『太陽』で特筆された（『太陽』第三一巻第四号）。昭和初期の『実業之日本』でも、司法省では帝大卒と私学卒の格差が小さいことが指摘されている（第三三巻第二〇号）。この時期に検事総長や大審院長に上り詰めた者の中には、東京法学院（現・中央大学）出身の林頼三郎がいる。東大法科の優等生が司法官ではなく行政官を目指したことの影響もあるだろうが、「官」は「官」でも司法官は私学卒でもそれなりの希望が持てる領域だったと考えられる。

だが同時に、その司法省ですら「上の方へ行くに従つて、やつぱり帝大がどうしても上位にすわつてゐることは否まれない」ことも指摘された（同右）。格差が少ないとされる司法省でも、やはり帝大卒と私大卒では出世にそれなりの違いが出てしまう。それはなぜなのか。

考えてみれば、文官高等試験においても一八九四年から帝大出身者の本試験受験は必須化している。東大法卒も私学卒も同じ試験に合格して官界入りするはずである。それなのに、なぜ東大法卒ばかりが躍進し、私学卒は頭角をあらわさないのだろうか。実は、この問題には早くから関心が集まっていた。

「学閥」のまぼろし

俗耳に入りやすい説明として、「学閥」主犯説がある。東大法科出身者が「学閥」を形成し、えこひいき的に同窓の者を引き立て、私学出身者を差別または排除している、という説である。

この「学閥」主犯説に検証と批判を加えた者がいる。文部次官を務め、東北大や京大の総長も務めた、澤柳政太郎である。澤柳は、一九〇九年に刊行した『退耕録』という書物でこの仮説を徹底的に否定し、東大法科出身者が他を圧倒する理由を解説した。

澤柳によれば、政府内部に東大法科閥など存在していない。そもそも東大法科には一学年数百人の学生がおり、ほとんどがお互い話したこともなければ名前すら知らない。大学に入っても交友は概ね同じ高校の出身者に限られ、卒業年が同じでも顔を見たことがある程度の関係で終わる。だから、私学出身者の出世を妨害する東大法科閥など形成されるはずがない。これが澤柳の第一の主張である。

ではなぜ、東大法科出身官僚は現実問題として順調に出世し、私学出身官僚はそうでないのか。澤柳は「私立学校出身者はたとひ文官高等試験に及第しても其官途に於ける発展は極めて遅々たるものである。中央の官衙《かんが》に於ては殆ど私立学校出身者にして相当の位地にあるものはない」と述べ、私学出身者が出世しない、もしくは出世が遅いことを公然と認める。

しかし、それは「学閥」が迫害するからではない。単純に、東大出身者と私学出身者の「実力」が違うからである。私学出身者にとっては文官高等試験合格がその能力の限界であるのに対し、東大出身者にとっては試験合格など当たり前、その後が真の勝負である。「私立学校出身者は高等文官試験の及第に於て其能力発達の頂点に達したものと見るべく、大学卒業生にありては猶前途に発達の余地の存する状を窺ひ知ることができよう」。

東大法科出身者は「学閥」に庇護されるからではなく「実力」があるから出世する。逆に、私学出身者は「学閥」に排除されるからではなく「実力」がないから出世しない。それだけの話だというのである。

「普通教育」の呪い

では、「実力」とはなにか。澤柳が示すのは、やはり「普通教育」で養われる力である。東大出身者は、小学校六年、中学校五年、高等学校三年の一四年間、国語・数学・地理・歴史・物理・語学などの「普通教育」をみっちりと受け、優秀な成績を収めた。一方、私学出身者は中学校すら不完全なままで専門教育に進んだ。

「普通教育」とは、「樹木に譬ふれば其根を張つて居る地盤の如きもの」だと澤柳はいう。「普通教育」の効果は大学在学中や就職してすぐにはあらわれず、「五年十年の後」になって出てくる。要するに足腰の強さであり、伸びしろということである。それが「文官高等試験を受けたる際に就てはよし同等であるとしても年所を経るに従つて一は発達して已まず、一は発達をなさないという違ひ」につながる、と澤柳は主張する。

私学出身者の「普通教育」の不十分さは、そのまま彼らの欠点につながっている。澤柳は、「進んで私立学校出身者の欠点を露骨に語つて見よう」と述べ、能力や人間性にまで批判の矛先を向けた。私学出身者は、第一に外国語ができない。語学ができないので最新知識の習得もおぼつかないから、将来にわたって学識向上の見込みがない。第二に、「高尚なる品格」がない。第三に、大局観がなく、視野が狭い。第四に、責任や規律の観念に乏しく、「横着」である。これは、官私の教育のあり方の違いに起因する。

第五章で見るように、澤柳はのちに成城学園の創設者となる。だが明治期には『公私学校比較論』という書物を著して私立学校の劣等ぶりを容赦なくあげつらった文部官僚として知られ、私学撲滅を訴える筋金入りの「私立学校嫌ひ」としての評判があった（河岡潮風『東都游学学校評判記』）。したがって澤柳の私学に対する評価は多少割り引く必要があるが、局長、次官として官庁における私学出身官僚の実態を熟知していたことも一応は尊重する必要があるだろう。

私学の「学力」に対する不信感は、結局のところ正規の学校体系で得られる「普通教育」に欠けるということが最終的な根拠となる。だから、いくら難関の文官高等試験や判検事試験に合格しても不信感は消えない。これらは一発試験である。すでに見たように、学校のカリキュラムを無視した試験のためだけの勉強や、受験テクニックの駆使で対応可能と考えられてしまう。

たしかに私学出身の「下士官」候補生は、帝大出身の「将校」候補生から「特権」を剝ぎ取ることに成功はした。だがそこに開かれていたのは必ずしも前途洋々たる未来ではない。私学出身者が試されることを嫌がった「普通教育」における「学力」は、結局のところ「五年十年の後」に効いてくる、という澤柳の呪いの言葉が響く未来だったのである。

第四章　「学問」で東大を凌駕する——一橋大学の自負と倒錯

大正10年の東京商科大学

「官」からの挑戦

帝国大学が権威を確立していく明治期、慶應義塾や早稲田、私立法律学校群がどういった抵抗を試みたかについてこれまで記述してきた。ごく大まかにいえば、問われたのは「官」の東大への対抗戦略であった。慶應義塾の場合は、広大な「民」の世界を動かす「実業」という領域に着目した。早稲田の場合は、「民」の世界の住民である民衆に働きかけるジャーナリズムに多くの人材を供給し、究極的には「民」の代弁者である代議士を目指すことをモデルの一つとした。明治、中央などの私立法律学校は、「官」の世界における「下士官」層の供給源として期待されたが、やがて判事検事登用試験や弁護士試験をめぐって、「将校」候補生である帝国大学出身者を自分たちと同じスタートラインに立たせようとする「特権」廃止運動を起こした。

ここで想起されるべきは、果たして大学とはなにをするための場であるのか、という初歩的な問いであろう。いうまでもなく、それは学問をする場である。これまでの議論に明らかなように、慶應義塾や早稲田側は、自分たちが学問の場として帝国大学に勝っているなどという主張をほとんどしていない。私立法律学校も、帝大生と対等だとはいったが学究で優るという主張は希薄である。

公然とその主張を始めたのは、東大と同じ「官」の学校に属する人々である。東京高等商業学校のちの一橋大学がそれである。

周知の通り、東大は文系理系を含む総合大学、一橋は文系のみの大学で、両者に重複する学部・学科も多い。東大の経済学部には経済学科・経営学科（旧商業学科）・金融学科があり、一橋には商学部があり経済学部がある。法学部も双方にある。さまざまな学問分野を包摂する学部として東大には教養学部が、一橋には社会学部がある。

東京にある同じ国立大学に、同じような名前の学部・学科が複数開設されている。近年、大阪では維新の会が訴える「二重行政」解消の一環として、大阪府立大学と大阪市立大学が統合された（大阪公立大学）。そういう目線で東大と一橋を見ることも、決して無理ではない。大阪府などが主張する「機能再編（機関統合）による機能強化」という理屈を、東大と一橋に適用することもできなくはないのである。

実のところ、東大や一橋に関する「二重行政」的な批判は歴史上すでに存在する。たとえば一九二三（大正一二）年の関東大震災直後、一橋の前身である東京商科大学の教授福田徳三は、「極端に云へば（私は極端とは思はないが）高工を昇格して帝大工学部と合併し、商大を帝大の一学部とし、高師が昇格す可きものなら之を帝大文理科に合併するとすれば帝大を郊外の地に移し、理想的の綜合大学を作ることは、左までの難事ではあるまい。神戸高商も即日昇格して京大の一学部とするに何の不都合も見出し得ない。元より各校其れ〳〵歴史あり伝統あるに相違ないが、其んなことを云つて居れば、結局は一切万事復旧の悪経済に堕して仕舞ふ外はない」と説いた（「復興経済の第一原理」『改造』一九二三年一一月号）。

文中の「高工」とは東京高等工業学校（現・東京工業大学）を、「高師」とは東京高等師範学校

（のちの東京教育大学。筑波大学の源流のひとつ）を指す。つまり、震災で東京の学校群が壊滅的打撃を受けたことを奇貨として、いまの大学名でいえば、東大と一橋大、東工大、筑波大を合併して一校にまとめ、より強力な「理想的の綜合大学」を作るべきだ、というのである。

これらの大学は東大とは別個に一流と呼ばれる国立大学であり、福田が指摘するように、それぞれ独自の歴史と伝統を持っている。

それらの前身または源流にある学校は、いずれも官立の専門学校や高等師範学校で、唯一の「大学」であった東大とはそもそも学校の種類が違う。ところがこれらの学校は、それぞれが専門とする学問領域で東大の下風に立つことを拒絶することで強固な基盤を作り上げた。お膝元の帝都東京の官立学校群の中にこそ、東大を脅かす本当の強敵がいたことになる。

軽侮される商業教育

かつて「簿記、会計、商業英語、商業実務、すべてにおいて東大の商業学科は一橋に負けていた」ことは、評論家の立花隆が指摘している（『天皇と東大』）。

一橋のルーツは、一八七五（明治八）年九月、当時外務官僚だった森有礼《ありのり》が銀座尾張町の鯛味噌屋の二階を借りて設立した商法講習所にさかのぼる。米国代理公使在任中に商業教育の重要性を痛感した森は、文部省に国立商業学校の設立を提起した。ところが受け入れられず、やむなく東京府の共有金を使って私設の商業学校を開くことにした。

当初の科目は、簿記、英習字、英会話、和洋の算術などで、米国で商業学校校長をしていたウィリアム・ホイットニーを招いて授業にあたらせたという。この学校はその後東京商業学校と改称し、一八八五年に文部省管轄下の学校となる(『一橋大学百二十年史』)。

創立からしばらくの間、この学校はあまり順調ではなかった。まず、福澤諭吉が強く批判した、日本社会の「官尊民卑」の気風がある。多くの若者は官員になることを熱望して商工業を軽蔑するので、商業学校に魅力を感じない。『一橋五十年史』は、当時の世相を「一般世人は未だ商の真意を解さず、才を負ふて学を修めんとする者の多くが、世の風潮に魅せられ、治国平天下を夢みて大学予備門に蝟集し、次て政界に飛躍せんと志すの状態であつた」と嘆いている。

商業の世界ですら、商業教育というものに対する冷ややかな目線があった。「商業に特殊の教育を要する事なし」という考えが根強く、商法講習所の中ですら「学問したからとて固苦しい世辞のない人物となる事は商人には禁物」と説かれていた。生徒も旧態依然たる「商人風」の者が多く、「大家の若旦那、或はお店《たな》もの然と唐桟《とうざん》の着物に、縞の羽織を着流しに、前垂れがけのこしらへ」の風体で、丁稚に弁当を持たせて通学してくる者もいた(『一橋五十年史』)。

そもそも、草創期から長らく学校を指導してきた校長矢野二郎は、「前垂式商業の技術的方面に熟練した学生、人に使はれる人間」を養成する方針を掲げていた。初期の東京商業学校の生徒に、廣田弘毅内閣で文部大臣を務めた平生釟三郎《ひらお》がいる。当初平生は東京外国語学校に入学したが、同校は一八八五年、東京商業学校に合併された。外国語学校から移ってきた平生の伝記には、当時の校風を物語る描写がある。

「当時の商業学校の生徒は、特に木挽町《こびきちょう》〔旧東京商業学校〕から来た連中は、概ね町人の子弟であつたから、その気風も服装も軟弱で、所謂《いわゆる》商人風で、他の学校特に大学やその予備門の学生に対しては自ら卑下して、途中で逢うと、商の字の校章を附した制帽を脱いで小脇にかくして通り過ぎるという有様であつた」（河合哲雄『平生釟三郎』）。

第一高等学校の前身である大学予備門の生徒や帝大生に会うと、自分の通っている学校が恥ずかしくなり、生徒たちは制帽を脱いで隠したという。

慶應・一高への対抗意識

「世間一般からは此の頃の一橋の学生風は一高と慶應の中間に位する程に見られて居た」。学生には二つのタイプがおり、一つは旧来型の「商家の若旦那」風の者、もう一つは天下国家を論じようとする気概のある「純書生風」の者である。このうち後者が旧来型の商人教育に飽き足らず、高度な専門知識を強く求めるようになっていったという（『一橋五十年史』『一橋大学百二十年史』）。

草創期の商法講習所の時代から、教育程度に関しては慶應より上という意識があったようである。「当時既に芝三田に福澤諭吉の慶應義塾あり、授業の一部に経済学を置いてゐたが、教師自らがウヰランド経済書所載のビル、チエツク等の言葉を解し得ざる有様であつた所へ、専門家の教師〔ホイットニー〕を擁して商法講習所の出来た事であるから、商業によつて身を立てようとの真摯な目的を有する者は、義塾を退いて同所に入学する程であつた」（『一橋五十年史』）。

慶應義塾では、教科書として使われたフランシス・ウェーランドの著作に紙幣（bill）、小切手（check）といった初歩的な単語が出てきても、教師が翻訳できなかったという。先輩が勉強しながら後輩を教える「半学半教」の伝統の下ではありうることかもしれないが、米国の商業学校の教師に直接教わることのできる商法講習所に惹かれる若者が出てきても不思議はない。実際に慶應義塾を辞めて商法講習所第一期生となった人物に、のち高等商業学校教頭、大阪商業学校校長を務め、実業界でも活躍した成瀬隆蔵がいる。

一八八七年に高等商業学校と改称された頃から、学生の間に強い愛校心や、他校に対するライバル意識が芽生えてきた。「東京商業学校が高等商業学校に昇格すると、学生の間にも高等専門学校の学生という自覚が生れて、気分も軒昂し曩《さき》には商の字の校章を恥じた連中も、今や新しいマーキュリーの徽章をもつて他に誇るに至り、商人風は漸次すたれて蛮殻《バンカラ》組の学生風が、一ツ橋の風格をなすようになり、富国強兵、商権回復が学生の追及すべき目標になつた」(河合前掲書)。マーキュリーの徽章とは一橋大学にも受け継がれている校章で、ローマ神話の商業、学術などの神メルクリウスの杖を図案化したものである(一橋大学ウェブサイト)。

一八八九年には、次のような事件が発生する。青山練兵場で観兵式が行われた際、文部省直轄学校の学生・生徒らが宮城前に整列し、天皇を奉送迎して各校代表者が君が代を歌うことになった。ところが、高商生は自分たちの席次が帝大・一高(当時は第一高等中学校)の後であることに激昂し、「大学予備校」の後につくことはできないと、離脱して桜田門外で勝手に奉送迎しようとした。結局、文部省が折れて一高と向き合う形に席を改めたとのことである。

翌年にも、宮城拝観の際に高商生が帝大生を出し抜いて先に入城しようとする事件が発生した。高商出身者の給与が帝大卒のはるか下だったため、矢野二郎校長が引き上げに奔走したのもこの頃である（『一橋五十年史』）。

高商の自負心は、商業や経済に関する学問分野で帝大に先行していたことと強く関係する。東京帝国大学に経済学科ができるのは一九〇八年、商業学科の設置はその翌年で、経済や実業に関する研究・教育部門の整備では遅れていた。一方、高商では一八九七年に「商業各般ノ専門ニ関シ之ヲ攻究セントスル者ノ為ニ」専攻部一年（のち二年）の課程が設置され、いち早く高度な研究と教育に着手していた。

「ベルリン宣言」の狙い

日清戦争後の急速な経済成長を受けて商業教育振興の必要性が高まり、「商業大学」の設立を求める声が強くなっていった。たとえばごく初期から高商に深く関わり、商議委員も務めた渋沢栄一もそう主張していたことが知られている。

商業大学設立の気運をさらに盛り上げたのは、高商からヨーロッパ留学に派遣されていた少壮教員たちである。前に触れた福田徳三もその一人で、躍進する欧米の高等商業教育機関について同校の『同窓会々誌』などにレポートを書き送った。

一九〇一年二月、福田、関一（のち大阪市長）、志田鉀太郎《こうたろう》、石川文吾、瀧本美夫《よしお》、石川巌、津村秀松、神田乃武《ないぶ》がベルリンで会議を開き、「商科大学」設立の急務を訴える「ベルリン宣言」と呼ばれる文書（「商科大学設立ノ必要」）をのちに発表した。大学昇格に向かう歴史の画期として今日もよく言及されている。

ここでは、東大との関係から「ベルリン宣言」を見なおしてみたい。石川文吾が高商同窓会に送った会議報告によれば、次の議題が話し合われた。①現在の高商よりも高度な商業教育機関の要不要②必要だとすれば、そのレベル③新しい学校と他校との関係性④新しい学校の学年、学科、入学資格⑤現在の高商の処分⑥新しい学校の実現策、の六つである（「石川文吾君通信」『同窓会々誌』第一五号）。

①の高度な商業教育機関の必要性については、もちろん満場一致の賛成だった。目を引くのは③である。実際に出された「宣言」では、「帝国大学中商業学の一分科を設け」ることが説かれている（「商科大学設立ノ必要」、同右）。要するに東大内の一分科大学として商業大学を設ける、ということである。

なぜ東大の一分科なのか。その理由は、商業が学問の対象として低く見られていることに関わる。工学や農学、医学などと同列の地位を得るためには、単独の商業大学ではなく、帝国大学の中に分科大学として位置づけられなければならない。高商はこれまで「大学派」から自立して商業教育を続けてきたので、情において忍びがたいが、やむを得ない（「石川文吾君通信」）。

待遇格差は「智能」の差

さらに、帝大法科出身者と高商出身者の待遇格差問題があった。当時、高商出身者は就職してすぐに「帳簿」の整理や「商業書信」の作成ができるので、重宝された。高商をはじめとする商科の出身者は、明治から大正初期にかけて「英文の手紙も書ければ簿記・そろばんも出来る、英会話もできる」有能な会社員として評価されたのである。「三田出や赤門出の「実業家」とは、一線を画した職業人」であることが彼らの存在意義だった（天野郁夫『学歴の社会史』）。

しかし、それは高商出身者が出世することをまったく意味しない。逆に雑用でこき使われ、長く下役にとどめ置かれるのが常だった。一方、帝大法科出身者は商業に関する知識もなく、最初は「閑散の地位」を与えられているが、やがて職務に通じてくると重要な役職に「昇用」されるようになる。

これは、よくある帝大優遇批判ではない。ベルリンに集まった少壮教員たちは、自校出身者が「智能」「判別力」の点で帝大法科出身者に及ばないことを認めていたからである。「商業学の識なく入社の当時大に為す所なき大学生を優遇せざるを得ざるか。商業学を履修したる上に更に大学卒業生同様の智能あるものを現時の高等商業学校卒業者に見出すの難きを以てなり」。つまり、「商業学」というアドヴァンテージを持っているはずの高商出身者が帝大出身者におくれをとるのは、つまるところ「智能」の差を反映しているというのである（「石川文吾君通信」）。

「智能」の差は、やはり「普通教育」のレベルと関係があると考えられた。当時の高商では中学卒業後予科一年本科三年の課程に進むが、帝大の場合は中学卒業後、高等学校三年の課程を経て大学に進む。ちょうど高校分の「普通教育」の差が、両校の「智能」の差につながっている。長期的に見ると、高商出身者ではなく、最初は商業に無知だった帝大法科出身者が優遇されるようになってしまう。

今後の日本の商業の発達のためには、「最高の普通教育」を受けた人材つまり高校出身者にこそ、高度の商業教育を授けなければならない。だからこそ、商業大学は高校と接続する帝大の一分科大学でなくてはならないのである。また総合大学のメリットを享受し、ほかの分科と「図書館の共用教員の流用」の便も得られる。高商はそのまま別個に存置し、需要の多い「第二流の商業者」養成機関とする（同右）。

一橋大学の誕生の画期とされる「ベルリン宣言」は、つまるところ最高度の商業教育機関を帝国大学の一部として設立すべき、という提言だった。自校である高商（この翌年に東京高等商業学校と改称）の単独での大学昇格ではなく、帝大に商業科を設けることを提起したのは、商業学の地位向上以外にも理由があるだろう。当時の政府は総合大学しか認めない主義を採っていたので、単科大学の設立は望み薄だったこともある。また、日本には高度な商業教育を実践できる人材が自分たち以外にいないので、結局は高商出身者が分科大学の母体になると確信していたことによる、とも考えられる（天野前掲書）。

福田徳三の不満

だが、一橋の歴史は「ベルリン宣言」の方向には進まなかった。一九二〇（大正九）年、東京高商は大学に昇格し、東京商科大学となる。東京商大は単科大学で、これは政府が長年の総合大学主義を放棄することによって可能になった。

では、「ベルリン宣言」の構想はどうなってしまったのだろうか。起草者の一人、福田徳三はのちの講演で次のように述べたという。「ベルリン宣言を書いたのは私だが、御承知の如くあの中には確然と、（一）吾々は一橋がウニフエルシタス・リテラルム即ち綜合大学たらん事を期すといふ事と（二）この希望実現をたれの力も借りずに吾々の力でやるといふ決意とが示してあるのである」（『一橋新聞』一九二七年五月一六日）。

総合大学にこだわる福田は、「一橋を綜合大学にするためには帝大側と連絡をとるが良策」と考え、「ベルリン宣言」翌年の一九〇二年、松崎蔵之助の校長就任を実現すべく「奔走した」という。松崎は東大法科の財政学教授であり、兼任で東京高商校長となった。松崎を抱き込むことで帝大の分科大学となる道筋をつけたいということだろう。

しかし松崎は学生からの評判が非常に悪く、福田とも激しく対立するようになった。後述するように、松崎は学生による排斥運動の対象となる。「帝大偏重の文部省」の意向に従って、東京高商の大学昇格を妨害しようとしているとも考えられた。松崎に罵声を浴びせかけた福田は東京高商を追われ、慶應義塾に迎えられることになる（小島慶三『日本の近代化と一橋』）。福田が復帰するのは、大学昇格前年の一九一九年である。

総合大学である帝国大学という場で「最高の普通教育」と商業教育を接続することが「ベルリン宣言」の構想だったとするならば、独立した単科大学であり独自の予科を持つ現実の東京商科大学の理念にはなり得ないだろう。実際、福田は「ベルリン宣言」が高商の同窓会の幹部から嫌忌されたと証言する。同窓会幹部は「従来単なる一橋商業大学の実現を要望してゐたのに過ぎない」、つまり東京高商の商業大学化を願っていただけなので、総合大学化を目指す福田らとは相容れなかったのである。福田の話では、「ベルリン宣言」のメンバーすら次々に単科大学論に

「変節」し、総合大学論を維持するのは福田だけになってしまったという（前掲『一橋新聞』）。

福田は、昇格後の東京商大に飽き足らない気持ちを抱いていた。「〔帝大の〕分科大学といふなら、まだしもである。何故ならそれは他と和合して一つの綜合大学をなすべき分肢だからだが、職業教育を施して実際家を造るのを目的とする「単科大学」が何で大学であるか」（同右）。

実際、慶應から東京高商に呼び戻された福田は、新大学の学則案に抵抗したことが知られている（天野郁夫『高等教育の時代』）。

申酉事件

さかのぼって明治四〇年代、商業大学設立の動きが「ベルリン宣言」とは別個に活発化した。衆議院では、商業に関する「最高等ノ教育ヲ授クヘキ機関」の設置を求める建議案が、一九〇七年から三期連続で可決された（国立公文書館所蔵「商科大学設立ニ関スル件」など）。しかし、実現した「最高等ノ教育ヲ授クヘキ機関」は、多くの東京高商関係者が確信していた高商を母体とする商業大学ではなかった。

一九〇八年、東京帝国大学の法科大学に新たに経済学科が開設され、さらに翌年、商業学科が開設されることになった。この時点の政府は「帝国大学重視と総合大学主義の立場を堅持」したのである。しかも東大の分科大学ではなく、あくまでも法科大学の一学科にすぎなかった。そして、東大に商業学科を作るかわり、東京高商の専攻部を廃止することにした（『東京大学百年史』）。東大に商業学科が新設される一方、それまで高度な商業教育を担ってきた専攻部が廃止されることになり、東京高商にはおのずと二流の地位が与えられることになる。これは東京高商にとって許しがたい決定だった。

東大に経済・商業の二学科が相次いで設置される一九〇八～〇九年、東京高商では大学昇格問題と専攻部廃止をめぐって「申酉《しんゆう》事件」と呼ばれる大騒動が発生する。

議会で商業大学設置論が取り沙汰される中、学生大会が開かれ、全校約一五〇〇人の賛同を得て大学昇格の請願書を文部大臣と帝国議会の両院議長に提出することに決した。専攻部一年生五人が松崎校長に請願書の取り次ぎを依頼したところで事件が発生する。松崎がこれを拒否し、学生代表との激論の末に請願書を引き破き、激昂した学生が校長を殴打、結局学生代表五人が退学処分に、一人が停学処分になってしまったのである。学生側は松崎校長排斥運動を起こした。東京高商の大学昇格が絶望的になる中、関一、佐野善作ら四教授が辞表を提出するなど、激しい抗議が続いた（『教育時論』第八六〇・八六一号、小島前掲書）。

東京高商の運動は、一九〇九年四～五月に東大の教授会・評議会で法科大学に商業学科を設置することが可決され、高商専攻部を廃止する文部省令が出されるや、さらに激化した。五月一一日には最後の学生大会が開かれ、在校生は総退学で抗議する（『一橋五十年史』）。同窓会も決起し、たとえば大阪では岩下清周《きよちか》、平生釟三郎ら京阪の卒業生一〇〇人が「帝国商業教育の最高機関たる東京高等商業学校の歴史を無視して新たに帝国大学の一部に商科大学を設くることに反対す」「本日の決議を貫徹する為に強硬なる手段を執るべし」と満場一致で気勢を上げた（『東京朝日新聞』四月二六日）。結局、東大の経済学科・商業学科は高商と無縁な形で設置される一方で、各地の商業会議所や父兄保証人会、渋沢栄一ら商議委員の説得により学生たちは復学し、文部省側も折れて専攻部廃止を撤回した（『一橋五十年史』）。

なお、この時慶應義塾で教鞭を執っていた福田徳三は、「東京高商の教師学生共」が激しく抵抗する中、「我輩は此学校の出身者であるに拘らず全校を敵として反対論を唱へた」と七年後に回想している。もちろん東京高商出身者としては母校を尊重してもらいたい。だが、文部省が大学レベルの商業教育の必要を認めて東大に商科を置いたのは非常に喜ばしいことで、「反対する理由は少しもない」。あくまでそう主張したため、東京高商関係者から恨まれたという（「市立商科大学論」『実業之世界』第一三巻第六号）。

「ベルリン宣言」では、高商が東大の分科大学に昇格することを想定していたようだが、東大は自力で法科大学内に経済学科と商業学科を作ってしまった。それでも福田からすれば、政府が商業学の重要性を認識し、最高学府にそれを置くようになった点では、「ベルリン宣言」の方向性に一歩近づいたとはいえるのである。

一橋は「パラ大学」

では、東大の経済学科と商業学科の評判はどうだっただろうか。よく指摘されるように、特に商業学科が不振をきわめた。設立の翌年には「一高始め各高等学校卒業者中の志望者殆んど皆無の有様にて、已むなく各科の落武者を勧誘補塡するの悲境」（『教育時論』第九一〇号）と報じられている。「当時の法科大学には商業学の講座も専任教官も存在せず、商業学を学ぼうとする学生や専門の図書も極めて少ないのが実情であった。商業学科の設置は東京高等商業学校の大学昇格問題に絡んでにわかに登場し、当時の本学にとっては「瓢簞から駒」の出来事であった」のである（『東京大学百年史』）。

商業学科の新設は、帝大重視と総合大学主義の文部省が東京高商の大学昇格を回避した結果起きた事件だったので、東大側に準備の余裕がなかった。当初は志願者も少なく、優秀な卒業生を留学に出して商科教員の急造を図る有様だった。廃止説もささやかれていたという。

一九二〇年、東大で経済学部が独立したのちに商業学科を卒業した経営学者の佐々木道雄は、戦後の名誉教授座談会で「私はいいたくないけれども、私が商業学科に入ったときは粗末で、なんでも間に合わせの課程をつくって、それに合う先生を集めた」と発言している（『東京大学経済学部五十年史』）。

一九一三年、文部省は東大の商業学科・経済学科と東京高商を合併し東京帝大の分科大学として独立させる策動を展開するが、東大と東京高商の意見は一致せず破談に終わる。

これについても福田徳三は前年に先行きを予測していた。「東京法科中の商業学科と東京高商とを合併」する案は「当否の問題たるよりも、寧《むし》ろ可能不可能の問題」といい、現実的に「不可能」と断言した（「大阪商科大学論」『実業之世界』第九巻第七号）。その理由について福田は深入りしなかったが、要は合併後の分科大学においてどちらが主導権を握るかの問題であろう。実際、校地は一橋か本郷か、高校と高商どちらから優先的に進学させるか、経済学科との関係はどうするのか、など解決の難しい問題で両者とも譲らなかった（『一橋五十年史』）。

最終的に、単科大学の設置を可能にする一九一八年の大学令によって、東京高商は念願の単独昇格を成し遂げる。すでに述べた通り、福田はこの結果に不満だった。前出の講演記録では、「一橋が真の大学であるとはだれも思ふはずがない」と吠え、チフスには「本チブス」と「パラチブス」があるが、東京商大は「パラ大学」（疑似大学という意味か）だと断じた（前掲『一橋新聞』）。

東大教授を務めた経済学者大内兵衛《ひょうえ》は、福田を一橋系の「山系の頂」「エヴェレスト」にたとえた（『経済学五十年』）。その一方、福田は奇矯なキャラクターでも定評があった。東京高商校長の松崎や慶應義塾長の鎌田栄吉を暴行したという噂があり、真偽はわからないが、大隈重信邸で開かれた晩餐会でも、東大出身の学者に向かって「帝大の学者でおれ達の向ふを張つて学問上でも、腕力上でも喧嘩の出来るものがあるか、あるなら今でも此所でやつて見ろ！」と突然罵倒を始めたという逸話がある（『読売新聞』一九一四年六月四日）。事実とすれば、東大に対して強烈なライバル心を抱いていることになる。表向きは帝大に商業学科ができたことを祝いつつ、内心は煮えくりかえっていた可能性もあろう。

ビジネスライクを求めて

一橋の学校史は、独立の大学になるために文部省や東大と闘争を繰り広げてきた歴史といえるかもしれない。では、東京高商の人々は、自分たちと東大との差異をどこに見出しただろうか。「ベルリン宣言」の時期の構想が崩壊し、帝大（東大）の一分科としての商業大学が夢で終わった以上、東京高商が単独で大学になるべき理由は、どうしても模索されなければならなかった。『一橋会雑誌』などでは、単独昇格論者がさかんに提言を繰り広げた。いくつかその特徴をあげてみる。第一に、「ベルリン宣言」が帝大の一分科たる商科大学を主張したのに対し、単独昇格論者はむしろ積極的に旧来の大学と絶縁すべきことを強調した。「商業なる者は所謂、平和の戦争にして商才士魂及び所謂 Business like の風格を涵養修得すること最も必要なる者なれば、彼の学者的臭味と官僚的気風に富める純正大学（Classical universities）と同棲するが如きは寧ろ之を避けざるべからず」。商業に必要なビジネスライクな人物は、学者的・官僚的な空気に支配された大学（典型的には東大）では養成できない。商業大学を一般の大学から切り離せ、ということである。

単独昇格論者らがモデルの一つとするのは、「バーミンガム商科大学」である。この大学は、専門的な商業教育を軽視して「ゼントルマン」育成に力を注ぐケンブリッジ、オクスフォードなどの「古風大学」の外で新設されたという（鼎峰生「一橋商業大学論」『一橋会雑誌』第一〇四号）。

東京高商の関係者は、東大と決別して独立した大学を作ろうとする自分たちと重ね合わせて、以前からバーミンガム大学に注目していた。たとえば、一九〇九年に出された大学昇格を訴える東京高商同窓会の「商科大学に関する意見書」は、この大学がオクスフォードやケンブリッジと違ってラテン語やギリシャ語を省いたことに注目している。それらの語学は「商業家に取りては無用の長物」だからである。商業大学の主眼は「企業家の養成」と、「商業的企業を最も有益に経営」する方法の研究にある、というのが同窓会の主張であった（『一橋五十年史』）。

また、東大商業学科の新設に反対する高商の学生も、商業教育とは「特殊の学科」を授けて「特殊の気風」を養成するものであり、「学究肌」とはまったく異なると新聞に投書した（『東京朝日新聞』一九〇九年四月二四日）。

すでに触れたように、東京高商が世間の好評を博した点に「実用」性がある。河岡潮風の『東都游学学校評判記』が指摘するのは、語学教師と実用英語教育の優秀さで、「殊にプラクチカル、イングリシユときたら、大学高師以上だと評判がある位」と賞賛した。事実、高商の教授要旨でも、「商業ニ係ル問答談話」などの「会話」や、「商業通信」「報告」などの「作文」が、「解釈」とならんで強調されていた（『東京高等商業学校一覧』）。

同時期の帝国大学では、学生の間に作文や会話などの実用語学を「下町語学」などと呼んで蔑視する風潮があった。法科や文科の学生は専門書は読めても理科系の雑誌記事や新聞記事は読めないなど、外国語能力が疑問視されることもあった（『教育時論』第八〇六号）。

独自の予科

第二に、単独昇格論者は、理想視できるような高度の普通教育も総合大学も日本には実在していないことを指摘した。

一九〇九年、東大法科の「某教授」の談話として、商業学科設置に関する東大法科教授会の審議の模様が報じられた。その中に、予科を備えた単独の商業大学はあまりに「商業臭く」、学生の「眼界」を狭くする、という意見があった。大学が養成すべきは専門の技術家ではなく、商工業の指導者である。人格、品性の面から見ても、「高等の普通教育」を受けてから総合大学たる帝国大学で商業を学ぶほうがよい。総合大学なので、法科、文科、工科などからも多くを学ぶことができる（「商業大学問題」『国家学会雑誌』第二三巻第六号）。

東京高商側からすれば、帝大が自分たちを無視して商業学科を作ってしまった以上、こういう話を真に受ける理由がない。

単独昇格論者はこう主張する。そもそも高校は進路に合わせて法科・文科対象の第一部、医科以外の理系対象の第二部、医科対象の第三部に分かれている。幅広い普通教育など現実には行われていない。加えて、総合大学といっても日本の場合分科大学の独立性が強い。当時、仙台の東北帝国大学にいたっては札幌の農学校を農科大学に改組して抱え込んでいた。だから、総合大学の実などない。単独で大学に昇格し、独自の予備教育を行うことになんら支障はない――。これが主流の見解となっていった（「商大問題弁妄」『同窓会会誌』第六四号、「一橋商業大学論」）。

高度化し複雑化する資本主義の中で、Captain of Industry、「商工業の将帥」を養成するためには大学での高度な商業教育が必要だが、学者や官僚の養成を主とする帝国大学の内部では不可能であること。そして、文部省と帝国大学が掲げる総合大学主義も、最高度の普通教育の場としての高等学校も、内実がともなっていないこと。これらが、東京高商が単独で大学に昇格し、独自の予科を持つべき大きな根拠とされたのである。

「商業教育」と「学問」の相克

前述の通り、設立当初の高商と前身校には、校長矢野二郎による「前垂式商業の技術的方面に熟練した学生、人に使はれる人間」という教育方針があった。だが、学生が「実用一点張り」の教育に飽き足らなくなるのは早かった。一八九一年には、教育方針に反発する学生たちによる矢野校長排斥運動が発生し、一八九三年に矢野は高商を去った。ヨーロッパの高度な商業教育についての研究が進み、「智識探究」意欲をかきたてられた学生が「実用」「技術」重視の教育に「不満と焦燥」を感じたことが一因とされる（『一橋五十年史』）。資本主義を的確に理解し、勝者となるためには、それに対応する高度な学知が必要だと認識されたのだろう。

この気運は、大学昇格問題が前景化するにつれてさらに盛り上がっていったという。『一橋大学百二十年史』は、「中西事件」を契機として学園に「アカデミズムの基礎を固めようとする動き」が進行していったことを指摘する。「アカデミズムでなければ、大学昇格は望めない」からである。たしかに商業教育だけでは、学問の「蘊奥《うんのう》」（奥深さ）を追求する機関としての大学に昇格する理由としては弱い。同書は、これ以降「高等商業教育」と「グルントリッヒなもの」（gründlich、ここでは基礎的な学術研究のこと）の二つが一橋の「底流」となったと指摘する。

戦後の社会科学系総合大学へと続く一橋アカデミズムの学統は、たしかに輝かしい。しかも商業教育とは異なる分野ですぐれた学術や言論の担い手が輩出されている。福田徳三もそうだが、哲学の左右田《そうだ》喜一郎、比較文明史の三浦新七、中世ヨーロッパ史の上原専禄《せんろく》、その門下の阿部謹也など、枚挙にいとまがない。経済学者の安藤良雄は、前出の東大名誉教授座談会で「一橋の場合は経済学の周辺というか哲学、歴史、社会学などが盛んでむしろその方面からえらいというか、有名な学者が出ましたね」と発言している。今日でも哲学や歴史学、言語学などでも幅広い人材を生み出し続けていることは、総合雑誌を多少めくれば誰でもわかることだろう。安藤に続いて大内兵衛は「それはやっぱり一橋独立論が影響しているんですよ。大学になったら、偉いことをやらなければいけない、せっかく独立したんだから偉いことをやろう、そういう空気ですね」と指摘した（『東京大学経済学部五十年史』）。

しかし、商業教育と基礎的学術研究は、矛盾なく両立するものだろうか。高度な資本主義社会ですぐれた実業家になるためには、たしかに学知が必要には違いない。だが、学知が進めば進むほど、世界について、人間について、さらなる探究意欲を駆り立てられるだろう。そうなれば、その人の生きる目的は、商業ではなくて学問になるかもしれない。そのうち営利活動を軽蔑したり、資本主義の超克を考えたりするようになるかもしれない。かつて福澤諭吉は慶應義塾の塾生に「学問に凝る勿れ」と説いた。福澤の教育の目的は専門学者や教員を養成することではなく、俗世間に躍動する「実業者」を養成することだったからである。一橋についても同じことがいえるのではないだろうか。

倒錯した自己像

実際、大学昇格後に刊行された『一橋新聞』には、「実業学校としての一橋と学府としての一橋両者の衝突」（一九二五年一二月七日）という言葉が記されている。ある卒業生は、「一橋の学問は何者かによりゆがめられ、若くは「見えざる手」によつて無意識中に重大なる制約をうけつゝある」と語る。それは「将来の生活のための学問」「就職のための学問」という呪縛である。

たしかに福田徳三の手引きによって『資本論』を原書で読む学生もあらわれた。しかし、そこからはついに「一人のマルキシストも出なかつた」とこの卒業生は嘆く（一九二七年五月一日）。「学籍を犠牲とするまでにし烈な研究は遂に見出されなかつた」。しかし、このような嘆きが聞こえること自体、福澤的な目で見れば「学問」の毒に十分冒されている。初代学長の佐野善作は、一九二六年、新入生に対し「大学は商を中心にして之に対する直接或は間接に関係ある事柄に就き研究する処である」と説諭したが（『一橋新聞』四月一九日）、学生の探究心はいつしか「商」を超えてしまうかもしれない。

戦前の東京商大についての『一橋大学百二十年史』の説明は実に晦渋である。戦前期のこの学校には「ビジネス・テクニックのスペシャリストや机上の経営理論を重視しないビジネス教育、すなわち戦後型の「教養主義的なビジネス教育」、極言すれば大学ではビジネス教育を行わない、というコンセンサスの萌芽」が生まれたという。

「ビジネス教育を行わないことを強みとする商科大学」というのは、外部の人間から見ると倒錯した自己像に見える。だが、それは福田徳三が口にしていたことでもあった。東京高商出身で帝人社長を務めた大屋晋三は、福田の「本当に偉大な実業家、商人になるためには、非実用的な学問、非実用的に見えるアブストラクトな思索の方が大切なのだ」という言葉に強い感銘を受けた。大屋は「一ツ橋の四年間になにを教えられたかと聞かれれば、私はちゅうちょなくこの福田教授の一言だけであると答える」という。そして、大屋が長いビジネス経験で得た実感は「単に実用的な面だけに練達した人間には大したものはいない」ということだった（『私の履歴書』）。

かつて東京高商は実業教育の分野で東大に先行し、それを圧倒した。学問・教育分野において東大を凌駕した経験を持つ学校はほとんどない。やがて、すぐれたアカデミズムの伝統がそこに加わった。そのことは、一橋という学校を比類のないものにすると同時に、常に複雑晦渋な形で自身の存在意義を説明せざるを得ないという困難をもたらしているように見える。

第五章　「詰め込み教育」からの転換——同志社と私立七年制高校

大正初期の同志社大学

東大生・池田留吉の生活

一九一三（大正二）年刊行の『赤門生活』（南北社）という本に、東京帝国大学法科大学（現・東大法学部）の学生の暮らしを描いた小説風の読み物が掲載されている。明治末期に岡山の第六高等学校を卒業した池田留吉が、上京して東大法科に入学してから卒業するまでの物語である。この本の「緒言」に「本書を書くには六名の学士を煩はした」と記されているので、誰かの実体験が反映されているのだろう。

池田の学生生活には、定番の浅草・吉原見物、日比谷公園の散策、運動会なども出てくるが、大学の講義と定期試験に大きなウェイトが置かれている。当時東大法科は「学年制」を採用しており、定期試験で一科目五〇点以上、平均で六〇点以上を取らなければ進級できなかった。たとえば法律学科の第一回試験では、憲法、民法、刑法（総論）、ローマ法に、イギリス法・フランス法・ドイツ法のいずれか一つ、さらに経済学の試験が課される（『東京帝国大学一覧』）。この時期法科大学は四年制なので、池田は四回の定期試験をクリアし、最後の卒業試験に合格しなければ法学士になれない。

特に一年次の試験は緊張とガリ勉を強いられる。池田は「全く試験の為めに生きてたやうなものだ」「あゝ、つまらない、これぢやまるで試験の為めに学校へ入つたやうなものだ」と嘆息するものの、結果は首席で特待生の栄誉を得た。

二年次はお決まりのごとく中だるみとなり、ビリヤードなどの娯楽にも心を向ける日々を送るが、ある時大学の掲示板で懸賞論文の募集を知る。「世界の平和」に関する論文である。池田は応募してみることにした。

驚くべきことに、池田が東大図書館に足を踏み入れたのは、入学から一年以上経ったこの時が最初だった。東大の優等生ともなれば図書館に籠もりっきりという印象があるが、当時は必ずしもそうではなかったようである。池田がそういうように、「金がなくて本が買へぬのぢやなし」、「参考書」を自分で買って読めばよい。むしろ、図書館で興味のままに一冊を手に取って読みふける時間が無駄とさえいえるのかもしれない。

池田自身、自分の勉強に疑問を持たないではなかった。中学でも高校でも優秀な成績を収めているから、勉強は嫌いではない。だが、自分は「学問それ自身のために、学んで居ない」。「単調」な学校の勉強は続けられるが、深く考える力はない。池田はそのことを気にしつつも「着々勉強」し続けるのである。

懸賞論文の準備で東大図書館にはじめて入った池田は「やはり図書館も要るものだなァ」と感心し、一〇日ほど執筆の時をすごした。審査の結果は当選で、賞金五〇円の獲得に成功する。その金は友人たちと芸者遊びで使い切った。

こうして「勉強」を続けた池田は、卒業式で天皇から「賞品」を拝受して学生生活を終えた。恩賜の銀時計である。二番目だったという。進路は帝大法律学科出身者に無試験「特権」が設定されている司法官試補であった。将来は判事か検事になるのであろう。

「点取主義」と「惰気」

池田の傑出した学業成績とその反面の凡庸な生活の記録には、自嘲と大学批判のニュアンスがある。学士六名の記述を中心とする『赤門生活』という書物自体、「学問のための学問」とかけ離れた東大生の「点取主義」、とりわけ法科のそれに対する嫌悪感を隠さない。

「点取主義は法科大学に於ては卒業後まで続く、競争試験に勝つんだからとか、何とか、法科一流の理窟はいふやうだけれど、それでもその人のあたまのからつぽなのがわかるやうで寝覚がわるい。ことに法科大学の場合には、教へる方にも責任はある。彼等教授ともいはれる人々で試験委員になりたがつたり、学生を教ゆるに受験的に教へたりしてる傾があるんだから。点取主義には勉強が要る。勉強しない人には点が取れない、つまらないこと、その勉強は何にもならないための勉強なんだ」。

東大生は、パンつまり就職口を得るために成績にこだわる。彼らの「点取主義」は結局のところ他人を蹴落とす「我利我利主義」である。学問の府であるべき大学がそれに冒されていることを、『赤門生活』の著者たちは嘆く。

彼らが「点取主義の末路」として紹介するのは、天皇機関説批判で知られる憲法学教授の上杉慎吉である。上杉は「学校にゐる中は勉強してもその結果を見てくれる人があつたからよかつたが、出てからの勉強は一向つまらない、誰れにもわかりはしないから云々」と語ったという。教授の上杉ですら勉強の結果が点数で明示された学生時代を懐かしがっているのだから、教え子が

「点取主義」に支配されるのは当たり前だ、というわけである。

『赤門生活』がもう一つの東大の「悪弊」として指摘するのは、「点取主義」の反面の「惰気」である。勉強自体を放り出し、野球やボート、テニス、ビリヤード、囲碁、トランプ、カルタ遊びの類にひたすら精を出す学生が多い。前述の池田も二年次にこれらの遊びに没頭したものの、結局は「点取主義」と「惰気」の間をうまく泳ぎながら恩賜の銀時計を勝ち取った。いずれにせよ『赤門生活』の著者たちがあるべき東大の学風と考えた、「真摯」「篤学」とは無縁である。

新島襄の同志社大学設立運動

『赤門生活』の人々が、東大から「真摯」さや「篤学」が失われていくことを嘆いたのは大正初頭のことだが、その三〇年以上前から東大の堕落に警鐘を鳴らしていた人物がいる。同志社の創設者、新島襄である。新島は幕末の一八六四年に密出国して渡米、同地でキリスト教徒となった。アーモスト大学やアンドーヴァー神学校で学び、一八七四（明治七）年に宣教師として帰国、翌年に同志社英学校を開校した。

新島は、福澤諭吉と並んで、あるいは福澤以上に東大の存在を強く意識した私学創設者である。新島は関西で大学設立運動、要するに「同志社大学」設立運動を展開するが、それに関連する明治一〇年代後半以降の多くの文書に、東大についての記述がある。

新島の東大言及パターンには大まかにいって二種類ある。一つは、大学の見本としての東大である。新島は、明治政府が「巨万の費用」を投じた欧米への留学生派遣や東大設立を「亜細亜《アジア》文化の魁《さきがけ》」と評価した。その上で「在野の志士」「維新の民」も政府の範に従って「民資を集合し一大学を関西に創立」すべきと説いた（「同志社大学設立の主意の骨案」）。

東京大学が帝国大学に改組された後の一八八八年の演説「私立大学設立の旨意、京都府民に告ぐ」でも、「たった一の帝国大学を以て足れりとする事なく、第一の大学は官立に関わりたれば、願わくは第二、第三の大学に至っては、全く民力を以て立てたきものでござります」と語っている。日本の教育を高めるためには、政府が作った東大だけでは足りない。東大を手本に民間でも私立大学を作ろうではないか。新島はこうした論法で「同志社大学」設立支援を求めた。

新島の東大言及パターンの二つ目は、東大が抱える欠陥が社会に及ぼす害を指摘し、その克服を訴えるものである。新島は大学設立を呼びかける文書などでやたらと東大を持ち上げたが、実はそれ自体が一種の方便であったとも考えられる。

大学設立運動の中で、新島は、東京大学を筆頭とする政府による学事振興の問題点を次のように指摘する。たしかに政府の学事振興によって西洋の学問が勢力を伸ばし、日本の学風は一変した。だが、一方で大きな弊害が生まれた。人心が「智識開発」にばかり傾き、学問の根本である「道徳」が教えられなくなったことである。そのため、人情は日に日に浮薄になり、精神は腐敗し、日本という国の「元気」が溶けるように消えつつある（「明治専門学校設立旨趣」）。

東大をはじめとする官立・公立の学校が西洋学術の修得に専心し、国民精神への配慮をおろそかにしている、という批判である。

新島は続けていう。この弊害に気づいた政府は、「道徳」を再興するため「孝悌忠信」の徳目に基づく儒教主義教育を推進するようになった。新島は、この試みに反対する。儒教道徳は所詮「支那古風ノ道徳」であり、東大などが採用する「泰西日新ノ学風」と同時に実行できないからである。儒教も悪いことを教えているわけではないが、いまの時代には通用しない。

ではなぜ、このような道徳振興策が横行しているのか。新島の答えは明確である。西洋が進歩して東洋が停滞した原因を見ればよい。新島は、西洋の文明は「基督教ノ道徳」を根本として新しい「学術」を学び、自由、学問、政治、道義を発達させたことによって拡大したと説く。東洋が停滞したのはそれらが欠如しているからである（同右）。したがって、東大型の知識偏重と古臭い儒教道徳を併用しても日本の発展は見込めない、ということになる。

新島は、自分が設立しようとしている新大学を、知識偏重教育と儒教的道徳教育の両者を克服する存在として位置づけている。「純全ノ道徳」に基づき西洋学術を修得する大学。これこそが、日本に求められている高等教育機関だと考えたのである。

「キリスト教の敵」としての東大

新島の新大学構想を実現することは、非常に難しい。第一に、資金の問題がある。同志社は、米国の超教派的キリスト教伝道組織であるアメリカン・ボード（American Board of Commissioners for Foreign Missions）の援助を受けて設立された学校である。当初の運営に関しても「経費の九〇パーセント以上は、まちがいなく太平洋の向こうがわから送られてきた金でまかなわれていた」ことが指摘されている（和田洋一『新島襄』）。専門学科を揃えた大学を作るには金が足りない。

第二に、キリスト教を前面に押し出す大学は、文部省の政策に合致せず、日本社会から広い支援を受けられる可能性も低い。新島が政府の作った帝国大学を手本として持ち上げたのは、自分の理想の学校を実現するための一種の擬態である可能性がある。

新島は、東大を頂点に形成されつつある学校体系を、立ち向かうべき主要敵と見なしていた形跡がある。たしかに新島は東大を大学の手本として持ち上げた。それは、一般の日本人に対して支援を呼びかける時であった。一方、外国教会や日本人キリスト者など、同じ宗旨の仲間の前ではまったく違う東大論を語っている。それは、キリスト教の敵としての東大であった。

一八八五年、滞米中の新島は、同志社の学校への援助を求めるアピール文を起草し、発表した。その中で、同校の当時の様子を次のように報告している。

「この学校は五年間の英学教育と、さらに三年間の神学教育を行っている……学校は完全にキリスト教の基盤の上にたてられており、今ではヤソの学校として人々から公然と認められている。学校は国中の各地から多くの若者を惹きつける中心となった。たいていの者は未信者のままで学校にくる。学校を出ていく前に、若干の例外はあるが、ほぼすべての者がクリスチャンになっているのである」(「日本におけるキリスト教主義高等教育のためのアピール」)。

未信者の状態で同志社に集まってくる若者の多くが、学校を出る頃には信者になっている。ごく初期の例だと、同志社英学校が開校して二年目の一八七六年に入学した徳富蘇峰は、すぐに新島から洗礼を受けている。蘇峰の場合はすでに郷里の熊本でキリスト教に接していたが、入学後に教師や仲間の感化で受洗した者も多かっただろう。そのことはもちろん、新島の大きな喜びだったに違いない。彼らはこの国に福音を広める重要な役割を果たすはずである。

ところが、先行きは明るいものではなかった。せっかく入信した若者がやがてキリスト教から離れる現象が見られたからである。大きな原因は、同志社に神学以外の高等教育課程が存在していないことにあると新島は考えた。

「学校には神学以外に高度の課程を置いていないために、さらに学問したい者はどこか外《ほか》の所に行かねばならなくなる。彼らはこのミッション・スクール〔同志社〕に居る間にキリストに導かれる。しかしよそへ行けば、キリストを捨てる危険が生じる。彼らはまだ年も若いのである。彼らの信仰は十分に固まっていない。彼らはなお手当てを必要としている。彼らは、不信仰の深みに落してしまうには貴重すぎる宝のようなものである」（同右）。

同志社で学ぶ生徒は、在学中はキリストに心を向ける。しかし、彼らがさらに高度な教育を求めた場合、同志社にはそれがないので別の学校に進むことになる。キリストを信じる共同体から離れた若者は、容易に棄教の道に入り込む。新島が憂慮するのはこのことである。

そして、より高度な教育を求める同志社出身者が目指す学校とは、つまるところ東大であった。「彼らがよく行くことになる学校というのは、東京大学（the Imperial University at Tōkyō）のことであるが、そこでは国家との関連のためにキリスト教は全く排除されている。そこでは彼らの信仰はさめてしまうことがある。彼らはかつて見出した道〔キリスト教〕から迷い出ることがある」（同右、一部改訳）。

日本最高レベルの教育を受けようと思えば、この翌年に帝国大学に改組される東京大学に入学することになる。しかし、東大は国家の大学であり、キリスト教を排除しているので、せっかく同志社で入信した若者の信仰心を奪う装置になりうる。だからこそ新島は、東大に対抗できるキリスト教高等教育機関を渇望した。同志社にいながらにして医学を学んで医師になることができれば、また、政治学や歴史学、文学、哲学を学ぶことができれば、若者たちを「キリスト教学校の聖なる壁」の内側に留めておくことができるからである。加えて、これらの諸学を学びたい未信者を同志社に誘引することもできる。

「唯物論の盛んなりし帝国大学」

だが、いくら東大が国家の大学で知識偏重だといっても、それだけではキリスト教の敵とはなり得ない。大学当局が学生に背教や改宗を迫るわけではないからである。新島自身、東大の学生によるキリスト教主義に基づく活動の存在を知っていた。一八八九年、同志社で開かれた夏期学校での演説で「唯物論の盛んなりし帝国大学にも、既に基督教青年同盟会あるを見る」と語っている（「夏期学校に対する感情」）。

この前年、東大にＹＭＣＡ（キリスト教青年会）が設立された。ここからやがて「大正デモクラシー」を代表する政治学者吉野作造や、戦後に総理大臣となる片山哲らが輩出される。だとすれば、学生個人の志でキリスト者であり続けることは十分可能ということになる。

新島が東大を敵視または警戒したのは、キリスト教を攻撃するさまざまな理論を西洋から輸入して広める機関となり、結果的に日本での布教を妨害するおそれがあるからであった。

新島は、滞米中の一八八四年、アメリカン・ボードに提出した文書で次のように述べている。「私たちの敵が所有する武器は近代科学の粋を集めたものですから、私たちはキリスト教精神の染み込んだ、最良に改善された近代兵器で対抗しなくてはなりません」（「日本伝道促進についての私案」）。キリスト教の敵が持つ武器は近代科学だが、日本における近代科学の中心はいうまでもなく東大である。

新島が近代科学そのものを敵視していたわけではないことは、医学教育参入を熱望していたことを見ても明らかである。問題は「唯物論」「無神論」と骨がらみになった近代科学であった。

社会進化論への警戒

一八八三年、新島はキリスト教徒の親睦会での演説で「基督主義の大学」を設立する必要性を説きつつ、次のように訴えた。いまやキリスト教に襲いかかる者は、現今「学者」を自称する者ではないか。ミル、スペンサーの学説を繰り返しているだけの者ではないか。彼らが無神論を唱えて襲撃してくるならば、有神論でこれに答える。彼らが学術で向かってくるならば、学術でもってこれに応ずる。常日頃の用意と修練を怠ってはならない（「基督教皇張論」）。

新島は、ミルや社会進化論を唱えたハーバート・スペンサーを受容しつつ、「無神論」と「学術」を組み合わせる日本の「学者」たちを敵と捉えた。特にスペンサーの社会進化論は、明治一〇年代の東大において大きな力を持ったことが知られている。一八七八年に来日したアーネスト・フェノロサはスペンサーの『社会学原理』などに基づいて講義し、教授の外山正一《とやままさかず》（のち東京帝国大学総長、文部大臣）や、綜理の加藤弘之らによっても積極的に受容、紹介された。そのスペンサーの社会進化論は、キリスト教を含めたすべての宗教を、未開社会の祖先崇拝から派生し発達したものとドライに捉える（山下重一『スペンサーと日本近代』）。

スペンサーの有力な紹介者である外山は、新島の演説の前年にキリスト教を揶揄する文章「耶蘇弁惑序」を発表し、反響を呼んでいた。外山のキリスト教観については諸説あるが、この時は反キリスト教陣営の一角を占める人物と目されても不思議ではなかった。一八九一年、帝国議会で官立学校廃止論が盛り上がると、外山は新聞各紙に反論を寄稿し、新島の同志社などを「外国教会お助学校」とくさした。特に高等中学校の廃止は西洋のキリスト教団体が支援するミッション・スクールの隆盛を招く「亡国」の道だ、というのがその論旨の一つである。

新島は、外山らのキリスト教批判の背後に、霊魂や死後の世界などの宗教意識の発達を「学術」的に捉えようとするスペンサー社会進化論を見た。そして、その発信源である東大を警戒した。彼らに対抗するためには、「有神論」と「学術」を組み合わせる新しい「基督主義の大学」が必要だと考えたのである。

キリスト教大学の使命

新島は、物質科学の支配が強まるにつれ、「物質中心主義」や「官能主義」がはびこると考えた。キリスト教教育が行われていない学校では、「物質主義」の影響は「必然的にふしだらな行為と結びつきます」とさえ主張していた（「日本伝道促進についての私案」）。だとすれば、「唯物論の盛んなりし帝国大学」は、学業優秀な堕落者を量産する学校になると考えるのが自然である。新島は、同志社出身者が知的レベルでは東大の学生に劣ることを認め、その一方で教え子たちの高い人格を称賛していた。「〔同志社の〕卒業生たちは政府の設立した東京大学で学んだ者たちには劣るかもしれませんが、彼らの高い道徳性と熱心なクリスチャン的性格の点で、人々の大きな尊敬をかちえております」(同右)。

同志社出身者は、キリスト教を通して高い道徳性と情熱を得る。だが新島は、人格や情熱だけではどうにもならない時代が迫っていることにも気づいていた。それは、東大を中心とする政府の学校体系が日本を学歴社会化させる時代である。「もしもわが国にわれわれのミッション・スクール〔同志社〕よりもさらに高級な学校がないのであれば、わが校の現状はかなりよいものだといえよう。しかし政府のたてた大学は近年非常な発展をとげ、多数の卒業生を送り出すようになってきた。貧弱な教育しか受けていない者は、社会の指導者としては役に立たないとして、公職から退かなくてはならない日が、われわれのところにもやがて来るであろう」(「日本におけるキリスト教主義高等教育のためのアピール」)。

高度な教育を受けた者だけが社会のリーダーになれる時代が到来しつつある。しかも新島は、関西にも新たな政府の大学ができる日は近いと見ていた(同右、新島は大阪にできると予想)。この時代、人格や情熱だけでキリスト教を広めることはできない。伝道者にも信徒にも第一級の教育が不可欠となる。

だから、キリスト教大学なのである。新島は、キリスト教精神と高いレベルの近代的学術を融合することによって、東大の広める「無神論」「唯物論」に勝利し、日本人の魂を堕落から救い出せると考えたのだった。

山路愛山の東大批判

本章の冒頭で見た、大正初期の東大に蔓延したとされる「点取主義」と「惰気」は、その時すでにこの世にいない新島から見れば、「唯物論」によって引き起こされた堕落の果てといえるかもしれない。新島は一八九〇（明治二三）年に死去するが、その後も思想性や精神性の欠如という観点から東大を批判する者がいた。

一九〇九年、キリスト者のジャーナリストであり歴史家としても知られる山路愛山は、次のように述べている。

帝国大学は、日本の立法や行政に対して学問を与え、主義を与え、知識を与え、いまの官僚の大部分を輩出した。しかし、日本の思想界に与えた帝国大学の影響はどうだろうか。日本人は、帝国大学からどのような「心の食餌」をもらっているだろうか（「日本の思想界に於ける帝国大学」『太陽』第一五巻第六号）。

要するに東大は、明治国家の制度設計や政策立案に関わる学問や知識、人材の供給という面では成功しているが、日本人に「心の食餌」を与えることには失敗している、というのである。

その原因は、「帝国大学の思想家」が「欧米思想の紹介者」にすぎず、自己の哲学や信条を生み出さなかったことにある、と愛山は考える。加藤弘之、外山正一らがスペンサーなどを「受売」した時代から、井上哲次郎らによるドイツ思想輸入の時代に移行してもそれは変わらない。愛山は、東大を外来思想の中継ぎをする「電話交換所」にたとえた。

自己の哲学と信条を持つ「思想界の雄将」であるべき東大教授がその役割を果たさないので、日本の思想界は無政府状態に陥っている、と愛山はいう。明治の日本をこれまで支配してきたのは、東大の教授も唱える「国家主義」である。しかし、明治の「国家主義」は自己を支える哲学をついに生み出せず、「単純」「無意義」なものにとどまった。その結果、現代の教育を受けた学識ある青年は「国家主義」を見捨て、めいめいが「自己の好める哲理」に向かうようになった。「国家主義」の唱導者である東大の井上哲次郎の門下生ですら「相率ひて国家主義を呪ひ」、ニーチェ、トルストイ、イプセンに向かっている。従来の制度、慣習、道徳や忠君愛国主義を否定し、自由恋愛を求める「個人主義の叫喚」の時代である。

「非国家主義」の思想は、当初その発生源になると思われたキリスト教会からではなく、「国家主義」によって教育されたはずの青年たちから出た。井上は、新島死去の翌年に発生した内村鑑三不敬事件（第一高等中学校教師の内村が教育勅語に対して最敬礼しなかったという理由で職を追われた事件）を非難し、キリスト教は教育勅語の精神に敵対する「非国家主義」の宗教だと激しく糾弾した（『教育と宗教の衝突』）。その井上の門下からむしろ「非国家主義」が発生していることに皮肉を見たわけである。

愛山は、東大の教授とその出身者が、その後も相変わらず「欧米思想の紹介者」であり続け、イギリス由来の「人格的唯心論」やニーチェ、イプセン流の個人主義、プラグマティズムなどの輸入に努めていると批判する。

この時期、日清・日露戦争の勝利によって「富国強兵」という国家目標がある程度達成されたことから「社会的弛緩状態」が生まれ、青年の関心が「天下国家」の問題から離れて「個人的問題」に移行していったことを、歴史社会学者の筒井清忠が指摘している（『日本型「教養」の運命』）。愛山のいう、「国家主義」に対する「個人主義」の挑戦や思想界の無政府状態とはこのことを指すのだろうが、愛山はその主要な責任を東大に求めたのだった。

「心の食餌」を供給する東大

東大とその出身者が人々に「心の食餌」を与えていないという愛山の批判は、今日から見れば奇異に映る。というのは、近代日本の作家や思想家などを一〇人ばかり思い浮かべれば、そのうちに必ず東大出身者がおり、分野によっては大半を占めさえするだろうからである。

関川夏央の『新潮文庫20世紀の100冊』を例にとってみよう。この本は、一九〇一〜二〇〇〇年の一〇〇年間に刊行された新潮文庫収録の名著を年一冊ずつ選定している。一高・東大出身（中退含む）の著者は、日本人著者八〇人のうち、二一人を数える。しかも夏目漱石、森鷗外、谷崎潤一郎、武者小路実篤、志賀直哉、芥川龍之介、三木清（一高から京大）、小林秀雄、太宰治といった歴史に残る著者ばかりである。

関川の名著リストでは、太平洋戦争期をピークに現在に近づくほど東大出身著者の数が減るが、これは東大や版元の変化というより消費者の嗜好の変化に関係するかもしれない。とはいえ、誰でも名前を知っている金字塔的作品を東大出身者が続々と生み出したことは事実であり、東大は官僚養成機能だけでなくやがて「心の食餌」生産拠点の機能も果たすようになった、とはいえそうである。

山路愛山が東大の思想を批判した日露戦争後、東大に多くの学生を送り出す第一高等学校で大きな動きがあった。一高の気風は、「国家的精神涵養の対象」とされた護国旗に象徴される国家主義、鉄拳制裁や寮雨（階上からの放尿）に代表されるバンカラである。竹内洋によれば、その「国家主義と武士的エートスとが結びついた」気風は、やがて不満をもつ生徒からの抗議を受けつつ大きく転換していく。

「大正デモクラシー」と教養主義

多くの論者が指摘する校風転換のきっかけは、一九〇六年、札幌農学校出身のキリスト者であり、『武士道』の著者として知られる新渡戸稲造が同校校長に就任したことである（筒井前掲書、竹内洋『学歴貴族の栄光と挫折』）。前述の新島襄と同じように、エリート一高生の精神性の欠如を問題視した新渡戸は、ゲーテ、カーライル、ミルトンなどを紹介しつつ講話し、積極的に生徒と面会して対話を繰り返した。多くの出身者が回想するように、新渡戸が一高にもたらしたものは個人主義であり、また教養を深めることによって自己の人格を高めようとする教養主義であった。哲学者和辻哲郎ら多くの一高生が新渡戸に魅了されたことはよく知られている（同右）。

新渡戸個人の影響には個人差があるだろうが、国家を第一義とする従来型のモデルが崩れ、個人主義と教養主義がエリート養成機関に持ち込まれたことは大きな転換点である。新島、愛山、新渡戸とも問題視した精神性の欠如は、キリスト教による教育ではなく、西洋の哲学や文学の精力的な読破を通して自己の人格を高めようとする教養主義によって代補された。

文化生産に貢献した帝大出身者の性格を根本で規定したのは帝国大学そのものではなく旧制高校での生活である、と憲法学者の中村哲《あきら》が語ったことがある（竹内前掲書、中村「基本的な教養書としては何を読むべきか」『現代の読書と教養案内』一九四九年版）。これが事実であるとすれば、東大が研究機関や官僚養成機関以上の存在になる大きな流れが、この時期に作られたと考えることができるのではないだろうか。

日露戦争後のこの時期から、広い意味での「大正デモクラシー」の時代が始まる。政治学者の三谷太一郎は、時代を貫く傾向としての「大正デモクラシー」を「国家的価値に対する非国家的価値の自立化の傾向」と定義した（『大正デモクラシー論』第三版）。

この傾向は、経済、学問、教育、文芸、美術、風俗など多くの分野で観察された。日露戦争を契機として、経済界は国家の庇護を離れ、国家の統制を最小化すべく「安価な政府」を求めるようになった。学問も、国家に貢献する学問から脱して学問それ自体の価値を追求するようになった。それまで国家的価値を最優先してきたさまざまな分野が、国家から離れて独自の動きを見せたのである。国家的価値からの離脱、ということでいえば、愛山が指摘した国家主義に対する個人主義の台頭もこれにあてはまるだろう。

しかし一方で、三谷は国家の側がこの遠心力に抗したことも指摘する。国家的価値から離れていくさまざまな分野を引きとめるために、国家経営に対する参加の範囲を拡大するのである。国家がみずからを開いていくこと、これも「大正デモクラシー」の重要な傾向であり、普通選挙法成立に代表される政治的民主化などはこれに該当するだろう。

明治末期の一高で起きたことをこの図式の中に位置づけるのは牽強付会だろうか。国家から離れていこうとする青年たちに対して、新渡戸流の教養主義による包摂が図られた。その包摂によって、国家の教育機関である東大は、時代文化を生み出す奥の深さを得られたように思われる。

「自由教育」の挑戦

「大正デモクラシー」期における国家的価値からの自立化傾向は、学校教育にも及んだ。東大出身者ですら大学の「点取主義」に対する批判を強める中、教育の画一性や詰め込み主義を批判し、「個性の尊重」を叫ぶ新しい教育の波が起きたのである。「大正自由教育」「大正新教育」などと呼ばれる教育運動がそれである。私立学校では、澤柳政太郎の創設した成城学園、中村春二《はるじ》の創設した成蹊学園などがその代表例とされる。

東大出身の文部官僚である澤柳が私学のお粗末さを痛罵したことは、第三章で触れた。だが澤柳は、私学の存在意義そのものを否定したわけではない。設立者が独自の「教育上の理想」を抱き、その理想を実現するに足る「物質的条件」（資産）を所有し、官公立学校にはない「独特の主義固有の特色」を持つ学校であるならば、現実に存在するかしないかは別にして、その意義を認めていたのである（『退耕録』）。そして一九一七（大正六）年、澤柳は実際に理想の小学校建設に着手し、「個性尊重の教育」「自然と親しむ教育」「心情の教育」「科学的研究を基とする教育」を掲げて成城小学校を創設した。

その澤柳は、入学試験の現状や試験のための教育にきわめて批判的であった。たとえば高校入試について、「一回の試験がよく各自の能力を正確にあらはすものといふことは出来ない」と評し、生徒を「試験勉強の奴隷」「受験学の達人」に育てる入試中心の教育を批判した（「高等学校入学試験の集合制度を排す」『帝国教育』一九一七年七月号）。

さらに、米国や日本の研究を示しつつ、答案の採点という行為がいかに不確実で恣意的なものであるかを説き、「成績考査の方法に一大変更を加ふることの必要」「入学試験の上に革新を行ふことの急務」を訴えた（「成績の考査について」『教育問題研究』第一四号）。

澤柳は、青少年を試験勉強に駆り立てること自体が害悪だと考えていた。「試験勉強の弊は今日に於て実に甚だしきものがある。之が為めに青年の元気を銷沈《しょうちん》せしめることは尠《すく》なくない。何れも大きな器の人物となることを得ず伸び〳〵したものとならずしてこせ〳〵したものになる」（『随感随想』）。

澤柳は、一九二六年の成城高等学校高等科の第一回入学式の式辞で、成城では「従来試験と称するものを行はなかつた」と語り、学習の進度確認の必要性は認めつつも、「学生の優劣を区別し席次を序する為」に試験を行うことを戒めた（『旧制高等学校全書』第四巻）。

一九一九年、神戸に甲南中学校を開校した平生釟三郎（東京海上保険専務のち廣田弘毅内閣で文部大臣）は、教師が「学生を鞭撻する道具」として試験を利用することを禁止した。学校設立に奔走した時期、平生は現代教育のあり方をこう嘆いたという。

「最も貴重なる青年時代の英気を、帳簿と参考書との暗記によりて蕩尽せしめ、年二十五乃至三十にして頭脳体力共に消耗疲衰して、校舎を出ずるの止むを得ざるに至らしめており、それゆえ、大学即ち最高学府の卒業生の多数は「気宇狭小、元気軟弱、人格野卑、単に小理窟を並ぶる小才子にあらざれば半病人のみ」で、実に痛嘆の至りである」（河合哲雄『平生釟三郎』）。

平生は、結果として「凡人」を生み出す「知育偏重」「詰込主義」「画一主義」を批判し、人格の修養、健康の増進、個性の尊重という理念を掲げた（『平生釟三郎講演集』）。

成城学園の澤柳、甲南学園の平生が警鐘を鳴らす現代教育の危機とは、試験のための勉強、そして最高学府たる大学ですら継続される詰め込み主義が、若者を矮小にし、また「半病人」にしていることにあったのである。

彼らの教育批判は、本章冒頭で見た『赤門生活』の「点取主義」や「惰気」への痛罵と強く共鳴する。東大生や若い東大出身者は、内心で不満を抱えつつも唯々諾々と敷かれたレールの上を走るしかない。だが、高名な教育行政家であった澤柳、財界人の平生は、少なくとも状況に一石を投じうる立場にあった。

いずれも個性の尊重をスローガンに掲げる彼らの学校は、詰め込み式授業や過酷な試験によって子供や若者を選別する既存の教育へのアンチテーゼとなる。たとえば澤柳は、ドルトン・プラン（ダルトン・プラン）という新しい教育法を導入した。これは米国の女性教育者ヘレン・パーカーストによって開発されたもので、時間割に沿った一斉授業を廃止し、生徒の自学自習を基礎とするメソッドである。生徒は各自で学習すべき科目を選び、教師のサポートを受けながら進度表にそって教科書や参考書、辞典などを頼りに自学自習を行う。その後、教師の口頭試問を受け、合格すれば学習完了の検印をもらうことができる。成城小学校の五年以上、成城第二中学校の全学年で採用され、やがて成城高等学校尋常科に引き継がれた（『成城学園五十年』）。ひたすら教師の言葉をノートに筆記するような教育ではなく、生徒の自発的な学習を重視したのである。

前出の中村哲は、成城高校から東大法学部に進学した。その中村は、「中学時代は極端な自学自習制度で、先生から習うということをほとんどせず、自分の興味に従って読書することが許されていたのであったが、そういう私には、大学の講義をじっとして聞いていることが退屈であった」とのちに回想した。また「試験制度が原則としてなくて、リポートの提出で大部分すまされていた」とも語っている（『不安と反抗』）。

私立七年制高校の誕生――武蔵・甲南・成蹊・成城

「大正自由教育」の担い手たちは、小学校や中学校に飽き足らず、より高度な教育機関の設置を目指した。一九一八年、公立・私立の高等学校開設を認め、また修業年限を本則七年（中学に相当する尋常科四年・高校に相当する高等科三年）とする第二次高等学校令が制定された。この法令によって、日本に四校の旧制私立七年制高校が誕生する。

いうまでもなく旧制高校は、東大をはじめとする帝国大学にダイレクトに接続する「予備教育機関」としての役割を担う学校である（天野郁夫『高等教育の時代』）。私立の学校が、制度的に学校体系の最高点にたどりつけるルートを手に入れたことになる。

一九二二年に武蔵高等学校（東京）、一九二三年に甲南高等学校（兵庫）、一九二五年に成蹊高等学校（東京）、その翌年に成城高等学校（東京）がそれぞれ開校する。

このうち、甲南・成蹊・成城の三学園は、それぞれ平生釟三郎、中村春二、澤柳政太郎という独特の教育論を持つ人物が創設者であり、甲南幼稚園・小学校、私塾「成蹊園」・成蹊実務学校、成城小学校という、幼稚園・小学校や各種学校をその起源とする。

「大正自由教育」の旗手たる成城は、自学自習、自治自律のスローガンを掲げた。一高をはじめとする既存官立高校教育の形式性に対する批判が込められていたといわれている（筧田知義『旧制高等学校教育の展開』）。

創立者の澤柳は一九二七（昭和二）年に死去するが、学園の運営にあたった小原國芳の下でリベラルな校風が維持された。官立とは違って制服や制帽もなく、生徒たちは背広とソフト帽で通学し、教師に会えばあたかも友人に会ったかのように「やあ、やあ」と気楽に挨拶した。小原は、生徒が学校当局を批判することを奨励さえした（『成城文化史』）。

甲南高校は一学年八〇人以内（尋常科）という徹底した少人数教育を行い、食堂に校長・教職員・生徒が全員集まって昼食をとることを習いとした。校長はじめ教職員は生徒の間に散らばって座り、親交を深めた。全校一同揃っての会食の起源は成蹊で、学園を支える三菱財閥の岩崎小彌太の教育観によるものだという。岩崎はケンブリッジ帰りなので、英国のパブリック・スクールを手本にしたと考えられる（筧田前掲書）。

成城の澤柳も甲南の平生も、官立の学校群とは異なる考え方で学校を運営した。問題は、彼らの学園が帝国大学に直結する高等学校を開設する道を選んだことであった。高校卒業生は、定員以内であれば無試験で東大や京大に進学できる。そのことは同時に、文部省の方針から逸脱する教育は厳しく監視され、統制されることを意味する。つまり「大正自由教育」の担い手の理念は、帝大への事実上の進学権と引き換えに、幾分か犠牲にされることになる。

甲南の平生にせよ、成城学園を指導した小原にせよ、究極的には最高学府たる大学を自前で創設することを目標にしていたといわれている。自前の学園で教育を完結しなければ、早晩理念が危機に瀕することは、彼らも承知だった。だが甲南の場合は、大学設立の発起人にしてパトロンである久原房之助（のち逓信大臣、立憲政友会久原派総裁）の久原商事が第一次世界大戦後の恐慌で破綻し、また伊藤忠兵衛（二代目、伊藤忠商事社長）ら学園経営に参画する財界人も苦境に陥ったことなどが原因で頓挫した（『甲南学園50年史』）。

成城の場合は、「東洋一の大学」を自前で作ることを熱望した小原とは対照的に、保護者から成る「後援会」が大学ではなく高等学校の設立を決議したという経緯があった（『成城学園六十年』）。「私学出身者は何処に行つても官学出身者より低く評価されるのが日本の社会的しきたりで、この陋習が打破されるのは今明日のことではないといふことも既に見透しがついてゐること」だからである（『成城文化史』）。

つまり、社会的評価の低い私立大学になるよりも、帝国大学への「一道程」としてみずからを位置づけたほうがはるかに得策と考える関係者が多かった、ということである。

成城ボーイの非行遍歴

だとするならば、第一に尊重されるべきは「個性」ではなく「学力」である。これらの私立高校は、「知育偏重」打破という教育理念を持ちつつも、一方でナンバー・スクールをはじめとする官立高校が詰め込み主義によって養う「学力」と同等のものを提供しなくてはならない。果たしてそれは、小学校から高校までエスカレーター式に進学でき、個性尊重教育を行う私学にできることだろうか。

実際のところ、これは手強い課題だった。生徒の「個性」が必ずしも学業に向かない場合、「個性」と「学力」のどちらを標準として対処するのか、難しい舵取りを強いられるからである。

その実例をあげてみよう。毎日新聞出身のニュースキャスターとして活躍した古谷綱正である。古谷は成城高校の第四回卒業生で、成城第二中学校が東京府下の砧村（現・世田谷区成城の一帯）に移転し、高校に改組される過渡期を経験した。

古谷は、尋常科つまり中学のときに「非行」に走った。まずはお決まりの喫煙である。同級生の仲間四、五人と砧の広大な校地の雑木林に隠れてタバコを吸うことを覚え、やがてタバコ屋での万引に手を染めるようになった。喫煙のほうはすぐに担任教師にばれたが処分は甘く、保護者に通知されただけで済んだ。

やがてエスカレートして、学校帰りにカフェーで女遊びをすることを覚えた。酒こそ飲まないが、ぴったり隣に座って接待する女給と親しげに話したり、料理を食べさせてもらったり、誘惑されたりという経験をした。まだ中学生、一四歳から一五歳である。

そうこうしているうちに「非行」にも飽きてきたが、その間学業は遅れに遅れた。やがて学校に行きたくなくなり、朝になると砧とは逆方向の浅草に行き、映画館に入りびたるようになった。問題が露見したのは、翌年に高等科への進学を控えた、尋常科四年の二学期である。担任の自宅に呼び出された古谷は、いまのままでは進学が不可能であることを通告され、一年落第するか、進路変更するかの二択を迫られた。

ところが、進学できてしまった。成城高校が採用していた特殊な教育システムを最大限に活用すれば、やりようによってはこれまでの不勉強（無勉強）を挽回できるからである。それが、ダルトン・プランに代表される自学自習のシステムにほかならない。

古谷のような生徒にとっては、このシステムが吉と出た。画一的な時間割に基づいた授業ではないので、休み返上で自学自習を続ければ追いつくことが理屈では可能だからである。担任も「なんとか進学させてやろうという気だった」らしく、ひどく遅れている科目は一学期分まとめてテストするよう、ほかの教師に口添えしてくれた。東洋史では『黄河の水』という本を一冊読み、形式的な口頭試問だけでなんと一学年分も及第にしてくれたという。便宜を図ってくれない英語・数学・国語は、冬休みに教師の自宅をひたすら訪問してテストを受け続けた。こうして古谷は全科目をなんとかクリアして高等科に進学できたのである（古谷綱正『私だけの映画史』）。

だが、古谷の「非行」は高等科になっても治らなかった。ただし今度は遊興ではなく、左翼運動である。当初組織にこそ入っていなかったが、逮捕された同級生の処分反対運動に決起したことで深入りしていく。組織の下働きや秘密機関紙発行などの活動が警察の知るところとなり、検挙され、留置場に入れられた。

退学は免れたものの事実上停学になった古谷は落第を覚悟したが、ここでもさらに救いの手が伸びた。卒業式の一〇日ほど前に学校から呼び出され、突如卒業を通告されたのである。

登校していないので三年次の二学期と三学期は期末試験すら受けていない。それなのに卒業できたのは、放校処分にして反対運動が起こるのも困るし、さりとて復学も困る学校当局の思惑があったのではないか、と古谷は推測する。

こうして古谷は、再三再四にわたる成城高校の寛大な処分によっていい加減な形で高校を卒業し、定員に満たないため無試験で入学できた京都帝国大学文学部哲学科美学専攻に潜り込んだ。その回想が誇張なしの真実であれば、古谷は変則的に中学を修了し、高校の三分の一は出席せずに帝大に進学したことになる。

古谷がもし公立中学校から官立高校という進路を歩んだとすれば、まず公立中学校で落第、官立高校入試は不合格、入れても在学中に左翼運動で放校、と三度にわたって落伍することになる。古谷は、成城独特の自学自習システム、小学校や中学校からエスカレーター式に進学できる「私立」「七年制」という制度、そして個性尊重を標榜するリベラルな校風に助けられ、最後は無試験入学に助けられたのだった。

少人数教育を標榜する甲南では、進級は非常に厳しかったという証言も多いが、太平洋戦争中に入学したある生徒は「毎年容赦なく落第させられはするが、7年制のお蔭で高等科へは無試験で進学できたし、卒業さえすれば官立大学のどこかへは、すべりこめるような良き時代であったから、進学のためのツメ込み型ではなく、みんな各人各様で適当に学生生活をエンジョイしていた」と語る（『旧制甲南高等学校 歴史と回想』）。

私立高校への不信

官立とはまるで異なった、成城をはじめとする私立高校の教育や入学制度には疑いの目が向けられた。たとえば甲南の場合、一九二四年七月に東大運動場で開催される全国高等学校リレー大会に出場を申し込んだところ、七年制高校の存在自体知らなかった主催者によって参加を拒否された。正式な高校と認知されていなかったのである。高校として認められていないということは、帝大進学も認められないことにつながるので、甲南高校は主催者に抗議し、ようやく出場を認められた。甲南の父兄と生徒の間には、卒業後に官立高校と同等に「帝大進入」できるかどうか不安がる声が絶えなかったため、校長の丸山環が文部当局に確答を求める一幕もあった。創立者の平生自身、甲南高校に対して「富豪ノ子弟ノ修学所」「公立学校ノ落伍者ノ修養所」という世評があることを承知していた（『甲南学園50年史』）。

私立高校卒業生の帝大受け入れには、東大内部とりわけ法学部で反対の声があったようである。同年の受験雑誌『受験と学生』一二月号は、「従来私立校なるものの学生の質も、兎角面白からぬ者が多い」ので、官立高校と同様の扱いは「容認の四分に対して六分通りは容認困難と思はれる」という法学部長山田三良《さぶろう》の談話を紹介している（「甲南高等学校の官立大学連絡問題」）。

この記事の主目的は、絶対に官立私立の差別はないとする文部当局者や法学部教授美濃部達吉の談話を通して、入学拒絶は杞憂だと示すことにあった。だがそれにしても、私立高校を官立高校と同等に扱うことへの忌避感が法学部教授会でも根強かったことを物語っている。

また、成城に関しては不正転入疑惑もあった。やや時代が下った一九三二（昭和七）年五月一六日、東大の学生新聞である『帝国大学新聞』は、地方官立高校一年を修了したのち一年間休学した理科二年の生徒が、四月に成城高校三年次に転入したことを報じた。一年休学したのに、なぜか転校して進級したのである。『帝国大学新聞』は、官立高校では転校が認められていないこと、成城高校は毎年一人二人、官立高校の落第者を受け入れていることを指摘し、「平等なるべき官公私立高校にかゝる特別規則の存在を認めることは不当なりとの非難の声が高い」と記事をまとめている。

これも、私立高校の内実に対する東大内部の疑念を示す一例だろう。ちょうどこの時期、私立医大や医学・薬学専門学校の不正入試が全国的に摘発されており、文部省は次に私立高校の不正を狙っていると噂されていた。

武蔵のスパルタ式教育

一九二六年、甲南高校が最初の卒業生を出したのを皮切りに、私立七年制高校の帝大進学が始まる。創立年は武蔵高校が早いが、甲南は中学校を先に開校していたので、卒業生を出すのが早かった。

甲南は、少人数教育を標榜するだけあって第一回卒業生は四三人だった。進路は東大八（法二・医二・工二・文一・理一・農二）、九大医学部一、金沢医大一のほかは、京大が圧倒的で三三人（法五・工五・文二・理六・農一・経一四）である（『甲南高等学校一覧』）。京大進学者の過半は、当時無試験入学が通例とされた法学部と経済学部であった。

それ以降、成蹊、武蔵、成城の卒業生が続々と帝大に進学するが、官立高校卒業生の多くが東大を志望するのに対し、私立七年制高校では東大志望者の数が少ないことが報じられた。『帝国大学新聞』は、「七年制高等学校が割合に東大志願の少いのはどうした訳か」（一九二八年四月一六日）、「七年制私立の諸校が連年受験者が少いことが特に目に立つ」（一九二九年四月一五日）と指摘している。

試みに、一九二七年以降の私立高校卒業生の東大法学部志願者と合格者の数をあげると次のようになる。

一九二七（昭和二）年　甲南（志二・合〇）　※一高（志一四六・合一一一）
一九二八（昭和三）年　甲南（志四・合一）　成蹊（志七・合三）　※一高（志一四七・合九五）
一九二九（昭和四）年　甲南（志二・合一）　武蔵（志五・合五）　成蹊（志一〇・合四）　成城（志二・合二）　※一高（志一五八・合一一二）
一九三〇（昭和五）年　甲南（志四・合二）　武蔵（志一三・合一三）　成蹊（志一一・合四）　成城（志六・合三）　※一高（志一五四・合一〇二）

一九三一（昭和六）年　甲南（志四・合三）　武蔵（志一九・合一三）　成蹊（志一一・合一〇）　成城（志一〇・合五）　※一高（志一五五・合一〇〇）
一九三二（昭和七）年　甲南（志二・合一）　武蔵（志二五・合二〇）　成蹊（志九・合五）　成城（志六・合三）　※一高（志一五七・合九八）
一九三三（昭和八）年　甲南（志四・合一）　武蔵（志一九・合一五）　成蹊（志一〇・合五）　成城（志一五・合六）　※一高（志一六八・合九五）
（『帝国大学新聞』各年発表のデータによる）

『帝国大学新聞』の東大入試に対する関心は、各高校の合格者数と合格率に集中していた。この点「毎年不振の甲南」（一九三五年三月二五日）を筆頭に、成蹊、成城とも合格率に波はあるものの、あまり冴えない状態であったことがわかる。

私立七年制のうち武蔵は例外で、一九二九、三〇年には合格率一〇〇パーセントを記録し、その後もコンスタントに高い合格率と一高以外のナンバー・スクールに匹敵する合格者数を出した。武蔵は、スパルタ教育と厳格な規律、第一回入学定員八〇人のうち七年後に卒業できたのは三八人という容赦のない落第で知られていた（秦郁彦『旧制高校物語』）。また東大合格が危ぶまれる者は、自発的にか強制的にか受験を諦めて「都落ち」しているという説があった（『帝国大学新聞』一九三〇年三月二五日）。教頭のち校長の「独裁官」山本良吉が生徒間にスパイを放っているとか、教師が塔上から望遠鏡で生徒を監視しているという噂さえあった（同一九三一年四月二七日）。

変わりゆく私立高校と帝大

帝大進学という旧制高校の至上命令は、古谷綱正のような生徒をたやすく卒業させるリベラルな校風の成城をも徐々に変えていくことになる。卒業生の間からは、入試が振るわず東大においてマイノリティであり続けることの不利が指摘されるようになった。たとえば、成城から東大経済に進学した森島孝は、『成城学園時報』第四号に「〔東大〕法経にはなるべく多勢で入られた方が全ての点で便宜です。小人数では押され気味です。又高等学校からのグルッペ〔グループ〕があつてなか〳〵友達を作る事が出来ません。」（一九三〇年三月三日）と寄稿している。

成城の教育システムや校風にも変化があらわれた。卒業生で同盟通信（共同通信・時事通信の前身）記者として知られる大屋久寿雄は、昭和初期の学園の変質を次のように語る。

「ダルトンプランの進度表の代りに時間割が刷つて渡され、時間毎の鐘が高圧的な響きで鳴りわたつた。教師は教室で講義をするものであり、生徒はそれを鵜呑みにするものである、時々は生徒を撲《なぐ》るものである……お前達は成城を出たならば又次に「成城でない」大学へ夫々《それぞれ》分れて行かねばならぬ準備期の学生なのである。黙つて必要なだけのことを憶えろ！　七年制高校といふ機構がさう無言の抑圧を加へつゝ頑張つてゐるのである」（『成城文化史』）。

父兄の側も、自由や個性尊重は大事だが帝大進学はそれ以上に重大だと考えていた。『東京朝日新聞』論説委員の前田多門（戦後に文部大臣となる）は、息子の陽一（のち仏文学者で東大教授）を成城高校、娘の美恵子（のち精神科医で翻訳・著作でも知られる神谷美恵子）を成城高等女学校で学ばせた。一九三二年、前田は『成城学園時報』第二九号でインタビューに答え、入試の影響で「理想的な成城教育」ができないことは「対外的に学校の名声を維持するためにも致し方のない事ではないかと思ふが」と語り、「大学の入試に備へる範囲内」での個性教育を求めた。

自学自習にかわって時間割による授業が、教師と生徒が親しく対等に語り合う校風にかわって体罰が、そして受験教育が、徐々に浸透していく。官立高校への憧れを捨て切れない中途からの入学者は、官立のように白線付きの制帽や制服を導入すべしという運動をたびたび起こした。

帝大における私立高校出身者は、かなりの程度異分子として見られていたようである。新宿のデパート嬢をナンパする「エロボーイ」成城、阪神間のモダンな空間でウィンクをする「近代青年」甲南ボーイは、地方官立高校から出てきた学生とは明らかに異質で、彼らの挙動は時に面白おかしく描かれた。特に成城はナンパだけでなく学生運動（プロレタリア）もさかんで、左翼生徒を憎む反動（テロ）生徒の活動も活発だった。この自由な学園の姿は、『帝国大学新聞』によって「エロ・プロ・テロと騒々しい三重奏」と評された（一九三二年五月四日）。

成城から京大へ進学した古谷綱正は、大学に対する思想弾圧事件である一九三三年の瀧川事件に遭遇し、学園闘争の中心人物の一人となった。その古谷は、京大における成城高校同窓会が終始闘争をリードしたことを指摘する。「少くとも経済学部、文学部では成城高校は指導的な一員だつた。しかもともすれば引込み思案になる中央部の一部分に対する急進的な反対者であつた」（『成城文化史』）。そして古谷はこういう。「成城時代に暴れ廻つた経験がどんなにかこの事件に生かされたことだつたらう」（同右）。

旧来型の教育を批判して個性の尊重や自由を叫んだ「大正自由教育」は、たしかに「大正デモクラシー」の重要な要素である。しかし同時に、「国家」の大学である東大をはじめとする帝国大学は、摩擦を起こしながらも「大正自由教育」から生み出された若者を自己の内に取り込み、結果的に大学としての奥行きをますます深いものにすることに成功したようにも見える。

第六章 「ライバル東大」への対抗心——京都大学の空回り

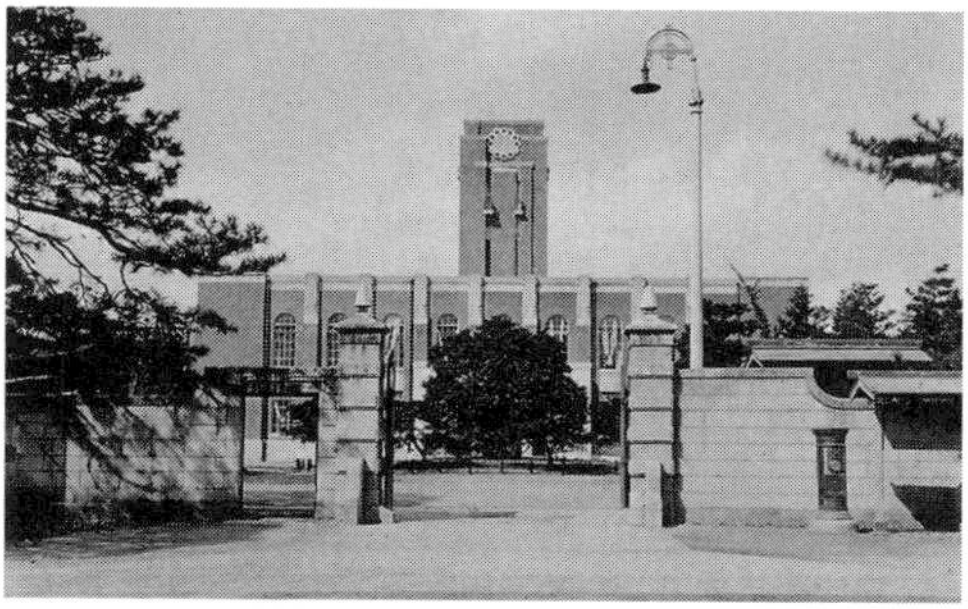

大正14年の京都帝国大学

大正の「仮面浪人」事件

一九二一（大正一〇）年の春、京大法学部の一年生、杉之原舜一が東大法学部を受験し、見事合格した。現代風にいえば「仮面浪人」に成功したことになる。

今日では、さまざまな理由から「仮面浪人」となる大学生は大勢いるので、珍しい話に聞こえないかもしれない。だが杉之原の合格は、東大と京大、そして願書を取り次いだ第一高等学校の間のトラブルに発展し、新聞沙汰となった。京大法学部教授会が在校生の東大受験を問題視し、杉之原を放校処分にしてしまったからである。

杉之原は京大を辞めようとしていたわけだから、放校それ自体はさほど困らないように見える。問題は、京大が放校処分にした学生を、同じ帝国大学である東大が受け入れるわけにはいかないという点にあった。

京大の処分を受け、東大法学部は杉之原の入学を取り消した。杉之原は、京大から追い出され、東大から受け入れを拒絶されて行き場を失ってしまったのである。『読売新聞』は「虻蜂取らずになつたのみか学界からは永遠に死刑の宣告を受けたと云ふ奇怪極まる話」としてこの事件を取り上げた（六月八・一四日）。

日本の左翼運動史において、杉之原舜一は多少知られた人物である。のちに民法学者となり、九州帝国大学法文学部の助教授に着任するも内紛で職を追われ（九大事件）、その後マルクス主義者となって非合法時代の日本共産党に入党した。家屋資金局の責任者として活動するも、やがて「スパイM」に売られて治安維持法違反で入獄する。戦後は学界に復帰して法政大学法学部長、北大法文学部教授を歴任した。北大在職中に再び共産党に入党、レッド・パージの中で大学を去り、参議院議員への立候補（落選）を経て、長く弁護士として活動した。その自伝のタイトル『波瀾萬丈』を地で行く生涯である。

杉之原は一高出身で、多くの同級生と同じように東大を目指していた。ところが病気（結核）のため卒業後に入試を受けられず、当時無試験で入学できた京大法学部に籍だけ置いて東京で療養することになった。一年後、「合格してから京大に退学の手続きをすればよい」という東大事務の言葉を信じて受験に挑み合格したわけだが、京大側は在校生の他校受験を許さず、放校処分にしたのである。

京大の鈴木信太郎学生監は、「他の学校の入学試験を受ける如き軽佻浮薄の行為は学生の本分に違背する」と処分理由を説明し、願書を取り次いだ一高、受験を許可した東大の責任を指摘した（前掲『読売新聞』）。

行き場を失った杉之原は、東大法学部教授の末弘厳太《いずた》郎《ろう》、吉野作造、そして京大法学部長に就任したばかりの佐々木惣一のところに押しかけ、助力を求めた。末弘も吉野も佐々木も同情的だった。末弘や佐々木はこの事件をきっかけに杉之原に目をかけるようになり、とくに末弘は杉之原が研究者として身を立てる際に親身に世話をした。

吉野作造の「急変」

問題は吉野である。当初は処分取り消しを求めて京大法学部長の佐々木に談判した吉野だったが、佐々木との面会以降、態度を急変させた。吉野は杉之原に再会するなり、「君、これは、今年はむずかしい。一年間がまんしろ」と説得したという（『波瀾萬丈』）。要するに、東大入学は諦めろということである。前出の『読売新聞』は、東大法学部における「入学取消の主唱者」は実は吉野であるという説を紹介している。

杉之原はこの時、「大正デモクラシー」の旗手である吉野に対する尊敬の念が一気に吹き飛ぶのを感じた。吉野が態度を急変させたことが悪いのではない。問題は、その説得のやり方である。吉野は「一年くらい学校がおくれても大したことはない。私も一年、東大を出るのがおくれているが、いまでは官等、勲位など高等学校同期のものとかわりがない」と杉之原を慰めたという。

この吉野の言葉が、杉之原にはショックだった。民本主義者として知られた吉野が、実は官等や勲位の上下を気にしていたことがわかったからである。この日以来、杉之原は吉野に寄りつかなくなった（杉之原前掲書）。

八方塞がりとなった杉之原は、「もう官学に愛想が尽きましたから早稲田大学の政治科へでも入れて頂きたいと思つてゐます」と新聞に語った（前掲『読売新聞』）。これは末弘が早稲田の中村萬吉教授に杉之原を紹介したことによる。

ちょうど杉之原が早稲田入学の決意を固めた頃、事態は大きく動いた。京大法学部長の佐々木が、来年復学願を出せば受理すると末弘に伝えてきたのである。最初からそこを落としどころにしていたのか、新聞沙汰になったので慌てて事態の収拾を図ったのかは定かでない。早稲田の中村教授も「京大へいけるなら、そのほうがよい」と杉之原を諭し、念願の東大入学は叶わなかったものの、京大に復学できることになった（杉之原前掲書）。

京大生の東大（再）受験が決して珍しくなかったことは、杉之原自身の談話や、一高の谷山初七郎教授の談話からも明らかである。杉之原は、ほかの京大生も東大を受験しているのに、不合格者は軽い処分で済み、合格した自分だけが放校になるのは不公平だ、と佐々木に抗議した。杉之原がのちに「京大の東大への対抗意識というか、感情的なものがあったことはいなめない」と回想したように、見せしめとして処分された感がある。

一高の谷山は、この年から急に京大の他大受験に対する取締が厳格になったことを指摘しているが、それは京大当局の強い危機意識によるものだろう。実は、当初杉之原を支援していた吉野が佐々木との面談後に態度を急変させたのは、「学生が皆東京を望んで転校すると云ふ事になれば京都の大学も困る」という、京大側の事情を呑み込んでのことだった（前掲『読売新聞』）。

「真の大学」京大の変質

一八九七（明治三〇）年、理工科の創設をもって開校する京都帝国大学が、東大と競い合い、ともに成長するライバルとしての役割を期待されたことは、潮木守一によって指摘されている（『京都帝国大学の挑戦』）。東京大学の創設から二〇年が経過していた。後発者の京大は、それまでに堆積された東大の弊害に挑むことでみずからの新規性を出そうとする。

明治四〇年までの京大法科（一八九九年開設）は、東大法科の詰め込み教育に対してドイツの大学を手本にした「自由討究」型教育を志向したことが知られている。ゼミナール、卒業論文の導入、学生が自由に使える図書館の整備などがその代表例である。当時、学生が大学図書館の本を自由に借りて読むという行為は、決して当たり前ではなかった。東大図書館では、学生が書庫に入って本を探すことも本を借りることも原則としてできなかったからである（潮木前掲書）。東大の総合図書館が試験的に学生への館外貸出を始めるのは一九六二（昭和三七）年のことである（『東京大学百年史』）。

　当時の東大法科では、年に一度の学年試験において、所定の科目すべてに合格しなければ次に進めない制度になっていた。しかも、明治期から法科では教科書も用いずひたすら講義を筆記させる授業形態が支配的だったと見られており、学生の中には、講義の筆記と試験に追われて思うように「勉強」ができないと嘆く者すらいたという（寺崎昌男『日本近代大学史』）。学校にがんじがらめにされて自分のやりたい勉強ができない、ということであろう。

　一方の京大法科では、ゼミや論文執筆のための自由な研究が奨励された。一九〇三年には科目選択の自由と負担軽減のためにコース制を採用して修学年限を三年に短縮し、四年制を維持する東大法科に対抗した（『京都大学百年史』）。

　この年、斬馬《ざんば》剣禅《けんぜん》『東西両京の大学』は次のように述べている。「東京大学の小学校的、監督的、圧制的、注入的、器械的なるに比すれば、（京都大学は）さらに大学風にして、さらに放任自由の主義を採用し、さらに開発的活用的の精神を加えて、真に大学らしき大学の創立を見たるの実蹟、歴々として指摘し得べきものあり」。

行政官や文官高等試験委員を兼任する教授の高説をひたすら筆写させる権威主義と詰め込み主義の東大。それに対抗し、政治の中心から離れて自由な研究に打ち込む真の大学、京大。内実が必ずしも検証されないまま流布している京大のイメージは、東大との対比において初発的に形成されていった。

ところが、明治四〇年を境として京大法科は変質し、東大型に接近していったといわれる。文官高等試験の合格実績が振るわなかったことが大きな原因である。一九〇二年の合格者一人を皮切りに、一人、〇人、二人、五人、一人、と年々不振が続く。合格者一三人とはじめて二桁に乗ったのは一九〇八年だが、翌年の東大法科は一一〇人の合格者を出していた（潮木前掲書）。

各種試験の不振は、入学志願者数に影響する。一九〇七年の志願者数は東大法科四六九人に対し、京大法科は三四人にとどまった。そしてこの年、修学年限を東大法科と同じ四年に戻し、卒業論文を廃止する規程改正が断行される（同右）。

東大法科には八つある高等学校から志願者が殺到、約五〇〇人の定員をオーバーするようになっていたため、一九一一年にはじめて入学試験を実施した。一方の京大法科は志願者数一八七人と回復基調にあったものの、約二〇〇人とされる収容定員には余裕があった。

京大生・瀧川幸辰の不満

両者の格差の背景には、伝統と実績の違い、文官高等試験の試験委員が東大教授に寡占されていること（したがって東大の講義を受けることは合格への近道）などがよく指摘される。加えて、東大法科に入学するためには入試を受けなくてはならない、という事実それ自体が、京大法科との差をさらに広げるという見方があった。

そのことを肌で感じていた人物が、のちに京大法学部教授となり、一九三三（昭和八）年に発生する瀧川事件の当事者となる、刑法学者瀧川幸辰《ゆきとき》である。一九一二年、瀧川は第三高等学校から京大法科に進学した。その頃の思い出話を、瀧川事件の二年後、『京都帝国大学新聞』に寄稿している。

瀧川は、東大法科の入試実施が三高の同級生に大きな影響を与えたことを指摘する。その影響とは、三高同級生の多くが京大ではなく東大を志望するようになったことである。いうまでもなく、京都に所在する三高は京大の有力な人材供給源である。いつもなら一クラス約四〇人のうち一五人は京大法科に進学するのに、瀧川のクラスの京大志望者はわずか四、五人にとどまった。明治三〇年代を通して、法科に関しては東大も京大も大学予科である高校からの進学希望者は全部入学させることが慣行化していた（潮木前掲書）。ところが明治四〇年頃から、東大法科では志願者が増えすぎてしまい、入試を実施せざるを得なくなった。

瀧川が回想するのは、その結果生じた三高の生徒の心境変化である。東大法科には入試があり、京大法科にはない。近場の京大にそのまま進学すると、周囲から「あいつは東大の入学試験を逃げた」と誤解され、一生引け目を感じることになりかねない。瀧川によれば、同級生たちはそのことを恐れ、かえって入試のある東大法科に挑戦するようになったという。三高生は、入試の有無によって東大法科と京大法科の序列が誰の目にも明らかになった、と考えたのだろう。

結果、瀧川の親しい友人の多くは、東大に進学することになった。三高に隣接する京大に進学した瀧川は、「隣りにある大学に入学しながら、島流しにでもなつた様な淋しさを感じた」という。三高の同級生には、東大入試に失敗した者も四、五人いた。彼らは結局、第二次入学で京大法科に進学することになった。このことも、瀧川に強い不快感を与えた。

「落第した友人を毛嫌ひするわけではないが、試験によつて及落を決定する限り、落第者、従つて落第者を入学させる京大が、世間から劣等視せられることはやむを得ない。折角この大学を選んで入学したのに、東大入試に落ちた連中と同列に置かれることは当時甚だ心外であつた。僕には大学自らが自己の地位を低めてゐるとしか思はれなかつた。これは僕一人の不服ではなく、当時の僕達の輿論であつたというてよい。（僕自身京大法科の職員となつた後も、何故にその昔落武者を無条件に収容したか、の理由は遂にわからずに終つた）」（「京大法科一回生」『京都帝国大学新聞』一九三五年五月六日）。

東大不合格者を無条件で受け入れることは、京大が進んで東大の下位に座ることを意味する。京大に魅力を感じ、主体的に京大を選んだ瀧川からすれば、耐えがたい屈辱だった。

もっとも、東大側も入試実施が京大に与える打撃をなるべく軽減しようとした形跡がある。入試科目を外国語和訳に限定したことである。『読売新聞』によれば、そこには京大が「劣等生収容所」に見えないようにする東大側の配慮があった（一九一〇年七月三日）。東大が全科目で試験をして合否を決定すると、総合学力で劣る者を京大に押しつける形になるからである。

冒頭で見た大正の「仮面浪人」事件でも、東大教授の吉野作造は京大の事情に配慮して学生の救済に突如消極的になった。ごく一握りのエリートの世界にも、それなりの劣等感と思いやりが溢れていることがわかる。そしてそれ以上に、研究や教育の内実と同じぐらい入試が大学や学生の立ち位置を規定する時代が到来しつつあったことがわかる。大学側も、学生だった瀧川も杉之原も、そのことを痛感せざるを得なかったのである。

「正系」と「傍系」

瀧川が大正初期の京大法科に感じた不満は、東大不合格者を入学させていることだけではなかった。「傍系」入学者の存在にも強い不快感を持っていた。「傍系」があるということは「正系」がある。帝国大学への「正系」の進路とは、旧制高校を卒業して入学するルートを指す。当時の京都帝国大学通則は、高等学校大学予科の卒業生が最優先であることを示しつつ、欠員がある場合はそれと同等と認定された学校の卒業生や、臨時の入学試問に合格した者などの入学を認めていた。旧制高校を経ずとも、帝国大学に入る「傍系」の道があったのである。

中学校から高校へと進む「正系」エリートコースに入り込めなかった「傍系」の人々の中には、学問への強烈な情熱を持つ者が多くいた。たとえば、瀧川の学生時代とほぼ同時期の京大文科の「傍系」学生は、次のように描写されている。

「文科の学生には、年長者が混じて居る。これは京都大学が門戸を開放し、高等学校以外の学校出身者をも入れて居る結果で、これ等の人々は三十歳以上のものが多く、四十歳以上のものも珍らしくはない。高等師範、早稲田大学、外国語学校等の卒業生も来て居るが、中には高等女学校の校長をして居たといふ人もある……多くの老人株が混じて居るから、京都大学で最も話気に乏しいのは文科の学生である。その代り、学課の勉強の方は大熱心で、とても他の学科の学生の及ぶところではない」(『赤門生活』)。

「傍系」入学者の受け入れについても、東大と京大の間には差があった。一九一二年の場合、東大全体の入学者一一六八人のうち「傍系」入学者たる「其他学力検定等ニ依ル者」は一一人だった。京大は入学者四七八人のうち、「傍系」入学者は高等師範卒二〇人、高等商業卒二人、外国語学校卒三人、「其他学力検定等ニ依ル者」一八人の計四三人である(『文部省第四十年報』、学習院・陸軍砲工学校出身者を除く)。東大の一パーセント弱に対し、京大は九パーセント程度と明らかに「傍系」比率が高い。

瀧川幸辰は、「僕達は傍系学生の入学を快く思はなかった」と回想する。「僕達」とはいうまでもなく「正系」たる高等学校出身者のことである。

瀧川も、「傍系」学生が勉強熱心であることは認める。「傍系の人達は概して勉強家である。秀才も少くない。この意味において傍系学生の質はわるくない。否、成績といふ観点から見れば高校出よりも良好であるとさへいひ得る」(『京大法科一回生』)。

にもかかわらず、瀧川にとって「傍系」入学者の存在は不快だった。個々の学生ではなく制度の問題なのだと言い訳しても、不快なものは不快である。「別に理論的根拠はない」というように、この感情は理屈で説明できず、正当化できないことも本人がよくわかっている。結局、難関入試を突破して高等学校という共通文化圏で育った「僕達」＝「正系」と、そこに入れなかった「傍系」の人々は、人間の種類が違うということでしかないからである。

今日、学士入学や大学院入学で偏差値の低い大学から高い大学へ移動することを「学歴ロンダリング」などと称するが、非難されるいわれのない行動に冷たい目を向けたのは大正初頭の瀧川も同じだった。現代の学歴信仰者が最初の学部入試の結果を重視するのに対し、瀧川は旧制高校卒業を重視したという違いがあるにすぎない。

瀧川の念頭にはおそらく東大のこともあっただろう。東大法科のように高校出身者だけで定員が充足できれば、そもそも「傍系」を入れる余地はない。「傍系」が多ければ多いほど東大に対する劣位を示すように見えるので、これまた主体的に京大を選んだ瀧川からすれば気分が悪いことになる。

東北大学の「門戸開放」

東大に対抗しうる学府を目指して創設された京大の苦戦が、さらに後発の東北大や九州大などに大きな影響を与えるだろうことは、同時期の教育雑誌でも指摘されていた。

京大の定員割れ、というのは、考えてみれば実に不可解な現象である。高等学校、高等師範、高等商業といった「高等教育諸学校」への進学熱が年々高まり、「入学志望者の約七十パーセントは、常に校門外に拒絶せられつゝある」状況（『教育時論』第八〇七号）なのに、なぜそれらの上に位置する最高学府の京大が人集めに苦しむのか。「正系」＝高校卒業を絶対視し、他の学校の出身者を避けるからそのような問題が発生するのではないか。

一九〇七年に設立された東北帝国大学は、同年に札幌の農学校を改組して農科大学とし、一九一一年には、本拠地の仙台に理科大学を設立する。

この年、初代総長となった澤柳政太郎は、「門戸開放」の方針を打ち出したことで知られる。開設時の理科大学は、高校卒業の「正系」入学者のほかに、高等師範学校数物化学部や学習院高等学科、東北大農科大学予科、文部省直轄の高等工業などの卒業生を入学させることとした。さらに、中等学校または師範学校の数学か物理の教員免許状所持者にも、語学の入学試験を課すことを発表した（『官報』）。

『東京朝日新聞』は、理科大学定員六〇人のうち高校出身者は九人、ほかは学習意欲に燃える元中等学校教員や、高工を卒業した社会人経験者など「多種多様」だったことを「門戸開放の好果」と報じている（一九一一年九月二〇日）。

今日も東北大が理念の一つとして掲げる「門戸開放」は、その後ますます強められていった。盛岡・鹿児島の高等農林学校や京都高等工芸学校、早稲田大学の理工科、富山県立薬学専門学校、桐生高等染織学校などの卒業生も入学可能になり、中等教員免許状所持者とともに規程に明記された。それだけでなく、「高等学校卒業程度ノ試験」に合格すれば中学校卒業でも実際に入学できる運用がなされた。中卒資格が取れる検定に合格すれば、中学校を卒業していなくてもよかった（『東北大学五十年史』『東北帝国大学理科大学一覧』）。

東北大は、日本で最初に女子学生を受け入れた帝国大学として知られる。一九一三年にはじめて女子帝大生となった牧田らく（数学科）、黒田チカ、丹下ウメ（化学科）の三人の出身校は、牧田、黒田が東京女子高等師範学校（現・お茶の水女子大学）、丹下が日本女子大学校（現・日本女子大学）で、私立の日本女子はもちろん東京女高師の卒業も入学資格として認定されていない。彼女たちは教員免許状を持っていたので、試験を受けた上での入学が認められたのである。

「門戸開放」を主導した初代総長澤柳の意図は、女子帝大生を作ることにはなく、あくまでも「研究第一主義」の大学を作るための制度整備の一環であったことを、教育学者の谷脇由季子が指摘している（「東北帝国大学草創期における女性への門戸開放」）。「正系」である高校の卒業生の志望が東大に集中し、京大の瀧川が「傍系」を受け入れる母校に不満を抱く一方、東北大はむしろ「傍系」への「門戸開放」を積極的なセールスポイントとしてその歩みを始めたのである。

ただし、それは無軌道な入学者の受け入れを意味しない。草創期の東北大の理科には、「入学志望者ニ対スル注意」という文書があった。そこには、あくまでも高校卒業こそが帝大入学の標準であり、高師、高工の卒業や教員免許状の所持だけではそれと同等とは見なせない、と書かれている。その中には「独学自修」によって「高等学校卒業者ト同等以上ノ学力」を身につけた者が絶無ではないから入学させる、というのが建前であり、志望者には大学での学びに備える幅広い理系の知識を要求した（『東北帝国大学理科大学一覧』）。

中卒資格しかない者にとって東北大入学はまさに茨の道だった。まずは、高校の所定の科目を網羅する大学予科学力検定試験に合格する必要がある。大学予科学力検定試験は大変な難関で、試験会場によっては毎年二〇人ほどの受験者のうち合格者は一、二人だったという（『受験と学生』一九二〇年五月号）。高等学校の課程を独学する、というあまりに困難なルートではあるが、なんらかの事情でドロップアウトした者には一筋の希望であり、大正期の受験雑誌には独学者や苦学生の東北大入試奮戦記が数多く掲載された。

東大と京大の対抗戦

現代において、京大は日本でノーベル賞最多受賞者数を誇る大学であり、東大に対するむき出しのライバル意識やコンプレックスを示すエピソードはあまり耳にしない。むしろ、東大の下に蝟集する首都圏の大学群をよそ目に、東大とは別の高峰として屹立しているというのが一般的イメージではないだろうか。だが、戦前には東大への強烈な対抗意識を丸出しにした局面があったことを、ここで指摘しておいてもよいであろう。

一九二四年、東大・京大あげての交流行事である「東西両帝国大学対抗運動週間」がスタートした。秋の「運動週間」（「スポーツウイーク」）に、東西の帝大運動部の対抗試合を一斉開催する、というイベントである。以前から各部単体での対抗試合はあったが、柔道・剣道・弓術・陸上競技・テニス・野球の試合を一大会で実施するのははじめてだった。第二回目からは、馬術、水泳、サッカーなども加わった（谷本宗生「東西両帝国大学対抗運動週間の実施について」）。

東大の『帝国大学新聞』は、これを「我運動界未曾有の企」と自画自賛した（一九二四年一〇月二四日）。東大と京大が交互にホストを務めることになっており、第一回は一〇月二四日から三日間、京都で開催された。

　この大イベントは、「東西学友会連合大会」とも呼ばれた。両大学の「学友会」は、沿革や規約に違いはあるものの、文化系団体を含む全学組織である。運動部の試合だけでなく、弁論部による合同演説会、音楽部による合同演奏会も開かれた。まさに文武両面にわたる東西帝国大学の対抗戦といえる。

　両大学の学生が入り交じっての宴会も盛大に催された。東大の『帝国大学新聞』、京大の『京都帝国大学新聞』両紙とも、好敵手に対する尊敬と親愛の情を十二分に表現しつつ、力を入れてこれらの模様を報じた。そもそも『京都帝国大学新聞』は、この「運動週間」を機に創刊された新聞であった（『京都大学新聞縮刷版』）。

　ところが、「運動週間」によって強固になるはずの両大学の関係に、すぐ亀裂が入った。きっかけは、一九二五年に東京で開催された第二回「運動週間」のオープニングイベント、東大弁論部と京大講演部の合同演説会である。

　合同演説会は、「運動週間」初日の一〇月一六日午後六時に始まる予定だった。会場はこの年落成したばかりの東大安田講堂で、講壇の両側には「ロイドジョーヂ、ウイルソン、クレマンソー　東法　掛札弘君」などと演題が掲げられていたという。演者は、東大生三人と京大生が二人、最後に京大法学部教授で講演部長の宮本英雄（のち瀧川事件の際の法学部長）が「自己に帰りて」という演説を行って閉会となるはずだった。

　安田講堂には大勢の聴衆が集まったが、開会時刻になっても演説会は始まらない。三〇分がすぎ、一時間がすぎ、聴衆は開会を求めて拍手を打ち鳴らし、叫び声をあげた。

開会予定時刻から約二時間が経過した頃、古在由直《こざいよしなお》東大総長、東大の教授、学友会中央部委員、東大弁論部、京大講演部の面々が姿をあらわした。しかし結局演説会は始まらず、かわりに京大講演部員による東大弁論部の糾弾が始まり、激昂した聴衆によって大混乱のうちに中止が宣言される事態になった。

合同演説会中止事件

この合同演説会をめぐって、東大弁論部と京大講演部の間には紛争が発生していた。実にささいで馬鹿馬鹿しい紛争である。演説会に学生だけのチームで出場するのか、教授を入れたチームで出場するのか、連絡ミスがあったのである。

京大側は、東大側との打ち合わせで決まった学生二人＋教授一人のチーム編成で上京した。一方、東大側は、当初は京大側が学生三人のチームを希望していたので急遽それを受け入れることにし、電報でその旨を京大側に通知して、学生三人のチームを編成して待っていた。

ところが、何らかの行き違いでその電報は京大チームの手に渡らなかった。その結果、学生三人の東大チームと学生二人＋教授一人の京大チームが弁論を競うことになり、釣り合いのとれない対決になってしまった。

ただの連絡ミスなので、普通なら笑い話で済みそうである。しかも東大側は、学生同士の対決を希望していた京大側に合わせるため、当初出演予定だった穂積重遠《しげとお》東大教授に陳謝して取りやめてもらっている。京大側に配慮しての急な変更だったのである。

東大側は学生三人で、京大側は学生二人と講演部長の宮本英雄教授で演説すればいいだけの話なのだが、なぜ糾弾騒動に発展するのか。実は京大側にとって、これはメンツに関わる重大問題だった。要するに、京大側が教授を出すのに東大側が出さないのは釣り合いがとれない、ということである。宮本教授は「東大側より教授が出演されぬなら自分一人出るわけにはゆかぬ」と出演を拒絶した。宮本の意向を聞くや、京大の学生の態度も硬化し、部長が出ないのに自分たちが出るわけにはいかないと、断固出演拒絶に方針転換したのである。

演説会を成立させるには東大教授に出演してもらうしかない。ところが当初依頼していた穂積はすでに予定が埋まっていた。東大弁論部長は野村淳治法学部教授だから、野村に依頼すればよいのだが、不幸は重なるもので、野村はちょうどその前日に安田講堂の使用をめぐって古在総長と対立、部長辞任を表明したばかりであった（加藤諭「戦前・戦時期における東京帝国大学の安田講堂利用と式典催事」）。京大の宮本に釣り合う東大教授を出演させることができなかったのである。

あらゆる譲歩を覚悟したホストの東大弁論部は、開会時刻の一時間前、最後の交渉に臨んだ。すると京大側は「陳謝」をすれば再考してもよいという。東大側は即座に謝罪し、それを受けて京大側は長い協議に入った。結果、聴衆の面前で東大側が京大側に謝罪することなどを条件に、学生二人のみの出演を承諾した。このような交渉と協議によって、開会時間を二時間もオーバーしてしまったのである。

なんとしても演説会を成立させたい東大側は京大側の要求を丸呑みし、壇上から遅延についての説明と京大への謝罪を行った。だが、前述の通り京大側は壇上で強い不満を表明し、最終的には出演を拒絶して退場してしまう。『京都帝国大学新聞』によれば、東大側の「陳謝」が徹底していないこと、遅延の責任を古在総長に押しつけようとする態度が見られたことなどが理由だという（一〇月二三日）。

つまり、京大側は東大側に対してしつこく何度も謝罪を要求し、謝罪したら今度は態度が悪いと責め立て、最後は怒って立ち去ってしまったことになる（『帝国大学新聞』一一月二日）。

激怒の理由

ここまで京大側が激怒した理由はなんだろうか。宮本教授は、東大側が教授を出さないなら出演できないといった。壇上で東大側を糾弾した京大講演部員は、「かくの如き不平等の条件の下に演説会に出づることは到底京大側の肯《がえん》ぢ得ざる所なり」と吠えた。『京都帝国大学新聞』は「合同演説会は両大学に於て条件を同一にすべきもの」という講演部の主張を紹介している。

京大側は、自分たちが教授を出しているのに、東大側が学生しか出さないのは無礼だと感じたのだろう。さらに、合同演説会が弁論を競い合う団体戦だとすると、東大の学生三人と京大の教授一人＋学生二人の勝負となり、格上の東大が格下の京大にハンデを与えているように映りかねない。京大側はこのことを強く忌避したように見える。

実際、京大側は合同演説会の「本質的目的」に強くこだわった。彼らにとっての「本質的目的」ははっきりしている。合同演説会とは、スポーツ競技と同じように東大と京大が優劣を競う学校同士の対抗戦だということである。格下として扱われる（ように見える）こと、ハンデを与えられる（ように見える）ことが屈辱だからこそ、京大側は執拗に謝罪を要求したのである。

やがて事態は沈静化に向かった。東大側が、連絡の行き違いや古在総長と野村部長の対立などについて京大側に丁寧に説明し、理解を得たからである。演説会が中止になったことを陳謝する東大学友会中央部の声明文が一〇月一六日付で発表され、一七日には「完全なる問題の解決」と「将来の友誼」を謳う京大講演部の声明文が、一八日には東大弁論部による同様の声明文が発表された。

糾弾された「変態的快感」

一件落着に見える。『京都帝国大学新聞』は、「経過がわかつて見れば何でもなくステートメントを出して円満解決」「双方から声明書発表で無事解決」という能天気な見出し文句を掲げた（一〇月二二日）。

だが、そのような後味のよい結末にはならなかった。円満に解決したと思っていたのはもっぱら京大側だったからである。

すでに見たように、東大側は単純な連絡ミスを犯したにすぎなかった。だが、ホストとしての責任から京大側にひたすら平身低頭した。一方、京大側は執拗に謝罪を求め、公開の場で居丈高に責め立て、最後は合同演説会そのものを潰した。親しい関係や尊敬し合う関係においては、まず見られない現象である。内心では非常な不快感を抱いた東大生がいたことは想像に難くない。

そのことが露見するのは早かった。『帝国大学新聞』の論説「京大講演部の反省を促がす」（一一月二〇日）は、全文に強烈な怒りが満ちている。

この論説は、演説会中止の責任が当然東大弁論部や学友会中央部にあることを確認した上で、京大側の態度が「相手の弱味」につけこんで「変態的快感」を得ようとするものだったと糾弾する。京大の学生たちが宮本教授の意向で出演拒絶に急転換したことについては、「雅量と理解力に於て惜しい哉無能力者に近かつた一団」の「盲目的なる殉死」と激烈な表現を使った。聴衆を前にしての謝罪要求に関しては、催促されなくても東大側は謝罪するに決まっており、しつこく強要する京大側の「常に高圧的なる嬌慢の態度」は、「彼等の学生たるや否やを疑はしめるに十分」とまで断じた。

また論説は、京大側がこだわった（合同演説会の）「本質的目的」という言葉に強く反応した。すでに触れたように、京大側は合同演説会を学校同士の対抗戦と捉えている。『帝国大学新聞』の論説は、京大側のその発想自体が問題であることを指摘する。「合同講演会は決して競技会ではなく、その覗《うかが》ふ効果も他の競技と大いに異つてゐる」。

演説会は、ほかのスポーツ競技とは違い、団体の勝ち負けを競うものではない。ところが京大側は東大に対する「誤つた敵愾心」に突き動かされ、常軌を逸した行動を繰り返した。平身低頭する東大側を踏みつけにすることで「変態的快感」を得るようにさえなってしまった。『帝国大学新聞』が分析する京大側の心理は、このようなものであった。襲いかかってくるライバルの心理分析として、なかなか穿ったところがある。

京大にとっての「一大恨事」

大正期、高等学校の大増設により京大志願者は増え、たとえば法学部でもたびたび定員を超過するようになったが、それでも東大一極集中のすさまじさの前ではかすむレベルだった。理系・文系とも、学術面での京大は揺るぎない評価を得るようになっていたが、東大との競争は誰の目にも見えるわけではなかった。

全学あげての東大との対抗戦は、瀧川や杉之原が感じた東大と京大のギャップを埋める場にはなり得た。少なくとも学生にとっては、スポーツと文化活動を包含する、知力・体力・気力の「総力戦」である。京大講演部は、全学の先鋒として大舞台で東大生と直接対峙する役目を担った。おそらく、東大側は京大側の尋常ではない意気込みを感じていたと思われる。

だが、この「運動週間」は、長く続かなかった。東大側が廃止を提言したのである。第三回の京都開催を終えた七ヶ月後の一九二七（昭和二）年五月、東大学友会臨時常務委員会は同イベントの廃止を決議し、京大学友会にその旨を伝えた。予算不足、本来シーズンではない競技を無理にまとめることへの批判、両大学の学生監が「弊害」を認めていることなどが理由だという。ア式蹴球部（サッカー部）などはすでに離脱を決議していた。今後は、両校運動部の対抗試合を個別に実施することとなった。

問題は、京大側がこのイベントに強い愛着を抱いていることであった。

「京大は全学を挙げてこのスポーツウイークなるものを、年中行事中もつとも有意義なものとして期待してる故、今秋は東都において花々しく第四回運動週間の挙行されん事の希望をもたらして居る」(『帝国大学新聞』一九二七年五月二三・三〇日)。

廃止の提言を聞いた京大側は強く抵抗した。京大学友会では、このイベントを長く存続させる意向が決議されたが、相手あっての話である。結局は廃止となった。『京都帝国大学新聞』は次のように恨み節を吐露している。

「所謂運動週間が廃止さるゝの止むなきにいたりし顛末についてはその責任が東大側に在るやうに思はれる。京大に於て非常な犠牲的精神と妥協的態度とを以て本大会を存続せんと希望し努力したるにも拘らず東大側に誠意のないためにかゝる結果を招致したる実情に関し吾等は東大の為に惜むのみならず我国運動史上一大恨事となす者である」(一九二七年七月一日)。

昭和が本格的に始まったこの年、両大学の総合的な交流行事はその短い歴史を終えた。両帝国大学の対決は、頂点に君臨する東大にとってよりも、京大にとって自己の立ち位置を確認し、闘志を奮い立たせる機会だったのかもしれない。

第七章　「知識階級」を排斥せよ——労働運動における反・東大

大正9年の第1回メーデー

堺利彦の堕落

「日本社会主義の父」と呼ばれる堺利彦は、日本ではじめて『共産党宣言』を訳出し、明治期から昭和初期まで社会主義運動を牽引した人物である。堺は、一高・東大に人生を二度潰されかけた経歴を持つ。そしてその経験が、堺を社会主義に接近させたといってよい。

二度潰されかけたとはいっても、一度目は自業自得である。廃藩置県前の一八七一（明治三）年、豊前国（現・福岡県）豊津の貧乏士族の家に生まれた堺は、豊津中学を第一等で卒業、旧藩主小笠原家が出資する育英会の貸費生となって一五歳で上京した。優秀な成績を見込まれて養子にもらわれ、陸軍中佐馬場素彦（陸軍省徴兵課長などを務め徴兵令改正の実務にあたった人物）の娘と許婚になった（以下の記述は、自伝『堺利彦伝』ならびに法律文化社版『堺利彦全集』所収「堺利彦略年譜」などによる）。

堺が目指したのは、上京した一八八六（明治一九）年に東京大学から改組された帝国大学への道である。まずは「登竜門」である第一高等中学校（一高の前身）の入試に挑んだ。一度目は失敗したものの、中村正直の同人社や、予備校として定評のあった共立学校での準備を経て翌年合格する。このまま帝大に進み、卒業すれば輝かしい未来が待っているはずで、養家も郷党も当然期待していた。

だが一七歳になった頃、悪い仲間の手引きで飲酒や吉原での遊び（要するに買春）にはまり込み、借金して放蕩するようになった。学業はそっちのけとなる。第二外国語のドイツ語はとりわけ鬼門で、欠席ばかりでまるで物にならない。借金で首が回らないのに遊び癖が抜けず、夏服と破れ靴で真冬の吉原を物欲しげに徘徊した。母親がこしらえてくれた博多帯、羽織もすべて質屋行きである。明治憲法が発布される一八八九年、学費未納のため学校から除籍され、養家からも絶縁された。

知的関心を完全に失ったわけではない。学校の勉強は放棄する一方、流行思潮には敏感だった。尾崎紅葉、坪内逍遙への傾倒、徳富蘇峰ら民友社一派の政治評論の丸飲み、矢野龍渓（文雄）らの政治小説の乱読などがこれにあたる。特に硯友社をおこした尾崎紅葉は第一高等中学校の先輩筋にあたることから親近感を持ち、東京を去る時も紅葉の『二人比丘尼色懺悔』一冊を懐に入れていた。

三文文士の後悔

帝大への道から落伍した堺は、先に大阪の文学界に足を踏み入れていた兄・乙槌《おとづち》（欠伸《けっしん》）の手引きもあって、文士修業の道に入る。頭角をあらわすのは早かった。一八八九年には『福岡日日新聞』に短編小説「悪魔」を投稿、連載される。その後兄を頼って大阪に行き、小学校教員や新聞記者をしながら創作活動を続けた。一八九三年には、森鷗外が主宰する文芸誌『しがらみ草紙』に小説「隔塀物語」を発表した。

その後も『読売新聞』などにポツポツ作品を寄稿しつつ、一八九八年には伊藤博文の女婿である末松謙澄《けんちょう》の下、長州藩の幕末維新史である『防長回天史』の編集作業に従事する。この時の同僚には、いずれも歴史家として名を残す山路愛山、笹川臨風《りんぷう》、斎藤清太郎（のち東京帝大教授）がいる。

堺はすでに三〇歳近く、最初の結婚もして妻と長男（ともに早逝）もいたが、本人は政治家、教育者、文学者のいずれになるべきか、などとまだ思い悩んでいた（日記「三十歳記」）。

この時期の堺を捉えていたのは、帝大への道からドロップアウトしたことへの強い後悔である。教育者には「学閥」があるから躊躇する、などと日記に書き連ねていることはその証左であろう。堺は「自分が行きかけて行きそこなつた『大学』といふものに対するあこがれ」を抱え、「謂《いわ》ゆる『登竜門』を踏みはづしたといふ失望の心持、それをどうにかして取返さうとするイライラした心持」に苦しんでいた（『堺利彦伝』）。道を踏み外さなければ、「高等官となり、勅任官となり、知事となり次官となる」未来もたしかにあり得たのである。

もがき苦しむ堺を、『防長回天史』の同僚である笹川臨風と斎藤清太郎が刺激した。二人は堺と同年輩だが、堺と違って無事に第三高等中学校から帝大に進み卒業している。除籍となった堺が新聞仕事や小説の投稿に明け暮れている間、笹川と斎藤は日本最高の環境で文学士の称号を得ていた。そんな「順調の成功者」である二人と机を並べる日々は、堺に「発憤」と「ヒケメ」のアンビバレントな感情と、とにもかくにも彼らと「同列」につき合えることの喜びを与えた。

「学閥」への対抗意識

文筆に活路を見出した堺にとって、一八九九年、二八歳で新聞『萬朝報』の記者に採用されたことは大きなチャンスとなった。『萬朝報』は、一九〇〇年頃まで東京で発行されていた新聞の中で最大部数を誇っており、幸徳秋水や内村鑑三といった気鋭の論客を続々と入社させていた(山本武利『近代日本の新聞読者層』)。

当初堺は文芸欄「よろづ文学」での文芸批評や「上品なる三面記事」を担当する約束で、懸賞小説の選評委員長にも任命された。新聞を足場に文学方面で名声を獲得することも夢ではない。だが、それも幻に終わった。またしても東大が堺を挫折させたのである。すでに一八九七年、京都帝国大学の創設にともなって帝国大学は東京帝国大学に改称していた。

堺の文芸批評の評判は芳しくなかった。既成作家から新人にいたるまで「平々凡々陳々腐々」「軽佻浮薄」とひたすら罵倒する。小説界の「新生面」を切り開け、などと叫ぶ割にあまり内容がない。

特に『荒城の月』の作詞者として知られる土井晩翠の処女詩集『天地有情』を、「平凡拙劣」「弛緩無力」などと酷評したこと(『萬朝報』一八九九年七月二九日)は大きな非難を浴びた。「(堺に)批評の資格ありや」「(堺に)如何なる文学上の歴史(実績)あるやを知らず」「漫罵を見て嘔吐を催す」といった苦情が寄せられた(同九月五日)。

土井晩翠は一八七一年生まれで堺とほぼ同年齢だが、仙台の第二高等中学校を経て東京帝国大学文科大学英文学科を卒業し、『天地有情』刊行の翌年には第二高等学校教授に就任する。堺は、自分に寄せられた苦情の背後に「文学閥」の力を感じた。「無名にして肩書なき小家」である堺が、東大卒の文学士である晩翠を批判したことが咎められていると感じたのである。

堺は次のように反論する。学士ではない人間には文芸批評の資格がないというのか。新聞や雑誌から大家扱いされないと語る資格がないというのか（同九月五日）。東大卒の学士に対する対抗意識を、紙面で丸出しにしている。

堺の反論に対して、意外な方向から弾が飛んできた。『萬朝報』文芸欄の前任者、斎藤緑雨である。緑雨は明治法律学校中退であり、東大を拠点とする「文学閥」とは縁がない。その緑雨は、堺の批評を「日本の首府で発行して、十万の読者を持つと言はれる新聞紙の文学欄に、あんまり見かねた事」だと酷評した（『読売新聞』一八九九年九月一〇日）。

「枯川〔堺の筆名〕君、君の資格や歴史やを疑つた者があるとすれば、それは族籍に関した事ではなく、甚だ申上げにくいが知見に関した事だらう……今の文壇は幼稚だの浅薄だのと言つても、思想なり理論なりもう些《ちつ》と進歩して居るのだから、足を入れるなら入れるで、精々こまかに磨いて来て貰ひたいね」（同九月七日）。

堺自身は、東大の権威と無名文士との戦いという対立構図を押し出したのだが、第三者の緑雨は単純に堺の「知見」が足りないことが問題だ、と切り捨てたのである。ちょうど同じ頃、同僚の幸徳秋水からも「偏狭」さを注意されたという（「三十歳記」）。

二度目の挫折から社会主義へ

最も痛烈な批判は、堺がたどり着くことができなかった東京帝国大学から飛んできた。雑誌

『帝国文学』である。『帝国文学』は、井上哲次郎ら東大文科関係者、そして学生だった高山樗牛、姉崎正治、上田敏らが一八九五年に創刊した雑誌で、晩翠も編集委員を務めた。

『帝国文学』第五巻第一二号の「雑報」にはこんな論評がある。『萬朝報』で堺枯川と名乗る者が批評を書いている。堺の学歴と素養は知らないが、前にこの人の書いた小説を読んだことがある。凡庸で平板な「駄小説」だった。その批評文も非常識、ただの漫罵で含蓄も卓見もない。

要するに実作者としても批評家としても才能ゼロだと認定されてしまったのである。

前任者である緑雨、『帝国文学』から完全否定された堺は、どうなっていっただろうか。その後も、『帝国文学』の記者には見る目がない、などと意気軒昂に反論してみたが、威勢のよさとは裏腹に、文学から徐々に足を洗っていくことになった。一九〇〇年には、文芸欄から「雑誌新聞論説の抜萃批評」に担当替えとなる。

堺はのち自伝でこの時期のことを「予は先《ま》づ生命なき文学に飽いて、漸《よう》く政治に向つて進んで来た」と回想するが（『半生の墓』）、これは社会主義者となった後の視点にすぎないだろう。日記には、もっと率直な感想を記している。「我輩が若《も》し数年前に小説で多少成功して居たならば、どうであらうか、成功せなんだのが却つて仕合せであつたかも知れぬ、否、成功せなんだのは即ち不適当な事であつたからであらう」（「三十歳記」）。

要するに、自己の文学的能力の限界を痛感したことになる。自伝でいうように、東大以外の「別の道」から再び「登竜門」に入りかけたが、「その門は狭かつた」わけである。

その後堺は、『萬朝報』を母体として結成された社会改良団体、理想団の活動に参加し、社会問題への関心を強めていく。社会主義者として本格的なスタートを切るのは、日露戦争非戦論を唱えて内村鑑三、幸徳秋水らと新聞社を退社し、幸徳とともに平民社を創設した一九〇三年頃のことである。

政治学者の三谷太一郎は、明治期に活動を始めた社会主義者に帝国大学出身者はおらず、みな「学校体系からのデクラッセ（脱落者）」「アカデミズムの機構から疎外されたインテリ」であったことを指摘した。社会主義者の群れは、同志社中退の山川均、高等小学校どまりの荒畑寒村らを代表例とする「知的社会の限界集団」だったのである（『大正デモクラシー論』第三版）。

堺は、旧制中学中退の幸徳秋水と並び立つ「限界集団」の先導者だった。そして、堺の場合は、一高・東大がらみの二度にわたる挫折が社会主義へと進む大きな契機になっている。

付け加えるならば、日本社会にマルクス主義を吹き込んだ語学力も、一高・東大を頂点とする学校体系の副産物だった。一九〇四年、堺は幸徳とともに日本ではじめてマルクス＝エンゲルスの『共産党宣言』を翻訳し、『平民新聞』に掲載する。両名ともドイツ語ができないので、サミュエル・ムーアによる英訳からの重訳である。堺の英語力は、第一高等中学校予科と、その予備校である共立学校や同人社で仕込まれた。本来は国家社会を指導する人材を育成するための英語詰め込み教育が、期せずして左翼の聖典を翻訳する語学力に転化したことになる。

「学力」も運のうち

大正後期には日本共産党（第一次）にも加わる堺だが、社会主義者となってからは学歴問題とどう向き合ったのだろうか。

マルクス主義は、学歴コンプレックスの軽減に役立つことがある。一九二五(大正一四)年、堺は「世の中のからくり」を大衆向けに解説した『現代社会生活の不安と疑問』という本を刊行する。そこで堺は、大学などの高等教育機関で学ぶ者は「非常に優秀な人物」であるという一般的常識を批判した。

実際の彼らは、ごく一部の「有産階級の子弟」の中から選ばれた「比較的優秀な者」にすぎない。人間(男)の境遇は、「親の身分や地位や能力」によって決まる。貧困であれば中等教育以上に進めないので、優秀な素質を持っていたとしても工場労働者、人力車夫にならざるを得ない。

同世代一〇〇万人のうち半分は成年までに死に、残り五〇万人のうちの二万人が特権的に高等教育を受けて「高級の職業」に就く。八万人が中等教育まで受けてその下役となり、残り四〇万人程度が小学校を卒業して小僧、給仕、少年工などになる。「苦学生」「貸費生」「有力者の補助に依つて高等教育を受ける人」は例外的に存在するが、それらは実質的に「有産階級の一部、若しくば其の附属」と見なしてよい、という。

東大を頂点とする学歴体系のどこに陣取れるかは本人の素質や能力と関係がない。基本的に、どの家に生まれ落ちたかという運の問題である。すぐれた素質を持っていても家が貧困ならば栄養失調で死に、または納豆売りをしながら形だけ小学校を卒業し、やがて下層労働者となる。

一方、裕福な家に生まれれば、たとえ「少々薄ぼんやりの坊ちゃん」でも大学に行き、留学もでき、社会の上層を占めることができる。「男の一生は力量次第、勉強次第、心掛次第」などというのはまったくのウソ、実際は生まれつき重い石を背負った者と自転車に乗った者の競争で、後者が勝っているだけである。

階級闘争への招待

堺は資本主義社会の不公平と格差を強調し、階級闘争の必然性を説く。「社会の下積として踏みつけられてゐる」労働者は、必ず決起する。だがその前に、労働運動の「先鋒」が生まれる必要がある。その一角を占めるのは、「高等教育を受けた連中」「中等教育を受けた連中」の中から出てくる、脱落者たちである。

社会的な進学熱の上昇を受けて学校が増設され、学歴を持つ者が供給過剰となっている。彼らは本来得られるはずだった地位を得られず、失業や賃下げの危機に直面している。高等教育を受けた者は本来「支配階級（権力階級）の一部」になるはずだったが、やがて「下廻り」程度の仕事しか得られなくなる。多くの者は不平をいいつつ転落に甘んじるだけだが、一部の「頗《すこぶ》る優秀な連中」は違う。自分たちの経験を通して「下層階級」に対する同情と義憤を募らせ、理想社会への「アコガレ」を抱き、労働者の「代表者、指導者、援助者」に転化していく。

また、「中流階級」の自意識を持つ「中等教育を受けた連中」も没落し、特に「中の下」クラスが「無産階級化」する。彼らも運動に加わる。この層は「本来の労働者の水準以上」の知識を持っているが、彼らは上から中に落ちたのではなく、中から下に落ちたのでもはや助かる見込みがない。したがって労働運動への本気度がまるで違うのである。

この記述が、かつて自分で訳出した『共産党宣言』の平易な解説であることは明らかだろう。そこには、「工業の進歩によって、支配階級のあらゆる組成分子がプロレタリア階級におとされる」、「支配階級の小部分はこの階級を見捨てて、革命的階級に、未来をその手ににぎる階級に結びつく」などと書いてあった。そして同時に、第一高等中学校中退の自分が実際にたどった道や、この時期すでに登場している、高学歴運動指導者の存在が強く投影されている。

「学士様」への反感

大正から昭和にかけて、東大を中心とする大学の出身者が労働運動、社会運動の新しい指導者として登場した。日本労働運動の源流と呼ばれる友愛会（のち日本労働総同盟）の創設者鈴木文治《ぶんじ》、日本労働組合同盟の初代会長も務めた棚橋小虎《ことら》、無産政党指導者となる麻生久、赤松克麿はいずれも東大法科の出身である。

彼らは、東大教授吉野作造と密接な関係を持ったことでも共通点がある。鈴木は吉野の同郷の後輩であり、麻生、棚橋、赤松は吉野を師と仰ぐ東大生や東大出身者による思想団体、新人会の出身であった（中村勝範編『帝大新人会研究』）。

堺がそういうように、彼らは労働者の境遇に対する同情や義憤、理想社会への「アコガレ」を抱いて運動に身を投じた。鈴木文治の自叙伝の記述は、堺の描く図式にほぼぴったりあてはまる。実家の没落と窮乏を経験し、キリスト教の人道主義を通して社会問題に目覚め、高校と東大で学んだ社会科学によって世の中の不合理に気づく、といった具合である。

明治末期、鈴木は東大卒業後に印刷会社秀英舎（大日本印刷の前身）を経て、『東京朝日新聞』の記者となり、貧民窟ルポを書いた。朝日退社後、ユニテリアン（キリスト教の一派）の社会事業の中で、労働者のための相談所や講話会を開く。

鈴木自身の認識では、労働者たちから驚きと喜びをもって迎えられたが、ここにも東大が関係する。「当時『学士』といふものは、恐らく今日の『博士』よりも光つて居た。その『学士様』が自分達の仲間になり力になつてくれるといふは、何といふ喜びであらうといふ気持なのである」。工場の上役に妻や娘を差し出すような陰惨な日常を生きる労働者に、鈴木は権利意識や団結の必要性を説いて回った（鈴木文治『労働運動二十年』）。

一九一二年、鈴木の下に電気工、機械工、畳職人、塗物職人、牛乳配達員など合わせて一五人が集まり、友愛会が結成された。以後大きく成長し、一九二一年には日本労働総同盟へと発展、ナショナル・センター（労働組合の全国中央組織）の役割を果たしていく。

では、鈴木ら東大出身運動家は、労働者と円満な関係を保てただろうか。決してそうではなかった。労働者たちが「鈴木文治その他の「学士先生」による組合指導への反感」を抱くようになったからである（白井泰四郎『労働組合幹部論』など）。

早くから鈴木文治に反感を持つ労働者がいたことは、西尾末廣（戦後、片山哲内閣の官房長官や民主社会党委員長）の自叙伝にも観察される。親に泣いて頼んで高等小学校に行かせてもらった西尾は一四歳で職工となり、一九一五年、大阪で友愛会に入会した。だが、すぐに会から離れた。仲間と語り合った第一の話題は、「友愛会が鈴木文治というインテリによつて指導されていること」への不満だった。大阪支部の会合では「労働組合は労働者自身の組合でなければならぬ。しかるに友愛会は労働者でもないものを会長にして指図されている」と演説したという（西尾末廣『大衆と共に』）。

サンディカリズムの嵐

労働者の「知識階級」に対する反感や、労働運動は労働者自身が行うものだ（「インテリ」の指導は受けたくない）という声は、第一次世界大戦後の労働争議の中で大きくなる。アナルコ・サンディカリズム（無政府組合主義）の思想がそこに火を点けた。日本では大杉栄らによって喧伝されたこの思想は、団結した労働者の直接行動によって資本主義体制を打倒し、新しい社会を建設することを説く。街頭闘争やストライキ、サボタージュなどの直接行動の経験から労働者自身が学び、成長することを最重要視するので、上からの一方的指導や、学者や知識人が考え出した理論に従うことを拒絶する。大杉が労働者に「知識階級」指導者排斥を吹き込んだことは、すでに多くの指摘がある（秋山清『日本の反逆思想』）。

「大杉一派」と呼ばれた北風会などは、労働問題や社会問題の演説会に出かけては猛烈に野次を飛ばし、「『世の識者』が弁じたてるチヤラツポコ説教を罵殺し、謂ゆる労働運動指導者の面皮を剝ぐ」ことを得意とした。「智識階級」を崇拝し、「エライ人」の指導を受けるのが当たり前と思っている労働者に、「労働運動は労働者自らの決死的運動だといふ事の同意を求める」ためだと和田久太郎はいう（『労働運動』〈第二次〉第三号）。

アナルコ・サンディカリズムの影響を強く受ける労働者や労働組合もあらわれた。活版印刷工組合の信友会、新聞印刷工組合の正進会などがその代表例とされる。友愛会傘下でも影響を受けて急進化する組合が出てきた。

「筋肉労働者」（肉体労働者）による「知識階級排斥」のムードは高まり、各地で大きな労働争議が起きた一九二一年、ピークに達する。この年の三月、東京で開かれたある労働問題演説会の登壇者は、全員が労働者だった。彼らはこう叫ぶ。「労働運動は学校では無いから今後は学者や指導者の演説を聞く必要は無くなつた……よぼよぼでも無学でも真の労働者の口から出る叫びなくてはならぬ」（『友愛会・総同盟50年史年表』）。

急進化した「筋肉労働者」たちの主要攻撃対象は、東大出身の「学士様」だった。東大卒業後に友愛会入りして三年目、「小生意気な采配振り」を揶揄された三〇歳の麻生久は、一九二二年、労働者を救うために足尾銅山争議を妥協的解決に導いた。だが、労働者を売って自分の地位の保全を図るものだと激しい非難を浴びた。

この年に開かれた友愛会東京連合会の第二回大会では、黒色労働会など急進派からの代議員選出を求める勢力が大暴れした。囂々《ごうごう》たる野次の中、東大卒業後に友愛会入りして四年目、三二歳の棚橋小虎議長に労働者が殺到、胸ぐらをつかんで引きずり下ろそうとする乱闘騒ぎとなった。騒動の口火を切ったのは、東京鉄工組合の枡田彌三郎による「吾々の運動は吾等自身で行《や》る」という「知識階級排斥の第一声」であった（『東京朝日新聞』一九二一年七月六日）。棚橋はこの騒動の後に友愛会幹部を退いた（『総同盟五十年史』、隅谷三喜男『日本労働運動史』など）。

「知識（智識）階級」という言葉は、「インテリ」あるいは「知識人」に先行する類義語で、「現実的な対象としてはしばしば、作家やジャーナリスト、その読者や高等教育を受けた者」などを意味した（木村政樹『革命的知識人の群像』）。独学者でも「知識階級」や「インテリ」になりうるが、日本の場合は特に学歴と密接に結びついている。丸山眞男は、「卒業証書それ自身がインテリへの帰属の証明」だったと指摘する（「近代日本の知識人」）。したがって「知識階級排斥」では、学歴の最高点に位置する東大出身者がターゲットになりやすいとはいえる。

なぜ「インテリ」は嫌われるか

そもそも、なぜ労働者は「知識階級」を嫌うのか。本来は、当初鈴木文治が労働者から感激をもって迎えられた（と本人が感じた）ように、高い能力を持つ援軍は喜ばしいはずである。

多く見られた「知識階級」批判の第一に、彼らは海外の運動事情や理論、または自分の頭の中の理想にこだわり、現実の労働者を見ないというものがある。

一九一九年、ロシア革命の影響を受けた麻生、棚橋ら東大出身の若手運動家は、鈴木文治会長を排斥し、友愛会を労使協調路線から階級闘争路線に転換することを企てた。この策動に反対したのが、数少ない労働者出身の友愛会本部員（出版部長）平澤計七である。平澤は機関誌『労働及産業』二月号で「知識階級」の運動家をたしなめ、外国の書物などから得た知識によって、ロシアやドイツの運動はこうだから日本もそうすべきだ、というのは間違っていると説いた。「日本の現状」に基づかない運動は結局のところ「徒労」であり、混乱を招くからである（「智識階級に一瞥を乞ひ併せて資本家階級及び政府を警む」)。平澤は麻生らのグループと対立し、排除されることになる。出版部長のポストは麻生が引き継いだ。平澤はやがて友愛会を脱退する(藤田富士男・大和田茂『評伝平澤計七』)。

同じく職工出身の本部員松岡駒吉(戦後、総同盟会長、衆議院議長など)は最終的に麻生ら「知識階級」グループに同調したが、同年、東大新人会機関誌に寄稿し、「智識階級」は「労働者の実状」をくわしく学び、無理のない手段と方法を選ぶべきと訴えた(「智識階級に希望す」『デモクラシイ』第二号)。

より過激な批判は、労働組合主義者からだけでなくアナルコ・サンディカリストから寄せられた。炭鉱労働者出身のアナキスト和田軌一郎は、青年インテリが「い、加減に推理して労働の苦痛味を話したり、やれ『カウツキー、レニンが』と生噛りの著書の毛唐の名をあたりかまはず羅列する」様子を描き、彼らを「ニキビ、色気狂、自称革命家」と罵った。労働者の生活を知らない青年インテリの「蚊のスネの様な足や手」で、国家を転覆できるはずがない。そのくせ彼らは「いつ革命が来るか」などと熱心に論じ合っている。和田は「かたぱしから撲《な》ぐり殺すぞ、夢遊病者よ」と吐き捨てた(「夢遊病者に」『労働者』第一号)。

要するに「知識階級」は頭でっかちで尊大だというわけであるが、この点を自覚する東大生もいた。のちに社会学者となる東大新人会の新明正道は、労働者からの不信の原因は「智識階級の饒舌とその智的矜誇」にあると述べ、それらを捨て去ることを訴えている(「知識階級の態度」『先駆』一九二〇年七月号)。

労働者の冷ややかな視線は、高名な学者や理論家にも注がれた。労働者の坂口喜一は、「労働運動に多数の知識階級の有ることを有難迷惑に感じます」という。京大教授河上肇の雑誌『社会問題研究』にせよ、堺利彦・山川均の『社会主義研究』にせよ、学のない「純労働者」には理解できないしそもそも読んでさえいない。マルクス主義などの理論をめぐる学者や理論家の論争は、「私達労働者はそっちのけ」に映る（「吉野博士に呈す」『我等』一九一九年一〇月号）。

この時期さかんに「知識階級」批判を展開した大杉栄は坂口の文章を取り上げ、「無恥で厚顔でそして無学なる知識階級の徒よ。此の一労働者の前に本当に空虚な心を持つて膝まづけ」と吠えた（「労働運動と知識階級」『労働運動』〈第一次〉第三号）。

「指導者心理」と「野心」

「知識階級」が嫌われる第二の原因は、自分たちが運動の指導者になることが当たり前だと思っていることである。労働者自身の直接行動を呼号するアナルコ・サンディカリストにとっては、これが実に不快であった。

「こゝだ！こゝだ！と腹の蟲がまた呟く。矢ツ張り御多分にあるな！指導者心理！指導者心理！がだ」。これは、大杉栄が主幹の雑誌『労働運動』に参加した時計工出身の中村還一が、麻生久に面会した時の感想である。中村が麻生の受け答えに感じた「指導者心理」とは、新しい政治や社会の構想は指導者に任せるのが当たり前と考えている態度や、暴れる労働者を上から制止する態度、抵抗の意志ではなく「統一的の訓練」を重視する態度などを指す（「噂とほん物」『労働運動』〈第二次〉第三号)。

麻生はこの時東大法科を卒業してから三年しか経っていないが、友愛会主事を経て全日本鉱夫総連合会の代表理事となっていた。労働者ではない麻生が、なぜ過酷な重労働や首切りの恐怖と戦う鉱夫の代表たりうるのだろうか。それは、麻生が「知識階級」であることに求めるほかない。高等学校や東大で得られた世界観や状況認識能力あるいは人格が、「筋肉労働者」よりすぐれているから、という理屈にならざるを得ない。だから、大局を見通せる「知識階級」指導者は、怒りにまかせた「筋肉労働者」の行動を制止することもある。

アナルコ・サンディカリズムの影響を受けた労働者には、これが耐えられない。「知識階級排斥」激化のきっかけに、麻生と同じ「例の法学士連」の一人である棚橋小虎の論文「労働組合へ帰れ」がある。棚橋はそこでサンディカリストらの唱える直接行動論をくさし、地道な組合運動へ回帰すべきことを説いた。「直接行動とは、警官と小ぜり合ひをして、一ト晩警察に止められたり、禁止の革命歌を高唱して大道を歩く事ではあるまい。こんな直接行動では社会の大革命は愚か、資本家の自動車一つ転覆する事も出来ないだらう」(『労働』一九二一年一月号)。多くの「筋肉労働者」がこれに激昂し、友愛会大会における棚橋の糾弾につながった。

「知識階級」は正しい状況認識と戦略を持てるが、「筋肉労働者」には無理だ――。「知識階級」に属する者自身がそう思っていることは、東大新人会出身の赤松克麿による「所謂筋肉労働者の醜態」にも明らかである。赤松は、「排他的に筋肉労働者の看板を振り廻して、労働者の問題は労働者自身の解決すべきものだと呼号して居る」労働者を批判する。日本の労働者は「自覚の程度」が低い。「智識階級」抜きに問題は解決しない。赤松はそう考えたのである。

労働界に参入した「智識階級」(もちろん赤松自身も含む)は、「社会的栄達の機会」を捨てて「新しき文化運動」に身を投じた「有能なる戦士」である。「労働者は快く之を迎へて協力すべき」だ、という。赤松の時評が載った『解放』一九一九年一一月号には、日本の労働者の「偏癖性」を指摘する鈴木文治の「日本の国民性と労働運動」という論文も掲載された。

労働者の多くは、自分たちが長らく「無智無学」であり「無理解」であった事実そのものは認めている(「智識階級に希望す」など)。だが、労働運動の主役は常に労働者であるべきと考える者からすれば、「自覚の程度」や「偏癖性」を上から難詰する「知識階級」は何様なのかという疑問と不快感を持つのは当然である。大杉栄も、赤松の時評に対して「労働者の知識的能力、しかも其の『深刻な経験』による知識的能力を殆んど認めてゐない。知識者によつて始めて附与されるもの、やうに思つてゐる」と強く批判した(「労働運動と智識階級」)。

そもそも、なぜ「知識階級」は労働者に近づいたのか。アナルコ・サンディカリストによれば、それを説明するのが「野心」である。来たるべき巨大労働組合や無産政党のリーダーとなること、現在確立された指導的地位を維持することなど、「野心」はさまざまに想定される。ある労働者は、「智識階級」が労働組合に参画する理由を「労働者が将来の権力階級である事を、無意識にも解つて来た」ことに求めた(「信友会の立場」『労働運動』〈第一次〉第四号)。支配権が資本家から労働者に移る未来社会を見越して、先物買い的に接近してきたというわけである。

「インテリ」の弱点

「知識階級」が嫌われる第三の原因は、そもそも彼らは労働者とは違う世界の住人であり、特権階級そのものと考えられていたことである。友愛会の松岡は、東大新人会などの「智識階級」に対し、労働者の不信感に耐えなければならないと呼びかけた。「智識階級」を育てる大学や専門学校は、労働者が負担する莫大な国費で支えられているにもかかわらず、卒業生の多くは「資本家の道具であり代弁者」として働いている。労働者は資本家だけでなく「智識階級」からも圧迫されているので、彼らを信用しないのは当然である（「智識階級に希望す」）。

鍛冶工出身のアナキスト吉田一は、「知識階級」が所有する知識のなりたちや、それをありがたがる風潮を激しく批判した。「学者に学問があるのは当り前だ、労働者の血と汗で作った金だの書物だので勉強したのだもの、それで学問が出来ないなら低脳だ、労働者が年季奉公で大工や左官の腕前を仕上げるのと同じだ、学者や先輩を尊敬しなければならぬ理由は少しもない」（「『労働者』生る」『労働者』第一号）。

「知識階級」は、労働者とかけ離れた世界からやってきて運動に参加しているので、簡単に逃げ帰ることもできる。西尾末廣は、労働運動に参加する「インテリ」の弱点は「逃げ場がある」ことだといった。工場労働者は資本家に屈服するかしないかの戦いを強いられ、働き口を失う危険に常にさらされる。しかし「インテリ」の場合は、「必ずしも屈服しなくとも就職の道もある」（西尾前掲書）。

「知識階級」の中でも、東大出身の労働運動家はやはり特別である。鈴木文治は東大卒業時に穂積八束《やつか》教授から『東京日日新聞』の社長加藤高明（のち首相）を紹介されたが、結局は学生時代の保証人である政治家島田三郎の縁故で印刷会社に進んだ（鈴木前掲書）。麻生久も、親戚が財界人や新聞人とつながりがあり、『東京日日新聞』の記者となった（『麻生久伝』）。棚橋にいたっては、東大卒業後、司法官試補（判事・検事に任用される）となった（『追想棚橋小虎』）。帝国大学法律学科卒業生は無試験で司法官試補や弁護士になれた時代である。いずれも学歴もなく汗にまみれて働くほかない「筋肉労働者」には無縁の進路といえる。そして、労働運動の世界にまで学歴主義は浸透しており、友愛会では学歴のない平澤計七がただの書記であるのに対し、大学出はいきなり主任に任ぜられた（藤田・大和田前掲書）。

東大出身者の特殊な地位は、労働争議の際にも際立った。たとえば京都の奥村電機商会の争議で、鈴木文治は東大同期の藤沼庄平京都府警察部長（のち警視総監など）に斡旋を依頼した（『総同盟五十年史』）。麻生らが指導した足尾争議は、「坑夫側も警察側も会社側も其指揮者格が皆帝大出の若手揃ひ」であることが新聞に書き立てられた。争議が一応の解決を見たのち、麻生は萱場《かやば》軍蔵栃木県保安課長（東大法科同窓、のち警視総監、内務次官など）や篠崎足尾署長の「公明正大なる態度」に感謝を表明した（『東京朝日新聞』一九二一年四月一九日）。

このような言動は、争議の結果に不満を持つ労働者の不信感を強める。所詮、彼らは権力側の人間なのだ、と思いもするだろう。いくら「知識階級」が自分の労働者性や無産階級性を強調しても、決して埋まらない溝である。なまじ「知識階級」の側から労働者に近づいたばかりに、同じ人間にここまで差があるのか、と気づかせることになる。

大杉栄の東大批判

現実の労働を知らない頭でっかちの口達者であること。自分が指導者になるのが当然と考えていること。そもそもが特権的地位にある抑圧者の仲間であること。「知識階級」嫌悪のこれらの要因を最も多く兼ね備えているのは、その持てる学力や社会的地位から見て、麻生、棚橋、赤松ら東大出身の「例の法学士連」であることはいうまでもない。

大杉栄は、「大日本帝国の最高学府たる大学」すなわち東大を「所謂国民教育の起源にして且つ基礎たる組織的瞞着」の「お役人製造場」と呼んだ（「イグノラント」『近代思想』一九一三年九月号）。大杉にとって「教育」とは、労働者は「被征服階級」であり「劣等種族」である、という観念を労働者自身にしっかり植えつけ、逆らわせないようにする営みにほかならない（「征服の事実」『近代思想』一九一三年六月号）。

大杉にいわせれば、東大をはじめとする高等教育機関の本質は、労働者を騙して抑圧する人材を養成する機関ということになる。

それだけでなく、大学で教えられる「社会学、政治学、法律学、経済学、哲学、倫理学、其他何んの学問」の価値自体を大杉は否定する。それらは「僕等にはちつとも用のない今日の社会組織、今日の社会秩序の、是認と維持」のために存在している。世にいう「識者」とは、要するに「権力階級の擁護者」「被圧制階級の欺瞞者」でしかない（「謂ゆる評論家に対する僕等の態度」『労働運動』〈第一次〉第五号）。ここまで来ると、高等教育機関への進学は後ろめたいことであり、ましてや東大への進学は犯罪性のある行為だ、と思いつくまであと一歩というところだろう。

しかし、東大出身者だけが「知識階級」ではない。大杉自身が陸軍幼年学校を中退し、東京外国語学校（現・東京外国語大学）選科を出て、文筆で生計を立てるれっきとした「知識階級」である。大杉の「知識階級」罵倒は自分自身には適用されないのだろうか。

第一に、少なくとも大杉自身は、自分は労働者と一体化しようと努力していると考えていた。大杉は一九一七年、亀戸の労働者街に移り住んだ。それは労働者についてなにも知らないことを自覚する大杉が、みずからの「小紳士」（プチ・ブルジョア）性を滅ぼし、「平民労働者」との「一体的感情」を養うためであった（「小紳士的感情」『文明批評』一九一八年二月号）。

一方、たとえば赤松は、労働者との一体化など考えなかった。労働運動とは「筋肉労働者が天下を取る運動」ではなく、労働者と「知識階級」が「等しく文化戦争の立派な戦士」となる「新しき文化建設」の運動である（「労働運動と知識階級の問題」『先駆』創刊号）。

第二に、労働者や下層出身の活動家は、大杉や堺利彦を、帝大出身者あるいは帝大教授と区別していた。一九二一年に大杉と袂を分かって『労働者』を創刊する高尾平兵衛は、学問や理論がすぐれているからではなく「実行運動」をしてきたところに大杉や堺の偉さがあるといった。「学問的理論」や「マルクス学の蘊蓄」なら、京大教授の米田庄太郎や河上肇、森戸事件で東大助教授の地位を追われた森戸辰男のほうがすぐれている。大杉（そして堺）は、「沈重派」から「軽挙妄動」と非難されるような行動をとり、何度も投獄された。そしてその中で自分自身の学問と覚悟を練り上げてきた。「軽挙妄動」こそが、尊敬すべき彼らの人格を作ったのである（「老ひたり矣――大杉栄君」『労働者』第一号)。

アナルコ・サンディカリズムを吹き込まれた労働者は、「偏見が多い」という彼らに寄せられる非難を受け入れる。「圧迫と掠奪と迫害と虐待」に苦しむ労働者が、「憎悪心」を氾濫させ「復仇の心」に燃えるのは当然である。むしろ「憎悪と復仇の念」で自分自身を焼きつくすまで燃焼させる。「僻《ひが》み僻んで行き尽した時そこに本当の新しい道が開ける」(「学者の卑劣と傲慢を笑ふ」『労働者』第三号)。

「知識階級排斥」思想のゆくえ

いかに「智識階級」が理論や学説を説こうと、合理的に見える指導をしようと、「労働者が自分の問題に就て、他人の指示に従はないで、自分でブツかつてゆくこと」「自分でブツかつて行つて、自分で知ること」以外に道はない(「労働運動の自主的精神」『労働運動』〈第二次〉第一三号)。「筋肉労働者」にとっては、知性や教養に基づく指導よりも、怒りや情熱に基づく「軽挙妄動」のほうがはるかによいと主張するのである。

また信友会の水沼辰夫がいうように、「知識階級」の指導で妥協的に争議を解決されるぐらいなら、徹底的に敗北したほうがよい。「敗北によつて一層階級意識を鮮明ならしめ、反資本主義の気分を昂める事が出来る」からである。指導者が「大勝利」を誇張して「負を負として意識せない事」のほうが恐ろしい(「労働組合同盟会の分裂」『労働運動』〈第二次〉第一三号)。

東大をはじめとする高等教育機関で得られる知識ではなく、小学校すらろくに行けなかった労働者たちの苦しみと悲しみ、憎悪と僻みの先にこそ未来があるということだから、これは既成の社会のピラミッドを真逆にひっくり返す価値の転倒である。むしろ、現在の社会で学歴がないことは未来社会の主人公たる資格となり、高学歴はそれ自体が敵の証明となる。

「知識階級排斥」に燃えた、あるいは「知識階級」の重圧に苦しんだ人々の中には、陰惨な最期を遂げた者が心なしか目立つ。一九二三年、関東大震災の混乱の中で、大杉栄は連れ合いの伊藤野枝、甥の橘宗一とともに憲兵大尉甘粕正彦らに絞殺された。友愛会で麻生ら「知識階級」グループと対立した平澤計七も、亀戸警察署に拘引され騎兵第一三連隊に惨殺された。

震災前の六月には、「知識階級排斥」最過激派ともいえる高尾平兵衛が右翼の赤化防止団団長米村嘉一郎を襲撃し、返り討ちにあって射殺された。「知識階級」の演説を野次で粉砕した和田久太郎は、大杉殺害の復讐のため震災時の戒厳司令官福田雅太郎を襲撃して失敗、獄中で自殺した。いずれもほぼ丸腰で権力に挑みかかり、すり潰された最期のように見える。

昭和に入ってから、文芸評論家の青野季吉《すえきち》は「知識階級排斥の思想は今日でも日本の社会思想界などに、かなり深く、それも人の余り気のつかない点にまで浸潤してゐる」と指摘した(『社会思想と中産階級』)。戦後も、「知識階級」が指導する革新運動とはまったく別個に、学校に対する反逆と抵抗が、時折噴出することがある。

第八章　「凶逆思想」の元凶——右翼に狙われた東大法学部

昭和18年の学徒出陣壮行会

狙われた東大法学部

昭和初期、三井甲之《こうし》、蓑田胸喜《むねき》らの原理日本社は、帝国大学、特に東大の法学部と経済学部を「現日本万悪の禍源」と見なし、その教授陣や大学の組織に対して激烈な糾弾を加えた。日中戦争期には、中国の「排日侮日抗日」思想の起源は日本の帝大とマスメディアにあるとまで主張するようになる。

狂信的右翼として知られた彼らの第一の攻撃対象は、帝国大学教授、特に法学部を中心とする東大教授であった。法学部では、吉野作造、美濃部達吉、末弘厳太郎、牧野英一、田中耕太郎、横田喜三郎、経済学部では河合栄治郎、京大では河上肇、瀧川幸辰などが例としてあげられる。たとえば、美濃部の天皇機関説は、万世一系の天皇が統治する日本の「国体」を否定して「主権在民」「民主政体」に変換しようとする「国体変革」思想だと糾弾された。小作人の団結に論及する末弘の法学は、所有権や私有財産制の変革を目指す「凶逆思想」とされた。原理日本社によれば、東大法学部を中心とした帝大教授陣が醸成する「赤化乱倫学風」こそが、左傾学生の激増、三・一五事件に代表される赤化事件の根源にほかならない。東大法学部は「不忠『民政』凶逆『共産』主義思想の諸元兇」なのである。

大正期に三井甲之らによって始められた帝大攻撃は昭和に入り一大キャンペーンに成長した。雑誌『原理日本』での猛烈な教授糾弾、刑事告発、政治への働きかけが連動し、瀧川事件、天皇機関説事件、帝大粛正運動が進展することは、塩出環、竹内洋らの研究がすでに明らかにしている（塩出環「帝大粛正運動と原理日本社」、竹内洋・佐藤卓己編『日本主義的教養の時代』など）。

「凶逆思想」のトリクル・ダウン

左翼思想の流布ということなら糾弾すべき対象はほかにもありそうだが、原理日本社はとりわけ帝大攻撃に熱中した。その理由の第一は、帝国大学が「国家の最高教化機関」だからである。帝大の「赤化教授」は自分の立場を利用して講義、新聞雑誌などで「国体変革国家国民生活残害思想」を喧伝する。「『学問』迷信」（学問はありがたい、大学は偉いという迷信）を持つ多くの国民は、権威ある帝大教授の教説ゆえにそれを信じ込む。「全国帝大法学部の根城本丸としての東大法学部」の教授の説であればなおさらであろう。

第二に、帝大特に東大法学部は、日本のトップエリート養成機関である。したがって、政官界や財界、メディアの中枢にいる人物の多くは、「凶逆思想」を持つ教授の邪悪な薫陶を受けている。教授陣は各種試験委員を務めているので、影響力は甚大である。「実に現在の各官庁の実務当事者は殆ど全部大学時代に於ける吉野、牧野、末弘、河上流デモクラシイ・コムミユニズム思想の受浸者ではないか！」（蓑田胸喜「国家活動の中枢への進動」『原理日本』一九二九年三月号）。

赤化事件の続発と取締の甘さ、深刻な経済不況と生活難、政財界の汚職腐敗、外交失策などは、企画立案や実務にあたっている帝大特に東大出身者が受けた教育が悪いからである。それに加え、東大に入ることを夢見る高等学校生や、東大卒教授を多く抱える私大その他の全国諸学校にも、悪影響は波及する。

つまるところ、トリクル・ダウン（浸透）である。「国家の最高教化機関」たる東大で醸成された「凶逆思想」が、全国の諸学校へ、国民へとトリクル・ダウンし、東大が輩出したエリートを通して政官界へ、財界へ、メディアへとトリクル・ダウンする。

また蓑田は、東大教授陣が「閨閥財閥から官僚閥政党閥」をつなぐ存在であったことも指摘する（「東京帝大の学術的自治無能力」『原理日本』一九三八年九月号）。

例示されるのは菊池大麓《だいろく》、穂積陳重、鳩山和夫で、たしかに彼らは自身や子女の結婚を通して渋沢栄一や陸軍大将児玉源太郎、政友会総裁を務めた鈴木喜三郎その他の政官財要人と姻戚関係にあった。文部大臣を務めた理科教授の菊池の場合は美濃部、末弘の岳父であり、穂積陳重の場合は弟八束、長男重遠も東大法学部教授である。簡単にいえば、閨閥によって「上級国民」を再生産し、その特権的立場を利用して「凶逆思想」を培養している、ということになる。東大教授の閨閥に対する批判は明治期から見られるが、東大こそが「容共赤化」をはじめとする国家破壊の策源地そのものなのだ、と主張するところに昭和期の新しさがあるといえよう。

津田左右吉事件の真相

だが、東大の「粛正」を唱える三井や蓑田らは、決して東大や帝大そのものの解体を叫んだわけではない。そもそも三井も蓑田も東大出身である。三井は、東大糾弾を繰り返すと同時に「教育の水源は帝国大学たるべきである」といい、蓑田もまた「帝国大学の神聖使命」を説く。東大または帝大という器が問題なのではなく、「容共赤化」教授や「赤化」学生が問題なのである。

たとえば蓑田は、有名な言論弾圧事件である津田左右吉《そうきち》事件に関与したことでも知られる。歴史学者津田左右吉は、『古事記』『日本書紀』に文献批判を加え、仲哀天皇以前の記述について「歴史では無くして物語である」と断じた。これらの天皇の実在性が疑問視されれば、「万世一系の天皇」の基盤は揺らぐことになる。蓑田はこれを「思想的大逆行為」と激しく糾弾し、その他の学説への非難と合わせて政府当局に強く対処を働きかけた。それもあって、津田の著作四点が発禁処分となり、津田と版元の岩波書店社長が出版法違反で起訴される事態となった（一審で有罪判決、のち時効により免訴）。津田は早大教授を辞職した。

蓑田が津田を狙い撃ちにした理由として、興味深い証言がある。津田は早大教授の地位にあったが、一九三九（昭和一四）年に東大法学部の新設科目「東洋政治思想史」の授業担当者として招かれた。蓑田は、津田が東大法学部に出講する、ということが気に入らなかったらしい。第一審で陪席判事を務めた山下朝一に対して、「津田が早稲田にいるならば何も問題にしなかったのだが、東大の法科の先生になったので許せなくなったのだ」と語ったという（『弁護士海野普吉』）。発禁となった四冊は起訴時点から七〜一六年前に書かれたもので、その間社会的に問題とされたわけでもない（山下朝一「津田事件の思い出」『判例タイムズ』第一五〇号、栗田直躬「津田先生と公判」『現代史資料』四二月報）。裁判が終わると、蓑田の津田攻撃が止まったこともすでに指摘されている（塩出前掲論文）。学説よりも東大法学部の教壇に立つことのほうが蓑田にとって重大だったのかもしれない。津田が東大に出講しなければ事件化していない可能性すらある。

「聖喩記」という錦の御旗

三井、蓑田らが金科玉条の如く掲げるテクストに、元田永孚《ながざね》の「聖喩記」がある。一八八六（明治一九）年、明治天皇が帝国大学の教育に疑義と不満を呈した顚末が記された文章である。

帝国大学を視察した明治天皇は、理系の諸学科や法科の進歩を認める一方で、教育内容に「主本トスル（所ノ）修身ノ学科」が欠落していることを指摘した。国学や漢学による伝統的な道徳教育が軽視されている、と批判したのである。これでは「政治治要ノ道」を学ぶ者が得られず、将来の国政を担う人材も得られないのではないか、当局者はこれをどう考えるか、というのが天皇の疑義だった。元田はこれに対して、「国体君臣ノ大義、仁義・道徳ノ要」を知らない「洋学専修ノ徒」が教官の座を占めていること、「時世ニ適応シテ忠孝道徳ノ進歩ヲ生徒ニ教導」すべきことを奉答し、天皇の歓心を得たことを記している。

蓑田らはこの「聖喩記」を掲げ、民主主義、自由主義からマルクス・レーニン主義にいたる外来思想に席巻された帝大を「粛正」し、「国体ノ本義」に基づく研究や「天壌無窮ノ皇運ヲ扶翼」する人材の養成を推進する機関へ作り替えなければならないと説く。「国体ノ本義」とは、万世一系の天皇が統治する日本の本質、といった意味である。東大がその「神聖使命」に回帰すれば、「国家の最高教化機関」として大いに尊重されることになろう。

しかし、彼らは「反国体違憲学風」「反日本意志」を醸成する東大教授のつるし上げ、という、いわばネガについては非常に熱心なのだが、東大をどのように改革するか、または広くどのような教育を実現するか、というポジについてはそれほど明瞭にしない。

たしかに原理日本社の思想的中核といえる三井そして蓑田も、明治天皇の歌集である『明治天皇御集』の拝誦によって「世界文化単位」としての日本を直接体験する、といった思想の方法を語ってはいる（植村和秀「天皇機関説批判の「論理」」、片山杜秀「写生・随順・拝誦」など。いずれも竹内・佐藤前掲書）。

また、三井などは学制改革を実施して教授の「特権」を廃止し、「研究討議の公開を以て学閥の排外主義を打破すべき」ことも説いている（「消息」『原理日本』一九三八年五月号）。だが、教育改革はそれに尽きるものではないだろう。

右翼学生による批判

具体的な教育改革案については、三井や蓑田よりも、彼らの影響を受けた現役東大生を含む右翼学生活動家のほうが当事者だけに熱心だった。

すでに井上義和が明らかにしているように、昭和期に入ると弾圧などによって左翼学生運動が退潮していく一方、全国の学校では国家主義団体の創立が相次いだ。特に日中戦争勃発後の帝国大学や官立高校では、学生・生徒が自発的に「下から」結集し、「日本精神」の究明を目指す教養主義的な思想団体が目立ったことが指摘されている。左翼と比べ右翼は低学歴で頭も悪いと一般的に思われがちだったが、昭和一〇年代は帝大・官立高校のエリートが自発的に右翼になる時代だったのである（『日本主義と東京大学』）。

三井、蓑田らを「道の師」と仰ぐ第一高等学校生徒の愛国団体を源流として一九三八（昭和一三）年に結成された、東大精神科学研究会もその一つである。この東大の流れは、一九四〇年に創設される全国的な右翼学生組織、日本学生協会へとつながっていく。前年、東大法学部の講義「東洋政治思想史」の講師として招かれた津田左右吉を授業後に長時間しつこく糾問したのはこのグループだといわれている。

彼らは現役東大生または直近の卒業生であるから、講義をはじめとする学生生活の記憶が生々しい。現役学生からの東大批判の筆頭に、法学部生小田村寅二郎が一九三八年に発表した論文「東大法学部に於ける講義と学生思想生活」（『いのち』九月号）がある。この論文は大きな波紋を呼び、最終的に著者小田村は退学処分となった。

槍玉に挙げられた有名教授

小田村が批判する東大法学部の講義内容には次のようなものがある。たとえば国際法講義では、横田喜三郎（戦後、最高裁判所長官）が英米やフランスを「文明国」として示す一方、「日本やイタリーの文化などはブラジルの文化に比すべきものである」と「侮蔑的嘲笑を含めた口調」で語った。日本は英米仏のような「文明国」ではなく、ブラジルと比べるのがお似合いだ、ということである。小田村にとって、ブラジルは「文化階次の最も低級な植民地」でしかなく、横田の言動は「祖国侮蔑」以外のなにものでもなかった。

また横田は、他国との条約の拘束を免れるためにはどうすればよいかという試験問題の答案に、

「自国が当事国以外の第三国に併合せられ、ばそれでよい」と書いた者が一〇人以上いたことを笑いながら紹介し、学生を爆笑させた。ちょうど日中戦争中で、多くの日本軍将兵が血を流している時である。自国（つまり日本）が外国に併合されればよいなどと笑いながら語ることは、小田村にとっては絶対に許せることではなかった。

その他、美濃部達吉の後継者である宮澤俊義の憲法講義では、最も重要な天皇大権の問題に一切言及しなかった（天皇機関説事件のあった時代状況を考えると言及は困難であろう）。

矢部貞治《ていじ》の政治学講義は西洋政治のことばかりで「日本の政治原理」には少しも触れなかった。小田村はこの論文の発表前に、何度も矢部と往復書簡を交わして政治学講義の対象から日本を除外した理由などを糾問していた。矢部はそれを受けて講義用テキストの表題を「政治学講義要旨」から「欧洲政治原理講義案」に変更し、講義で語られる「西欧的統治概念」は日本の天皇統治には妥当しないことなどを序文に明記した（日本学生協会『教育はかくして改革せらるべし』）。

また、行政学の蠟山《ろうやま》政道は、学生の質問に対して「思想問題は私の研究範囲外」と答えた。小田村は「人生観・思想問題」から離れた行政学などあり得ないと考えた。多くの「同胞」が血を流して戦っている中、東大法学部では欧米を崇拝し、祖国を侮蔑・無視する講義が大学自治の名の下に平然と行われていると、小田村は訴えたのである。

では、学生はどうか。小田村は、東大法学部生が多くの青年と同じく「情意的祖国愛」を持ち、「何んとなく時世とそぐはない大学の現状に極端な不安を感じ出してゐる」と見る。しかし、卒業のためにはカリキュラムに従って学習せねばならず、エリート官僚となるためには高等試験の受験勉強に精を出さなければならない。

そこで彼らは「要領のよい灰色道」を選ぶ。要するに、大学に対して矛盾や不満を感じてもそれを自分の問題とはしない。もちろん、これまで自分が受けてきた教育全体の反省、自分の人生の根本的再検討もしない。そういった問題と「自己の精神生活」を完全に切り離すのである。そして学生たちは「低次の自由主義」に冒された生活の中で、信念もなく法律だけを学び「法治万能思想」を身につける。

こういう東大法学部出身者が国家枢要の地位を占めている、というのが小田村の見方であった。第五章で見た、授業に出てひたすらノートを取る生活に追われ、自分自身のやりたい学問もできないと嘆く東大法学部生の苦悩と地続きになっている。

「法学部」を「政治学部」に改称せよ

小田村は、教授の追い出しや講座増設だけでは東大法学部の改革は完成できないと考えた。問題は、「人生」から切り離された学問にある。小田村らにとって学問の本質は「綜合的人生観」の追求であり、それを根本的目標に据えることが改革の第一歩となる。

小田村の具体的な改革案は次の通りである。まず法学部は「政治学部」と改称する。そもそも法律は政治のために存在するのであって、政治が法律のために存在するのではない。政治は経済、法律に先行し、優位する。政治は全体であり、法律が部分である。

ところが東大では法学部の下に政治学科が置かれ、政治学が法律学に従属している。これが人生問題、社会問題、政治問題に対する法律学教授らの「増長傲慢な態度」や「論理形式絶対尊重の思想」の元凶なので、「政治学部法律学科」と改称することによって法律学を下位に置き、これを是正する。

第二に、新しい「政治学部」は「精神科学」の学府であり、その最上位科目は「政治哲学」でなければならない。そして下位分野となった法律学科の筆頭は、憲法や民法ではなく「法理学（法律哲学）」である。

「人生そのものをありのまゝに把握」する「精神科学」の根本の目標のため、哲学は優越的地位に置かれ、諸分野がこれに従属して協力する体制を作る。最上位の「政治哲学」は自然と人生を総合的に把握してほかの法学・政治学・経済学分野を指導し、研究成果を世界観に体系化して「実人生の究極目的」に貢献する。

「精神科学」は「経験の認識内容をそのまゝの姿に於て研究せんとする」学問であるから、客観的に自然現象の因果関係を解明する自然科学や「純粋論理的思考の学」である数学とは異なり、「経験の主体たる自我」を含む全体を研究する。したがって「研究者の体験に基く人生観と道徳情操又は宗教信念と関連せしめて考察する」ことが重要で、「人生」を研究対象としないことはあり得ない。また、横田や宮澤のような法律学の教授が自己の「分裂的部分的学問」を「全体的本質的問題」であるかのように独断的に講義することも許されない。

東大は日本の大学であり、日本で生まれ育ち日本語を話す日本人が学んでいる。その日本という国の根底は、天皇を中心とする君臣関係である。天皇の言葉に従う「承詔必謹」こそが「日本に於ける人間生活の根本信条」でなければならない（日本学生協会前掲書）。よって、これを無視してデモクラシーをはじめとする西洋政治理論をもっぱら講じる政治学講義、天皇に関する条項を講じない憲法学講義などは到底容認できない、ということになる。

この論文は、右派現役学生の立場から見た東大法学部講義の実態を世間に暴露するもので、法学部教授陣は「テンヤワンヤの騒ぎ」となった、と小田村自身が戦後回想している。論文が発表された一九三八年八月は、ちょうど当時の文部大臣荒木貞夫（皇道派の陸軍大将として知られる）らが帝大その他の粛学を進めようとしていた時期で、三井、蓑田も名を連ねる帝大粛正期成同盟も活動を本格化させ始めていた。

小田村の論文は、帝大粛正を求める右翼勢力などの動きと共謀関係にあると東大当局からは受けとめられた。小田村を尋問した法学部長田中耕太郎が「師弟道に反する」という非難のほかに「外部と通謀」したことについて問いただしたのはそのあらわれである（小田村『昭和史に刻むわれらが道統』）。とはいえ、井上義和の研究によれば、蓑田などの外部右翼勢力と小田村論文との直接の「通謀関係」は認められていない（井上前掲書）。

英語教育廃止論

小田村とその支援グループが不満を感じたように、大学側は小田村の論文を思想的にも学術的にも相手にせず、学生の本分に反するという理由で処分した。つまり西洋崇拝、祖国蔑視という批判はもちろんのこと、体系や理論にとらわれる学問ではなく「人生」をこそ問うべきだ、という提言も黙殺された。

対象を客観的に把握することを第一とする学問への根本的異論だから、そもそも大学という機関で受け入れられる余地は少ない。だが、小田村らのグループは、日本人としての「綜合的人生観」の探究という主題からユニークな大学改革の提言も行っている。

たとえば、英語を中心とした強制的な外国語教育を廃止すること、その第一手段として大学入試における外国語、特に英語の試験を廃止することである。

当時の東大法学部の入試は、英語・ドイツ語・フランス語の長文和訳（いずれか一つ）が中心で、論作文が課される年も多かった。法学部教授の匿名談話によれば、高校で学んだ全科目の試験を課すことには受験生を苦しめる弊害があり、また高校時代の成績で進学先を決めることにも不公平があるからだ、という（『帝国大学入学提要』昭和十年度新版）。一高での成績と私学の成城や甲南での成績をどう比較するかは、たしかに難題である。そこで、高校の科目で最も時間をかける外国語の試験に絞るのが「比較的無難」ということになる。

小田村ら東大グループの中で、英語教育廃止を最初に提唱したのは高木尚一《しょういち》である。高木は一高で愛国主義団体に加入し、一九三二年に英語入試を選択して東大法学部政治学科に入学、三九年に卒業した（打越孝明「『学生生活』『新指導者』の執筆者情報」）。

その高木は、「大学法科入試の時何故あんなに外国語をやらなければならなかつたか」いまだに腑に落ちないと回想する。東大法学部に入るために高校三年の二学期から英語学習に忙殺され、目に映るすべての日本語を英語に置き換える習慣まで身についた（高木の受験当時は和文英訳があった)。「高校時代は思想の鍛錬を第一にやらねばならぬ時代」と考える高木にとって、この生活は大変苦痛だった。「よまねばならぬ日本の貴重な文献古典等」の読書時間がなくなるからである。高木は「日一日と腑ぬけになりゆく」のを感じた。

しかも入学後の政治学科には、外国語の教科書を使う科目はなかった。英語ばかり勉強する必要はなかったのである。高木は、大学入試を「綜合的に文化批判能力を考査する」試験に改め、日本語作文に加え、詩歌の鑑賞論評、古典読解力、西洋哲学批判、歴史学などを課すべき、と説いた(「大学入試方法批判」『学生生活』一九三九年一〇月号)。

高木らの英語教育廃止論のポイントは、次の三点にまとめられる。第一に、日本の教育における英語偏重教育は青少年から「莫大の時間とエネルギー」を奪い、無味乾燥な英文解釈が学問への関心を喪失させている。本来、英語に割かれる時間は「日本精神思想の研究」に向けられるべきである。そうすることで、日中戦争から「世界救済」へと進む「日本の根源的エネルギー」としての青少年が養成される(宮脇昌三「英語教育廃止の文化的意義」、同右)。

第二に、オクスフォードやケンブリッジが日本語一科目の入試を実施して合否を決めるなどということは絶対にあり得ないが、日本の大学、しかも東大法学部ではそれが堂々とまかり通っている。考えてみればおかしな話で、これでは日本の大学はまるで「英国の植民地」である(宮脇、同右)。語学偏重入試とは、「拝外自屈」感情の所産にほかならない(夜久正雄「教育改革の一課題としての英語問題」、同右)。

第三に、もはや「今日文化的に特に英国より学ばねばならぬものは一つもない」(高木、同右)。

日本は東洋と西洋を包摂する存在であり、西洋文化は「余すなく日本文化に摂取せられ」ている。加えてイギリスは「有色人種に対する飽くなき残虐誅求」の元凶であり、「世界人類の敵」である（宮脇、同右）。

日本の優越性をかき口説いて陶酔する右翼青年の姿が浮かび上がってくるようだが、彼らは英語教育を全廃しろと主張したわけではない。師である三井甲之の『原理日本』もそう宣言したように、日本は「東西文化融合統一」の地である。したがって、英語を媒介として「英語国民の心意」を「徹照批判説伏摂取」することも重要である。問題は、受験目的の英語偏重教育が「国民的信念感情の養成錬成」を妨害していることにあった（夜久、同右）。

実は、彼らは自分たちが世の中からどう見られているか十分に意識していた。英語教育廃止論にせよ、世間から「又ぞろ右翼がつまらぬことをいひ出した」と思われることもわかっている。「敵を知るのは百戦百勝の原理」であるとか、「外国語を排斥するなど大国民の襟度《きんど》ではない」といった反論も、百も承知である（桑原暁一「英語教育の再考を要望す」、同右）。「日本精神」を追究する自分たちが偏狭で凝り固まった集団だと見られていること、頭のよい学生は左傾化するのが自然で、馬鹿が右傾化すると思われていることもよく知っている。

しかし彼らからすれば、その認識こそが古いのである。それは「日本と云へば小さく、世界と云へば大きいと思ふ低級思想」にすぎない（小田村前掲論文）。

揺るがぬ東大至上主義

小田村ら東大精神科学研究会（学外活動団体としては東大文化科学研究会名義）に集う面々の東大観は、師である三井や蓑田がそうであるように、「日本最高の学府」である。この事実は揺るがない。田中法学部長は小田村を尋問した際、「君（小田村）の様に私立大学よりも帝大が大切だといふ様な者がゐるからこそ、官立大学独善の風評が立つのだ。実に見下げた心情だ」と叫んだ（高木尚一「学術維新の秋来れり」『学生生活』一九四〇年一二月号）。

学生側が記した尋問の模様を見る限り、小田村が私学を見下した気配はない。国家の大学としての重要性を説くあまり、露骨な東大至上主義が出たのだと考えられる。彼らの雑誌『学生生活』に寄稿する東大生とＯＢにとっても、東大特に法学部の特別な地位は自明である。加えて、官界や産業界での様子にあらわれているように、「東大法学部の卒業生が有能である」という事実も自認していた。ただしそれは「欧米的法律学」による法学部の教育がすぐれていたからではなく、単純に「有能なる人」が志を抱いて集まった結果にすぎないとされた（吉田三郎「東京帝国大学法学部の使命」『学生生活』一九三九年四月号）。

彼らは、なにがなんでも東大法学部に入りたい受験生の気持ちが痛いほどよくわかる。「東大ばかりが大学ではない、他の大学へ行け」などとは口が裂けてもいわない。「更に銘記せられよ、浪人さながらが諸君の人生であり！受験生たることそのまゝが諸君の人生であることを‼」と、覚悟と信念で受験に耐え抜くことを求めるのである（白潮「東大法学部受験生諸君に寄す」『学生生活』一九三九年新年特集号）。

教授の粛正や学風改革によって、東大を名実ともに「日本最高の学府」としなければならない――。三井や蓑田、さらに東大精神科学研究会のメンバーによる東大糾弾は、東大の至上性が前提となっている。彼らからすれば、自分も帰属する本来愛すべき組織が腐敗しきっているがゆえに、改革は死活問題なのである。

自重する東大生たち

東大生とOBで東大の学風改革を訴えているうちは、それでいいだろう。だがもし、（一高）東大発の愛国主義的運動をそれ以外に広げようとした場合、摩擦は生じないのだろうか。

一九三八年に創刊された彼らの雑誌『学生生活』は、「高等学校、専門学校、官公私立各大学在学諸兄」に広く投稿を呼びかけた。また、この年の暮れから翌年にかけて、彼らは全国の高校や大学、高商などに同志を派遣し、活発に遊説活動を展開した。七月には、全国の学生を集めて合同合宿も開催した。そして一九四〇年五月、「全国高等専門学校生徒大学学生」の交流と学術協力のため、日本学生協会を発足させた（井上前掲書）。

『学生生活』創刊号の「編集後記」は、東大関係者が雑誌編集のすべてを担っていることを認めた上で、「未知の諸兄も本誌を我物の如く考へられて心易く御投稿下さる様お願ひします」と訴えたが、東大を批判対象としながらも、東大至上主義が随所にあらわれた誌面におじけづかない学外者はどの程度存在しただろうか。

また、彼らが一九三九年の夏に遊説した二七校のうち、二一校は高校であった。東大生遊説部隊は、未来の東大生（または帝大生）になる可能性が高い若者をまずターゲットにした、ということである。九州大、大阪商大（のち大阪市立大）、京大、和歌山高商、大分高商、九州医専も訪問しているが、大分高商の訪問記に「高校大学の枢軸はやがて高商、高農、高工、高師等々一切の専門学校にまで拡大されねばならぬ」と書いたように、あくまで「枢軸」は「高校大学」である。大学については、九州大では手応えを得たものの、大阪商大では「思想的団結」と「情熱や感激」の弱さを感じ、三高と京大に関してはまるで訪問の効果がなかった。

表向きの態度はわからないが、基本的に彼らは上から目線で地方の学校を見ている。最初に訪問した仙台の二高では生徒主事を難詰して「自己の思想の浅薄なること」を悟らせ、弘前高校では「中央の高校と同じレベルに引き上げてやる」必要性を痛感した。もちろん、彼らは熱意と共感を示す生徒や教職員に出会えばひたすら感激し、また「学生は一なり」と絶叫する（「全国学生歴訪同信世界開展記」『学生生活』一九三九年八月号）。

だが、東大での運動が原形となっている以上、いくら「天皇の赤子としての内的平等感」を唱えたところで、指導―被指導関係は現実社会と同様、東大優位となるのではないだろうか。

一九三九年七月、神奈川県で実施された合同合宿の参加校は、全国遊説先よりもバラエティに富んでいた。二六校中、高校は半分の一三校にとどまり、本丸の東大を除けば台北・大分・山口・福島の高商や、東北大、早稲田、慶應、東京美術学校、民間錬成団体などからも参加があった。一五〇人弱の参加者が一一班に分かれて活動し、禊ぎや明治天皇御製拝誦、運動の指導者である田所廣泰や原理日本社の三井、蓑田ほかゲストの講演、草むしり、剣道、討論、歌作、イギリスや自由主義の排撃を叫ぶ学生大会の開催などに精を出した（「全国学生夏季合宿訓練記録」『学生生活』一九三九年九月号）。

当然のことながら、この合宿の本部員そして班長の大半は東大出身者および在学生で、筆頭リーダー格の田所は運動の源流である一高昭信会以来の指導者だった。

しかし、一高・東大起源であるがゆえに、運動の広がりを意識すればするほどそれ以外の人々への配慮が必要になってくる。合宿初日、幹部たちは就寝後に一高からの参加者だけを起こした。その上で「セクト的態度」を取らないよう厳しく注意し、「今回の合宿は我ら今日までの運動の興亡を賭してゐる故謙虚な態度で最後まで頑張り通す様」に説諭した。運動の本流であり学力も高い一高生が、地方の高校生や高商生、民間錬成団体出身者などを見下したり、東北大や早慶出身の班長を侮ったりすることを恐れたのだろう。そんなことをされたらまさに「運動の興亡」に関わる重大問題になりかねない。

「学校新体制」と運動の終わり

このような視点から彼らの思想と運動を見ることは卑しいことで、愛国の至情を侮辱する行為かもしれない。だが、当時から運動になんらかの違和感を持つ者がいたことは、他大生の文章からも読み取れる。

早稲田から運動に参加した葛西毅夫は、「現代に於ける私学の社会的地位は官学に比し一段低く考へられて居るのですが官立の地位が私立より一段と上であるといふ考へ方は実に根拠のないこと」という。だがその葛西にしても、「早稲田界隈をアミーバの如く右往左往する無気力なる学生を見る時、私大は怠け者の集合所であると言はれるのも仕方がない」とは思う。最終的には「日本の学風といふは帝大によつて代表されて居る」という事実を認めつつ、「全国に戦ひつゝある同志諸兄よ、外的差別は一切排して一向直進せむ！」と団結を呼びかけたのである（「早大だより」『学生生活』一九三九年一二月号）。主戦場の東大とそうではない早稲田の違い、ということを、強く意識せざるを得なかったと思われる。

専門学校生も違和感を持った。『学生生活』の表紙にはもともと「全国大学・高校生執筆」と書かれていたが、やがて「全国大学・高専生執筆」に改められた。変更直後の号には、東京高等農林学校の生徒による「大学、高校専横を排す」という苦情の投書が掲載されていた。こういう声に対する東大関係者の配慮は迅速で丁寧である。この東京高農生も「東大農学部と駒場時代に関係深かりし農大実科の後身」と母校を紹介しているので、やはり東大との距離感は気になっていたようである（「読者より」『学生生活』一九三九年七月号）。

全国の大学生や高等専門学校生の組織である日本学生協会が結成された際には、中等学校卒の運輸会社の社員から「かくの如き運動は学生に限定せず、あらゆる階級の青年に解放していたゞきたい」との希望が寄せられた（「講演会感想抄録」『学生生活』一九四〇年七月号）。

実のところ、東大（帝大）の学風改革という実際運動への参画は、早慶の学生にも専門学校生にもハードルが高い。後者自身の課題は、東大からトリクル・ダウンした各校の「容共赤化」を撃つという副次的な課題である。それ以外の青年大衆となると、そもそも関係がない。もちろん、祝詞《のりと》、明治天皇御製拝誦、和歌の創作と鑑賞、古典の研究などを同志とともにする「同信生活」は開かれているだろう。それにしても読解力などに差が出ることは大いに考えられる。

東大・帝大の学風を改革する運動と祖国日本への強い信仰を共有する運動の双方で主役を果たしうるのは、やはり東大・帝大の出身者にならざるを得ない。永井道雄が明治期の日本の高等教育を評してそういったように、東大を頂点とする官学が「将校」を、ある程度の私学が「下士官」を輩出する構造に近似する（「知識人の生産ルート」）。

日本学生協会の運動は、それなりの広がりを見せた。一九四〇年七月に長野県の菅平で開催された合同合宿には八四校から三九一人が参加し、前年の規模を大幅に超えた。指導部は概ね東大出身者だったにせよ、現役東大生の参加者一六に対し、早稲田二四、新潟高校二二、佐賀高校一九、山口高商一八、福島高商一七と、私大や専門学校が数で凌駕した（小田村前掲書）。

だが日本学生協会の運動は、早々に文部省主導の「学校新体制」と衝突し、後退を余儀なくされたことが井上らの研究によって知られている。校内団体をすべて解散した上で新団体を設立、一元的に学生・生徒の活動を統制する「学校新体制」の動きは、全国各地で日本学生協会系の「同信団体」への迫害を引き起こした。一九四一年三月、東大でも日本学生協会への学生の参加が禁じられ、東大精神科学研究会は学内団体として不認可となった。田所廣泰を理事長として同年に設立された精神科学研究所も、太平洋戦争下で東條英機内閣の戦争指導を批判したことから、一九四三年、憲兵隊に一斉検挙された。そしてこの年の一〇月、日本学生協会も精神科学研究所も解散となった（井上前掲書、宮崎ふみ子「東京帝国大学「新体制」に関する一考察」）。

「思想の戦士」の学徒動員

一九四三年一〇月は、学生・生徒の軍への徴集猶予が停止され、いわゆる学徒出陣が始まった月である（神宮外苑の出陣学徒壮行会は二一日に挙行）。学徒勤労動員は日中戦争期に始まっていたが、一九四四年の春から中等学校以上の生徒はすべて常時労役に動員されることになった。

日本学生協会に結集した人々も多く戦没したことは、戦後に小田村らが編纂した遺詠・遺文集『いのち ささげて』にも明らかである。この遺文集の特徴は、病死した同志も戦没者と同様に掲載していることである。彼らの自意識はもともと「思想戦」を戦う「文化の戦士」であった。したがって運動の中で病死した者も「戦死者」ということになる。田所がそういったように、「思想戦」を担う「最高の知識階級」であることを目指した彼らにとって、下級将校、下士官、兵士としての役割、ましてや労務者としての役割は、決して本意ではなかっただろう。

一九四一年五月、松江高校在学中に病死した藤原邦夫は、食糧増産などに「学生をかりだすのは船来の出鱈目《でたらめ》」と死の一月ほど前の日記に書き残した。明治天皇御製にも「おこたらず学びおほせていにしへの人にはぢざる人とならなむ」とある。藤原は、「勤労はよいけれども命ぜられて働かされるのは学生のとる所ではない」と考えた（『いのち ささげて』）。

最後まで「文化の戦士」であろうとした彼らの願いとは裏腹に、動員の叫びはなりふり構わぬものになっていった。一九四四年の雑誌では、勤労学徒を受け入れた日本光学工業（現・ニコン）人事課長が「学徒の矜持」という言葉に噛みついている。学生としての誇りなど、「寸尺たりとも職場には容れられない。職場では『俺は工員だ』以外はないのである」。

工場で働くからには工員であり、世間からも工員と見なされるからこそ「強靱な工場生活」が成り立つ。「学徒の矜持」など邪魔でしかない。社会学者の清水幾太郎ですら、学力低下はこの際構わないから勉学を中止して「勤労一本槍」で行くべき、と説いていた（『青年読売』一九四四年六月号・九月号）。

二人の「東大出の兵卒」

軍隊特に陸軍が、学徒や大学出身者にとって過酷な場所であったことはこれまでも指摘されてきた。陸軍では、幹部候補生になるにせよ、最初数ヶ月間は兵として入営しなければならない。高田里惠子は、若い高学歴兵士がそこで学歴のない古参兵らの「ルサンチマンと悪意」に遭遇したことを、数多くの体験談を検討しつつ示している。上級学校で学び輝かしい進路を約束されたエリートが、学のない民衆の嫉妬（や羨望）に包囲される、という構図である。

その中でも、東大生・一高生に対する風当たりは非常に強く、激しい暴力の対象になることが多かったという（『学歴・階級・軍隊』）。

高田の例示する学徒兵らの体験談で興味深いのは、なにか失敗や不手際があるたび、東大の学生のくせに、とか、大学まで行ってて、という侮蔑がついてまわったことである。一高に入れる学力があったからといって、軍隊に適した能力や体力があるとは限らない。もちろんその「特権」性についての嫉妬や羨望はあるだろうが、昭和戦前期までにはすでに、学歴は職務能力と関係がない、とか、労働や社会運動の経験は大学での学びなどよりはるかに価値がある、といった見方が数多く提供されていた。前章で見た一部のアナキストのように、東大を出ていることを罪悪視する者までいた。軍隊での生活に慣れた兵士が、しくじりを繰り返す高学歴兵士を侮蔑する土壌は十分にできあがっていたと見ることができよう。

一九四四年、三〇歳の時に二等兵として召集を受けた政治学者の丸山眞男は、当時東大法学部助教授であった。東大教授・助教授が二等兵で召集された例はない。ご多分に漏れず「総員ビンタ」などの体罰を受けた丸山だが、「軍隊に加わったのは自己の意思ではないことを明らかにしたい」と考え、幹部候補生にならず兵卒のままであることを選んだ。丸山にとっての軍隊とは、「異質なもの」との葛藤に苦悩する場であり、その暴力の構造に冷たい目を向け続けた（苅部直『丸山眞男』、『丸山眞男座談』）。

同じように兵卒であることを選んだ東大出身者に、日本学生協会の指導者の一人だった近藤正人《まさんど》がいる。一高昭信会から東大文学部を経て運動に従事した近藤は、一九四四年の暮れ頃にマニラで戦死したと見られる。当時二九歳、丸山の一つ下である。

近藤は、教育召集で見知らぬ上官から「おめえは本当によくやるな。感心な奴だ」と賞賛されるほど懸命に尽くし、除隊時には初年兵代表まで務めた。だが彼は、連隊長の勧めも聞かず幹部候補生を志願しなかった。一兵卒として戦い、戦死したのである（『続 いのち ささげて』）。

近藤が兵卒であり続けた理由は、おそらく丸山眞男のそれとは異なっている。近藤は、多くの名もなき兵士たちとともにある世界、彼自身の言葉を借りれば、「団体的協力の所産としての共感の世界」にとどまり続けることを選んだのだろうと思われる。エリートが真に国民大衆と和合するには、命がけの努力が必要ということかもしれない。

終章　「反・東大」のゆくえ——東大の「解体」と「自己変革」

昭和44年の安田講堂事件（時事通信フォト）

「消えた特権」と「強まる信仰」

明治・大正期の東大出身者には、たしかに文官高等試験や判事検事登用試験における免除といった実質的な「特権」がないわけではなかった。しかし、それらの「特権」は、抵抗者たちの運動もあって消滅するか、ほかの学校にも拡大された。出身大学によって初任給に格差のある時代もあったが、戦時体制の中で平準化されていった。

今日、具体的に確認できる東大や旧帝大の「特権」はない。就職試験には「学歴フィルター」があるといわれているが、かつては見下される対象であったような学校群も巷間出回る「フィルター」通過リストには載っており、それほど大げさなものではなさそうである。

戦後長い間、エリート官僚の世界は東大、特に法学部出身者で占められていたことはよく知られている。だが建前上、大卒程度を対象とする公務員試験はすべての大卒（予定）者に開かれており、合格点を取れば合格でき、所定の選考を通過すれば入職できる。そうこうしているうちに、いまや優秀な東大生が官僚になりたがらなくなった、といわれる。

一方で、公務員試験に合格できないどころか就職活動で連戦連敗の東大生も多数存在し、東大卒無職や東大卒ワーキングプアなどがネットニュースの餌食になっている。実利面でいえば、現代の東大卒の肩書はおそらく想像以上に効果がないと考えられる。

にもかかわらず、テレビ、新聞、雑誌、ネットでは、毎日大量に東大と東大生にまつわる情報が提供されている。しかも、本書で見てきたような批判や敵対、誹謗中傷は、現在ではほぼ見られない。政治家はもちろんのこと、官僚や学者のイメージが暴落を続ける中でも、東大と東大生のイメージは低下を免れ、ますます人々の憧憬を集めているようにさえ見える。

「特権」は実在せず、東大を出ることの実利がかつてほどでもないのに、なぜ東大はありがたがられるのか。そこが本書の最後の関心である。

新制大学の発足

一九四五（昭和二〇）年、戦争に敗北した日本は、米国を主体とする連合国に占領された。GHQの指導下で推進された非軍事化と民主化は、もちろん教育にも波及した。軍国主義に親和的な教職者の追放や、航空学科など軍事につながる学科の廃止はその代表的な例である。

ということは、軍隊や内務省が解体されたように、帝国大学そのものが解体されてもそれほど不思議ではなかった。敗戦からおよそ四半世紀がすぎた頃、東大出身でパリ在住の哲学者森有正は、「どうして東大だけが、旧日本の中で解体を必要としないものでありうるだろうか」と問いを投げかけた（『朝日新聞』一九六八年一〇月一六日）。

米国政府やGHQは、日本の教育の中央集権性や、少数エリートの特権性、官立・私立の差別などの問題を認識していた。当然、戦時体制を作った官僚の主要供給源である旧制高校―帝大ルートに対しても批判的な認識を持っていたという（『東京大学百年史』、天野郁夫『帝国大学』）。

GHQの要請で来日した教育使節団の報告書は、「少数者の特権と特殊の利益が、多数者のために開放」されるべきと説き、「帝国大学卒業生に附与されてゐる優先的待遇」の是正に言及している（「米国教育使節団報告書」）。大学の数を増やして広く門戸を開放し、多くの者が高度な知識を身につけられるようになれば、東大生ばかり優遇されることもなくなる、という意味に解することができる。

新制大学が大量発足した直後の一九五〇年頃には、大学に関するさまざまな未来予測があった。のちに早稲田大学政治経済学部の名物教員となる科学史家の筑波常治《ひさはる》は、次のように回想する。

文部当局は、「これからは、古い大学も、新しい大学も、すべて平等になる。」と、当局の方針を強調した。予備校の教師は、「数年たてばもとどおり、旧帝大がよくなるから、無理してもそこへゆきなさい。」と、おおいにアジりたてた。私学関係者は、「今後は国立よりも、伝統を重んじる私立の方が、程度が高くなる。」と、アメリカの場合を例にひいて、さかんに宣伝した。（『破約の時代』）

第一の予想は、平等化説である。新制国立大学はたしかに制度上旧帝大と同等であり、「帝国」という仰々しい言葉も取れて東京大学、九州大学、山形大学、と地名がつくだけになった。すべてが平等になるという解釈にはそれなりの説得力がある。少なくとも、自分にそういい聞かせる材料にはなろう。

第二は帝大復権説で、こちらが一番現実に近い。寺﨑昌男が指摘するように、大学間の格差が

「重層的に顕在化」していくのが戦後大学史の実態であり、国立大学では旧帝大と新制国立大学の間には歴然とした差が出た（『日本近代大学史』）。

第三は私大逆転説で、米国が私大の天下だから日本もそうなるだろうという説である。戦前から資本主義の真の「精神的寵児」は私学であり、国家の論理で教育する官学は「継子」にすぎない、という見方も存在していた（丸山幹治「官学整理論に就て」『京都帝国大学新聞』一九三三年二月五日）。

戦後も維持された東大覇権

現実には、東大を頂点とする大学の序列は維持された。天野郁夫らの研究に依拠してその過程を概観してみよう。

敗戦後、文部省は帝国大学の整備拡充に乗り出した。文・法・経・理・工・農・医を備える総合大学は東大と京大しかなかったため、文系学部のない北大・名古屋大・阪大にそれを設置するなどして、まず旧制のうちにいち早く帝大を総合大学化しようとした。

その後、「一県一大学」原則の下で、旧制官立大学や旧制専門学校、旧制高校、師範学校を統合して各県に一つの新制国立大学を作った。国立の「総合大学」は旧帝大だけで、地方新制大学はいわば寄せ集めの「複合大学」である。しかも、旧帝大では教授―助教授―助手をワンセットとして一講座を構成する「講座制」が維持されたのに対し、一部の旧官立大や医学部・歯学部を除き、その他の大学では科目に応じてポストを設置する「学科目制」が採られた。

講座制の大学には教育機能に加えて研究機能が期待され、大学院博士課程も設置されて研究者養成も託された。一方、学科目制の大学はもっぱら教育のための組織と割り切られた。予算面でも講座制の大学とそれ以外では雲泥の差が生じた（『新制大学の誕生』『帝国大学』）。

地方新制大学の母体の一つである師範学校が高等教育機関と見なされていなかったことから、大学昇格は「二階級特進」だ、とか、県下各地の学校を統合したためキャンパスが分散していることから「たこの足大学」、駅弁のある駅には国立大学があることから「駅弁大学」、といった揶揄が生まれた。その一方で、研究機能や研究者養成機能を持つ旧帝大や一部の旧官立大が、その地方にある新制大学の教員ポストに強い影響力を持ったことは周知の事実である。たしかに大学はたくさんできたが、十全な機能を持つ大学は限定されていた。

私立大学はというと、たしかに発展はした。寺﨑昌男によれば、一九五九年から一九七四年の一五年間で大学の総数は二三九校から四一〇校に、大学在学生は約五七万人から約一五九万人に急増した。この膨れ上がる学生数を吸収したのが、年平均一〇校以上のペースで新設された私立大学である。

「日本の大学教育の八割は私学に担われている」のが実態だが、教育設備は在学者数に比して劣悪で、図書館が狭く椅子一脚に学生数六九人とか、水飲み場の蛇口一つあたり学生二五〇人といったことが話題になる始末であった。私学に対する国庫補助が始まるのは一九七〇年のことである（寺﨑前掲書）。なお、大学学部生のうち八割が私学に属しているのは現在も同じである。

打倒東大を叫んでみたりすることがある早慶などごく一部の私大も、アイビー・リーグのような寄付金を集められるわけでもなかった。国家による補助も社会からの厚い支援も欠けた状態の中で、格差が固定化していったと見ることができる。

四つの東大コンプレックス解消法

戦前の学校体系は複線的で、人材育成目的も就学期間もまちまちだったが、戦後は六－三－三－四の単線的進学ルートに統一された。誰でも大学まで進めるようになった一方、学校を横に並べて比較することも容易になった。

戦前の場合、年齢も進学ルートもバラバラの帝国大学と専門学校と師範学校の優劣を比べてもあまり意味がないが、同じ「大学」であれば小さな差異まで比較検討される。前出の筑波常治は、新制東北大学の農学部に入学したが、同級生たちの東大コンプレックスに「唖然となった」という。筑波自身は、東大と地方旧帝大の差は月にたとえると「十五夜と十三夜」程度だと考えていた。だが、どうも周囲は「太陽と三日月」だと思っているようなのである。

筑波が観察した東北大生の東大コンプレックス解消法は四つある。第一は、開きなおって東北大の優秀さをひたすら強調することである。だが、これには「たえず誇大宣伝をやっているという後めたさ」がつきまとう。

第二は、東北大卒でも努力次第では東大卒を凌駕できると自分にいい聞かせ、東北大出身の成功者を思い浮かべることである。たとえば東北大出身で東大教授やがて総長となる茅誠司など。このやり方だと、やはり東北大は東大に比べて人材が少ないという結論に終わる。

第三は、京大以下の地方帝大、一橋、早慶など比較対象になりうる大学の欠点をあげつらい、優位を誇ることである。だが、この種の大学に見出される欠点は東北大にも共通することが多く、結果としてヤブヘビになる、という。

第四が、東北大よりはっきり「劣っている」と思われる大学を相手に優越感を振り回すことである。その対象に選ばれがちなのがいわゆる「駅弁大学」であった。「東大その他のまえに、はっきりカブトをぬぎ、それによっておこる劣等感を、田舎の新制大学その他にたいする優越感でおぎなって、感情のバランスをとる」（筑波前掲書）。

東北大の教授、学生、出身者にはこの第四のパターンが多かったというのが筑波の観察である。筑波もそういうように、この思考法は東大を頂点とし地方新制大学や短大を底辺とする序列構造を生み、自分より上の大学には羨望を、下の大学には軽蔑の念を抱く心理状態を連鎖させる。大学序列の底まで行き着くと、その歪んだ感情は高卒者に向けられることになる。新制大学の成立によって誰でも大学に進学しやすくなる一方、各大学間に抗うことが困難な序列が形成され、可視化されることにもなった。

一九七〇年、ＯＥＣＤ（経済協力開発機構）は日本に教育調査団を派遣した。元駐日米国大使のエドウィン・ライシャワー、日本研究者のロナルド・ドーア、元仏首相エドガー・フォールら錚々たる調査団員の大きな関心の一つは、頂点の東大（と京大）から末端の私大にいたる「社会的評価によるきびしい上下の序列」であり、「十八歳のある一日に、どのような成績をとるかによって、彼の残りの人生は決ってしまう」大学受験の過酷さにあった（『日本の教育政策』）。

三木清が説いた一極集中の論理

それにしても、東北大という立派な大学に進学してもコンプレックスから逃れられないのは深刻である。この背後には、東京と地方の格差が大きく影響していると考えられる。筑波自身、仙台でやたらと「都落ち」の理由を尋ねられたという（筑波前掲書）。

単純な話、東大は東京、しかも都心にあることによって東大たり得てきたといえる。すでに見たように、昭和戦前期、全国の旧制高校生の進路志望は東大一極集中の様相を呈していた。一九三六（昭和一一）年、哲学者の三木清はその原因について根本的な考察を加えている。

三木は「学生の東大集中には十分の理由がある」という。だがその理由は、東大の整った設備やすぐれた教授陣、教育内容では必ずしもない。高校生が教育内容に関心を持っているかどうかは、実のところ怪しい。東大に人気が集中するのは、「今日の日本では凡《すべ》ての文化が殆ど東京に集中されてをり、文化生活の豊富さにおいて他の都市は東京とは全く比較にならぬ」からだ、というのが三木の見立てである。

娯楽や遊興の豊富さといった卑近な話だけではない。勉学についても、東京は「知的文化的生活」を提供してくれる唯一の都市である。「学生は単に学校でのみ学ぶものでなく、また社会から学ぶものであり、そして東京の如きは都市そのものが大学である」。入手できる書物、鑑賞できる芸術作品、そして、その気になればたやすく接触できる知識人・文化人の数を見ても明らかだろう。

一方、「地方には殆ど文化都市といふものが存在しない」。「東大集中」は、政治・行政だけでなく文化も東京に一極集中したことの結果である。「東大を出ることと東京にゐること」は卒業後の就職においても有利なので、浪人してもそれを上回るメリットがある（「東大集中の傾向」）。

三木は、地方大学への転学促進による東大集中緩和策に否定的だった。学生が大学を移動できるドイツには地方に文化の香り高い大学都市が存在するのに対し、日本の場合は冴えない地方都市に大学が所在しているにすぎない。学生に自主的な都落ちを期待するのは無理がある。三木の東大集中緩和策は、結局のところ私立大学を改善して帝大並みに引き上げることだった。私大の多くは東京にあるので、これは東京一極集中の抗いがたい現実に即した解決策だといえる。

関東大震災と東大の危機

東大と東京との密接なつながりを物語る前例がある。一九二三年に発生した関東大震災である。死者・行方不明者総数約一〇万五〇〇〇人、当時の東京市一五区の六六・五パーセントを焼失させたこの震災は、東大にも大きな被害を与えた（武村雅之『関東大震災がつくった東京』）。工学部や医学部の実験室などから出た火が燃え移り、震害を含めて本郷キャンパスの建物の三分の一が失われたという（『東京大学百年史』）。

震災直後、東大は研究・教育機関として当面立ちなおれないのではないか、という見方が広がった。とりあえず学生をほかの帝大に転学させるアイディアも浮上し、九州大では東大工学部の学生を引き取る案が協議された（『大阪朝日新聞』九月一二日）。東大当局も乗り気で、転学希望者について、東大に在籍したまま京大や東北大で勉学を続けられるよう便宜を図る決定を下した(『東京大学百年史』)。

ところが、転学希望者はほとんどいなかったようである。『東京朝日新聞』は、「焼けても恋しい 東京の帝大 地方の大学へ転校者尠《すくな》し」という記事を掲載し、転学希望がごく少数にとどまったことを報じている(一〇月一一日)。七五万冊の図書館蔵書が燃え、実験設備が焼けてもなお学生は東京、東大にいることを選んだということだろう。三木が東大一極集中の背後に見た東京の魅力の強さの一例といえる。

東大側もこの点には自覚的だった。関東大震災の後、この際東大を郊外に移転させる案が浮上したが、学内からの強い反対もあり、頓挫した。文学部教授の松本亦太郎《またたろう》によれば、東大の指導的役割は東京都心に位置することによって維持されている、というのが大きな反対理由である。「伯林《ベルリン》に伯林大学の光があり、巴里《パリ》にソルボーン〔ソルボンヌ〕の光が輝く如く、東京に東京帝国大学の光が無ければならない」と移転反対者はいう。

なにより、東大が郊外に去った隙をついて私学が躍進する懸念がある。「若《も》し東大が十哩以外の圏外に退くなら、私立大学が却て都会活動と密に接近し従来東大が尽してゐた所の任務に当る事になり、東大は頗《すこぶ》る不利の地に立つ事になる」(「災害と東京帝国大学」『大正大震火災誌』)。

裏を返せば、東大に打撃を与えようと思うならば、まず東京都心から引き離すのが有力策になりうる、ということでもある。

田中角栄の東大移転論

東大の地位を脅かしかねない都心からの移転案は、高度経済成長期にも浮上した。戦後の東大移転案というと、七〇年代後半に登場した米軍立川基地跡地への理系学部などの移転案（頓挫）が知られるが、それ以前に田中角栄が主唱していたことは意外に忘れられた事実である。

池田勇人内閣で大蔵大臣を務めていた田中は、一九六四年の参議院大蔵委員会で、「東京や大阪にある大学」を「理想的な環境」に移転させるアイディアを語った。「大蔵省の諸君は大体東大の出身者ですから、自分たちの学校を移そうなんていう気にならぬ」ので田中が独自試算し、東大移転に最低六〇〇〇億円、世界的な大学にするためには一〇〇〇〇億円かかるとの見方を示した。この年設置される国立学校特別会計を推進する理由の中で述べられたものである。

田中の東大移転案は新聞各紙で報道されたが、大蔵・文部の事務当局は、予算が膨大な上に東大側が移転を望んでいないとして打ち消しにかかった（『朝日新聞』三月三〇・三一日）。だが田中は手を緩めず、東京の過密解消のための中央省庁移転を検討する内閣の方針に乗じて、東大などの地方移転をぶち上げ、具体案を検討することが閣議で了承される（同六月一六日）。

翌一九六五年、佐藤栄作内閣でも蔵相に留任した田中は、学校の地方移転に国からの借入金を認める国立学校特別会計法改正案の国会提出の際、記者会見で「東京大学移転の機が熟した」と語った。田中は、大河内一男東大総長が文部大臣を訪ねて移転賛成の意思を示したこと（愛知揆《き》一《いち》文相は「〝移転のムード〟だけはできた」と発言）、すでに山梨県では富士山の裾野三三〇〇万平方メートルに東大を誘致する動きがあることを示し、本郷は医学部だけ残して総合医療センターにするべき、などと語った（『読売新聞』『朝日新聞』一九六五年二月二日）。

実のところ東大側は、過密解消を目的とした移転には反対であり、全面移転も考えていなかった。田中の前のめりは、用地に絡む思惑もあったのかもしれないが、東大移転が田中自身の提唱する「列島改造論」的構想の一部であることが大きい。

のちに刊行される『日本列島改造論』は、大都市の大学が「名声と人材」を集める一方で地方大学が停滞していること、東京への大学集中が人口集中の一因であることを指摘した。そこで、東京の大学を「地方の環境のよい都市」に分散するとともに、まったく新しい「学園都市」も建設する。田中は、最新学術情報へのアクセス環境、教授が長く定着できる居住環境などを整備すれば、地方小都市であっても「世界的な水準の教育の場」になりうると説いた。

同時に、現在の地方大学を「特色のある大学」に変える必要もある。その地方大学でしか研究できない分野があれば、研究者や学生はイヤでも東京を離れて地方に移らざるを得ない。太平洋ベルト地帯の大都市に集中した産業と人口を地方に分散させ、高速道路・高速鉄道のネットワークでつなぐ「列島改造論」そのままの大学改革論である。

一九八五年、脳梗塞で倒れる七日前のインタビューでも、田中はかつての東大移転論を蒸し返した（この時は「富士山の麓はうるさいから、赤城山麓でもいい」と発言）。本郷の跡地を医療センターにする案も以前と同じで、「そのときになれば全部テレビで脳外科の手術ができるようになります」とも語っている。本人の前途を考えても含蓄のある発言である（「発病直前に怒りを爆発！田中角栄「国鉄廃止なんて愚の骨頂だ！」」『現代』八月号）。

田中の東大移転論は、大学の自治が重んじられる時代には実現困難である。当時の文部省も東大当局も、移転には東大側の自主的な立場、自主的な拡充計画が不可欠と考えていた（『朝日新聞』一九六五年二月二日）。だが、もし今後東京で巨大災害が発生するなどして、停滞した首都機能移転論が再び盛り上がれば、東大はどうなるだろうか、という想像を喚起する話ではある。

全共闘における東大

戦後の東大の深刻な危機といえば、六〇年代後半の東大紛争（東大闘争）である。これに関してはおびただしい数の書籍があり、またさまざまな学問分野で研究対象にされ続けてきた。本書の関心は、この紛争が東大という機構に対してどの程度脅威となり得たか、というところにある。

研修医制度をめぐる医学部の問題から始まった東大全共闘の運動は、教授と学生との権威的な支配・被支配関係や、硬直した大学管理のあり方を改革する民主化闘争の枠組を越え、「大学解体」（「東大解体」）や「自己否定」という言葉に象徴される思想運動的な性格を強めたことが指摘される（小熊英二『1968』など）。「大学解体」とは要するに、日本資本主義を支える学術成果を生産し、また支配体制にエリートを供給する機関としての東大を解体する、ということであり、「自己否定」とは、その東大で学び、エリートとしての輝かしい未来を約束された自分自身を否定する、という意味と解される。

明治以来、東大が日本の国家・社会を指導する人材を養成する機関であり続けたということは、同時に日本近現代の負の側面にも重大責任がある、と考えることができる。

企業の発展の背後には、すり潰されるようにして死んだ無数の労働者がおり、開発の背後には土地を奪われた農民がいる。公害に苦しむ住民もいる。

植民地支配や対外戦争もある。日本は中国侵略に始まるアジア・太平洋戦争を引き起こした国であり、おびただしい数のアジアの人々が抑圧され、命を奪われた。戦後の日本には米軍基地が存在するが、そこからはベトナムに向けて多数の爆撃機が飛び立った。日本は米国の共犯者である。そればかりか、昔日の夢を追うかのような再軍備も企んでいる。

過去・現在・未来にわたって抑圧と不正を繰り返す日本政府や日本企業のリーダー、企画立案者はどこから生まれるかというと、多くが東大から生まれる。加えて、莫大な利潤をもたらす新技術や発明、従順な労働者を育成する労務管理理論や教育論、企業に酷使されてボロボロになった労働者を治療して現場に送り返す最新医学も、東大から生まれる。

このように考えたとすれば、東大は資本主義や帝国主義の抑圧に苦しむ全人民の敵であり、「東大解体」は人民の解放のために必要不可欠だという理屈が出てきても不思議はない。

民青と全共闘の対立点

では、「東大解体」の担い手は誰か。これが東大「改革」や東大の「民主化」であった場合、その担い手は当然東大の教員や学生ということになるだろう。現に、日本共産党・日本民主青年同盟（民青）系の「民主化」運動は、「全東大人の総団結による東大問題の自主的解決」を訴えた（『勝利へのスクラム』）。東大における大学自治や学問・研究の自由、教育・研究条件が問題なのであれば、それはたしかに「東大人」自身の課題でしかない。

一方、民青系が「他大学の暴力集団」を引き入れていると批判した東大全共闘の「東大解体」は、突き詰めれば誰でも参加可能な間口を持つ。ゲバルト（暴力を意味するドイツ語）で勇名を馳せた東大全共闘の女性闘士「ゲバルト・ローザ」こと柏崎千枝子は次のように語った。「われわれは今までみずからも知らず知らずのうちにその毒に染まってきた「東大ナショナリズム」と闘うし、「東大闘争」とは「東大生による闘争」という意味ではなく、「全人民による東京大学の死滅、解体に向けての闘争」という意味になるようがんばるだろう」。柏崎にとって、東大の「改良闘争」には意味がない。東大が存続する限り「人民を抑圧し、支配する〝権威〟の象徴であり、その傭兵をつくり出す機関」であることは変わらないからである。「東大を根底から解体し、破壊する」ことを柏崎は主張した（『太陽と嵐と自由を』）。

その柏崎の最も憎む敵の一つがほかならぬ民青である。「他大学生は帰れ！」「東大の問題は東大で解決する」という民青の呼号は「極めて右翼的、排外主義的煽動」であり、「東大生の最も醜い他大学生蔑視の風潮」につけこむものだ、と柏崎はいう。

現に、東大闘争には政治党派（民青も含む）の動員などによって多数の「外人部隊」、つまり学外者が参加した。東大全共闘と並び称される日大全共闘も応援出動し、東大構内における民青との武力衝突やバリケードの構築で活躍したことはよく知られている。

「ゲバルト・ローザ」と日大全共闘

しかし東大全共闘と日大全共闘は、彼ら自身そう認識していたように、性質が異なっていた。東大が「ブルジョア支配権力の大学における象徴」「官僚・エリート育成の場」であるのに対し、日大は「独占資本と癒着し、中堅労働力育成のために、営利主義を貫きつつ、徹底して恐怖政治的学生自治弾圧をなしてきた」大学である（「11・22東大＝日大闘争勝利全国学生総決起大会に結集せよ」）。日大全共闘の東大闘争への参加は、一〇万学生を抱えるマンモス私大が生み出す未来の「中堅労働力」が、「官僚・エリート育成の場」である東大の解体に参加したことを意味する。

前述の柏崎は、二〇億円の使途不明金問題を発端とする日大生の決起に強い衝撃を受けた。東大教養学部から大学院に進んだ柏崎自身、日大生を「ポン大生」と呼んで小馬鹿にしていた過去があることを認め、深く恥じた。

それ以降の柏崎が東大の教官や民青、ノンポリ東大生への敵意をむき出しにする一方、日大生に対する愛着を深めていったことは興味深い。「実際、私はなぜだか知らないが、日大の連中がとても好きなのだ。飾りっ気がなく率直で、そのうえ、やるときは徹底的にやる、そんなところがひどくピッタリくるのだ。理屈は人並み以上にこねても、いざというときは、ちっとも動かなくて頼りにならない東大生の一般的な欠点を、日大の学友といっしょにいると、とくに強く感じさせられる」（柏崎前掲書）。

日大全共闘が他大学、特に東大全共闘と比べて「弾けたような明るさ」を持っていたことについては、多くの証言がある。同時に、柏崎がいうところの理屈ばかりの東大生には、闘争の具体的な局面で役に立つ日大生への「恩義」もあった。二〇一四年に開かれた各大学全共闘経験者の座談会で、東大全共闘の片桐一成は、東大全共闘から日大全共闘に対して「いろんな要請」があっただろうと回想した。安田講堂などのバリケードの強化と防衛、民青とのゲバルトへの支援などがその代表例である。日大全共闘の三橋《みはし》俊明は「〔東大全共闘から〕いつも、最初に突っ込んでくれって言われました」と語った。

三橋に対して東大の片桐は「たいへんお世話になりました。おそらく東大全共闘が日大全共闘に対して同じようなお世話をしたことはないんじゃないかと思うんです」と応じたが、三橋は「はっきりいって、何もなかったんじゃないですかね」と答えている（『日大闘争と全共闘運動』）。東大全共闘と日大全共闘の関係は非対称的だったのである。

日大全共闘が東大闘争にのめり込んで肝心の日大生からの支持を失っていったことについては、当事者を含めて多くの指摘がある（小熊前掲書）。日大闘争とは、営利主義的で非民主的な大学運営や、大量入学の学生に対する質の低いマスプロ教育などへの怒りがその原点であり、東大闘争とはだいぶ性質を異にする。

ただし、このことは東大全共闘が日大全共闘を見下していたことを意味しない。「ゲバルト・ローザ」柏崎の言葉にあらわれているように、畏敬の感情もともなっていたように思われる。柏崎は、「『東大生』としてあること自体が、人民大衆に対する抑圧者＝犯罪者なのだ」と自分を責める。一方、日大生の虚飾のなさ、率直さ、行動力には惹かれ、絶賛する。東大生は闘争に参加し苦難を重ねて「自己否定」しない限り許されないが、日大生はそうでもない。これは柏崎が、日大生は東大生よりも「人民」に近い存在だと考えていたことに起因するだろう。

現実の東大闘争は、柏崎が望んだような「全人民による東京大学の死滅、解体に向けての闘争」などにはならなかった。だが、東大内部から「東大解体」を求める運動が起きたことはやはり画期的である。第六章で見たように、大正期の東大出身労働運動指導者は、労働者に対する自分たち「知識階級」の指導的役割を疑わなかった。その点については、福本イズムに席巻された戦前の共産党もさほど違いはない。一方、アナキストや「筋肉労働者」たちはその「知識階級」の指導を拒絶し、東大をはじめとする高等教育機関は体制支配の装置にすぎないことを訴えていた。それから五〇年近くがすぎ、ついに東大生自身が、自己を加害者、犯罪者だとまで規定し始めたのである。そして、東大内部から人民参加による「東大解体」が望まれるようになり、非東大生である日大生その他の「中堅労働力」層までの闘争参加は実現した。

再強化される東大

結局、東大は解体されず、その一方で全共闘は雲散霧消した。警察力導入や全学ストライキ、入試中止、研究室破壊、安田講堂攻防戦といった「危機」にもかかわらず、東大はそれを乗り越えたと考えることができる。

紛争後、東大では大学改革が進行し、閉鎖的で硬直的になりやすい大学の研究・教育体制の見なおしが進められた。一九六九年に出された大学改革準備調査会の第一次報告書には、教官と学生の人格面での平等が謳われ、人格的接触による学生指導や、理性的討論を通した相互理解などが記された。紛争がこじれにこじれた経験から、従来の学生処分観の「徹底的な反省」の必要性も説かれた（『東京大学百年史』）。内部からすると多くの不満はあるのだろうが、外部の眼からすれば、東大は紛争を経て柔軟性を獲得し、強靱化に成功したと見えなくもない。

一九六八年の全共闘運動を、世界的な文脈で見ることもできる。この年、ニューヨーク、パリをはじめ世界各地で学生や若者の反乱が多発した。エマニュエル・ウォーラーステインらは、失敗はしたものの、世界を不可逆的に変えた革命の年として一九六八年を位置づける。そして、これ以降「ジェンダー、世代、エスニシティ、人種、セクシャリティで弱い立場の集団の要求は、一層強くなる」と指摘した（『新装版 反システム運動』）。

日本も例外ではない。事実として、マイノリティ問題に対する対応の遅れは常に指摘されるものの、これらの集団とその支援者の要求、社会的な関心は高まり続けている。フェミニズム、LGBTQ+、在日外国人などのマイノリティ問題は、今日の大学のカリキュラムでもますます重要度を増している。そして、上野千鶴子ら著名教員に象徴されるように、東大はこれらの「新しい」対象の研究においても主導的役割を担ってきた。

それには、かつての東大闘争で見られた「自己否定」も重要な契機になったように思われる。「自己否定」とは全共闘運動を主導した東大の助手・院生層から出てきた思想で、本来はエリートコースに乗る自己を否定する、ということを意味した。前出の柏崎を見てもわかるように、それは東大で学ぶ自分自身が犯罪的存在である、というリゴリズム（厳格主義）に行き着きやすい（小熊前掲書）。

だが「自己否定」の論理は、自分の特権性を直視することにつながる。みずからを抑圧者の一員または予備軍として位置づけることは、同時に被抑圧者としてのマイノリティへの強い関心を生む土壌にもなりうる。それに、「自己否定」的な意識をまったく抜きにして被抑圧者と向き合うことはできない。エリート意識丸出しの人間に、心を開く者はいないからである。

結果として、「自己否定」の論理は、一九六八年以後に新しい領域を次々と飲み込んでいく東大を支えたといえるのではないだろうか。前に触れた哲学者の森有正は、戦後占領改革で解体されなかった東大には「優等生意識、選良的、特権者的意識、最高学府意識」が残り続けたことを指摘した。森にとって東大闘争は、敗戦から二三年後にようやく訪れた「本当の民主的解放」の機会に見えた（『朝日新聞』一九六八年一〇月一六日）。

東大出とは何か

東大を克服しようとするさまざまな議論は、「優秀な大学だから優秀な人材が集まる、優秀な大学だから優秀な人材を輩出する」という、単純な話で否定されがちである。だが、東大的なものに反旗を翻す歴史的な試みの底には、一見すると常識的なこの最終結論に対する疑問が常にあった。東大入学・東大卒という資格が、その人間の能力や人間性とどのように関係するのか、という問題である。

たとえば、一九三〇年、雑誌『実業之日本』は、官界における帝大卒（特に東大卒）の優遇と、私大卒・下級官吏への差別迫害を続々と告発し、官民のあらゆる領域で学歴差別を排除する「実力主義」を提唱した。そこには現在でいうキャリア・ノンキャリア間の制度的差別への批判と、学閥の専横への批判が混在していたが、「学歴」と「実力」の間にくさびを打ち込もうとする試みではあった。類似の批判は戦後も繰り返されてきたことは誰もが知ることだろう。

だが結局のところ、第三章で見た澤柳政太郎がいうように、東大（帝大）卒という学歴は小・中・高の「普通教育」を完全にこなしたことを示すもので「実力」と当然関係する、という主張が勝ちやすい。戦後も、東大生が国・数・英・社・理の全科目にわたって最高度の成績を収めてきた事実をもって他大生との差異が説明される。左派・リベラル色の強い人々でもそうで、経済学者の熊沢誠は次のように述べている。

「東大出とはなにか。それは子供のころから嫌いな科目を捨てなかった人のこと（笑）だと思います。そして、競争に耐えてあの東大に入ることができたという記憶をもつ人間に特有の、どんなことについても発揮しうる「やる気」、不馴れなことにも対応できるという自信、勉強を続けられる気力と体力、そういうすべてが、大企業の精鋭正社員の資質にまことにふさわしいのです」（『働き者たち泣き笑顔』）。

熊沢は就職差別や学歴差別を強く批判する陣営に属する。だが、この議論を敷衍すると、嫌いな科目をすぐ捨て、やりたくないことを放置する者は誰か、という疑問に行き着く。熊沢は明示していないが、大卒者の中では私学出身者がそれに該当することは間違いない。明治の官僚である澤柳は、私学出身者は外国語ができない、大局観がない、横着であると指摘した。中学レベルさえ不完全なまま無試験で法律学校に潜り込み、文官高等試験などの一発試験を何回も受けて官界に潜り込む私学出身者が出世しないのは当たり前だというわけである。

一高・東大型の優秀性が私学型の劣悪性を通して映し出される、という構図は歴史を貫いている。熊沢の研究を含む数多くの社会科学の成果をたくみに用いて日本社会の「慣習の束」を描いた小熊英二の『日本社会のしくみ』は、高度成長後の学校の序列化現象に関心を注いだ。オイル・ショック後の一九七〇年代中頃から、文部省は助成と引き換えに私学を監督下に置き、私立の大学・短大の新設と定員を抑制した。すでに見たように私大は戦後増加の一途で、特に文系卒業生が増えすぎてしまっていたからである。ところが、高度成長期とは違ってもはや高卒では就職が難しくなったので、進学希望者は増加を続け、減少した定員をめぐって受験戦争が過熱した。

教育学者の乾彰夫の研究によれば、その中で高校における「国立理系」「国立文系」「私立理系」「私立文系」のコース分けが広がった。このうち、なにを学びたいか、将来どの職業につきたいかについてヴィジョンを持たず、「消去法的選択態度」を取る傾向が最も強いとされたのは、受験科目数の少ない「私立文系」であった。「私立文系」の下には専門学校、高卒の世界が広がっている。「主要五教科、とりわけ数学の得手不得手」が進路選択に強く影響していることも明らかにされた（『日本の教育と企業社会』）。

第三章で見たように、正宗白鳥が早稲田を「数学の出来ぬ頭脳の劣等者の逃場所」と自嘲的に呼んだことが想起される。

入試における数学の復権

国・数・英・社・理の成績による一元的序列化が学歴差別や受験戦争などの病理を生むという

認識から、戦後、面接試験や推薦入学の導入などの緩和策が採られてきた。そもそも、すでに占領期にGHQは日本型入試を廃止し、学校の平常成績によって選抜することを勧告していたのである（竹前栄治・天川晃『日本占領秘史』）。

一九八五年、臨時教育審議会の第一次答申は「個性重視の原則」「基礎・基本の重視」「創造性・考える力・表現力の育成」などを掲げ、学歴社会の弊害や受験競争過熱の是正を訴えた。大学入試では、「自由にして個性的な入学者選抜」を導入することを各大学に要請し、その前提として高校での着実な学習到達度を判定する「共通テスト」（のち大学入試センター試験）の創設が提言された。良質な「共通テスト」で学力を判断し、その上で各大学が「多様で個性的な選抜」を実施する、というプランである（『教育改革に関する第一次答申』）。

東大でも、分離分割方式の下、後期日程で一次のセンター試験は三教科、二次は論文や総合科目の「私大型」入試が一九九〇年に導入された。これによって、文系にとって鬼門となりやすい数学・理科、理系では国語・社会が回避可能となる。受験産業は「私大受験生のうわずみをごっそりさらおうという計算。来春は大手私大の上位層が東大に流れる」と見ていた（『朝日新聞』一九八九年八月一三日）。重厚長大な論文試験などによって、既存の五教科入試に向かない「私大型」の最上位を奪う作戦、と理解されていたのである。

一番被害を受けそうなのは早稲田と慶應で、取材を受けた当時の西原春夫早大総長は「それはそれでいい。早稲田にぜひ、という学生が欲しい。偏差値は少し下がるかもしれないが、100年間それでやってきた。偏差値秀才イコール優秀な人材とはみていません」と意気軒昂に答えている（『ＡＥＲＡ』一九九〇年一月二三日号）。「私大型」東大受験生の談話もメディアに流れ、数学を捨てた受験生が早慶などの合格を確保した上で東大文科三類にも合格、「受かればもうけものだ、といった遊び感覚で受けてみた」などと語った（『読売新聞』一九九〇年四月一五日）。

このほか、東京外国語大学や東京都立大学も「私大型」入試に踏み切った。慶應ＳＦＣ（湘南藤沢キャンパス）の入試でも、英語や小論文の力が圧倒的であれば合格できた。突出した得意科目があれば、苦手科目があっても「個性」の範囲内とされた時代だったといえる。

だがいつしか東大後期でも五教科の総合的学力や数学の応用力が求められるようになり、二〇一五年を最後に後期日程そのものが廃止され、前期一本となった。私大最難関とされる早稲田の政治経済学部でも共通テストの「数学Ⅰ・数学Ａ」が二〇二一年から必須化されている。これは、経済学はもちろん政治学でも数学を用いた定量的研究が隆盛をきわめていることと関係するだろう。数学ができない、ということはかつてのように進路選択を狭める時代に戻った。ネット上では「私文」（私立文系）に対する揶揄が溢れ、それと反対に各種メディアにおける東大礼賛が目立つ時代となった。

「倒幕運動」を凌駕した東大の自己変革

帝国大学の創設年である一八八六（明治一九）年を起点とすれば、すでに一四〇年近くの間、日本社会は東大信仰（帝大信仰）とつき合い続けている。その間、先行者であった慶應義塾などの私学、ライバル校として創設された京大をはじめ、さまざまな挑戦者があらわれた。大正期には、一高・東大的な教育のあり方に反旗を翻す学校群も出てきた。加えて「大正デモクラシー」が、太平洋戦争が、東大闘争が、東大に危機をもたらした。だが、いずれも深刻な結果にはならず、かえって異質な要素を貪欲に取り込んで東大は東大たり得てきた。

異質な要素といえば、タレントやインフルエンサーの類が東大から続々と輩出されていることも、近年の特徴かもしれない。バラエティ番組やネットメディアに登場する東大生を見ると、昔ながらのオタク・変人型秀才もいるが、モデルや芸能人と見まがうような好感度の高い人がやたら多い。いまや東大は、各種タレントの供給機関としても十分に機能している。学業優秀な上にルックスもよく、性格がよくて話も面白い。欠点のなさそうな人物像が、主要五科目のペーパーテストという指標をベースに構築され、大衆に提供される。

かつて丸山眞男は、近代のテクノロジー化が進むにつれて分業がますます進行し、「部分人（パーシャルマン）」が大量に生産されると指摘した（「現代文明と政治の動向」）。学校に通っている時は何者でもないし、だからこそ何者にもなれる可能性はある。しかし、就職する時にさまざまな可能性は捨てられて、分業化に対応した特定職業に従事し、それが人生の大半を占めるようになる。そのうち、丸山がいったように、「総合的な人格がますます解体して、専門分野では非常にすぐれていても、一般的な総合的な判断力、例えば具体的な政治感覚とか、社会問題に対する感覚の仕方が殆ど子供のように低調」な、不均衡に精神状態が発達した人間になる。

もちろん東大生とて例外ではなく、なんらかの職業人としてその後を生きる。だが、世のおおかたの「部分人」から見れば、まだ何者にもなっていない東大生は、より「全体人」に近い存在ではある。その前提となる五教科ペーパーテストの成績はあくまでも能力の疑似的な指標にすぎないが、ここに東大への憧憬の原点があるように思われる。

かつて大宅壮一は、現代日本社会を徳川時代に置き換え、東大を幕府、その他の国立大学を親藩、早稲田や慶應を外様の大藩にたとえた（『大学の顔役』）。その伝でいえば、東大に対する挑戦者の闘いは倒幕運動のようなものであった。そして現実には、ほとんどの場合「幕政改革」が倒幕運動を凌駕した。東大の打倒を企む勢力が勝利する時は、明治維新がそうであったように、それまでの日本が日本ではなくなることを意味する。二六〇年続いた徳川幕府でさえ倒れたわけだから、その日がいつか来ないとも限らない。

おわりに

本書は、二〇一六年一二月八日に新潮社の三辺直太氏と東京・阿佐ヶ谷の喫茶店ｇｉｏｎで交した雑談が発端となっている。約七年前のことなので記憶に曖昧な部分もあるが、だいたい次のような話だったと記憶する。

ちょうどこの時期、東大と東大生に対するメディアの注目が非常に大きくなってきているように感じられた。子女をことごとく東大理Ⅲに入学させた母親の教育を紹介する新聞・雑誌記事、「東大」をタイトルに冠するバラエティ番組やクイズ番組などがその好例である。その一方で、ネット上では偏差値の低い大学に対する揶揄・中傷が目立っていた。

たしかに、学歴は死ぬまで自分につきまとう人生の重大事である。だがここまで露骨な東大（入学）礼賛や学歴ランキングが横行するようになると、さすがに病的な感じさえしてくる。この際、社会の側から見た東大の姿を、歴史的に再検討してみる必要があるのではないか。似たような関心を持っていた三辺氏と問題意識が一致して話が動き出すことになった。

ところが、執筆は遅々として進まなかった。本書の原型はかつてウェブサイト「考える人」で連載されていたが、入稿は遅れに遅れ、連載が終わってからも一向に書籍となる見通しは立たなかった。

作業が進まなかった理由は二つある。第一に、東大に対する部外者の視線は憧憬でなければ嫉妬か憎悪を含みがちで、明治以来の史料の山から人間の赤裸々な部分を掘り起こすような作業にならざるを得ない。気が滅入る上に、この著者は東大になにか恨みでもあるのではないかと、痛くもない腹を探られる懸念もある。

第二に、著者が関西に移住してしまったことが大きい。東京（広くは東日本）にいる時と比べて、東大のプレゼンスを感じる機会はかなり減った。当地では京都大学・大阪大学・神戸大学が大いに崇められているが、それは比較的緩やかで、東大崇拝の圧倒的熱量とは比較にならない。もちろん関西は受験先進地域であるから、東大についても日々多くのことが語られている。だがそこにはどことなく遠くの富士山を語る趣きがある。ともあれ、去る者は日々に疎しの言葉通り、東京の大学群の中にいた時の感覚は失われていった。

にもかかわらず刊行までこぎ着けたのは、編集者の三辺氏が七年間にもわたって続けた粘り強い催促のおかげでもあるが、著者の勤務する地方私立大学の現状が執筆意欲を取り戻させたことが大きい。

著者はゼミの学生などに将来の夢や希望を尋ねることがよくあるが、もう何年もまともな答えを聞いていない（概ね「公務員になりたい」「ホワイト企業に入りたい」という程度にとどまる）。

学生が中年教師に本心を語るはずがない、という正論はとりあえず置いておく。こういう話をする時、多くの学生が頻繁に使うフレーズがある。それは、「どうせ私（僕）なんて」である。

同様のフレーズは地方国立大学でもよく聞かれる、と同業者に聞いたことがある。

要するに、難関とされる資格の取得や人気企業への入社などは、もっと高い偏差値の大学生が希望するもので、自分には到底無理だという意味だろう。自己評価が低く、なにか始める前から「ガラスの天井」にぶつかることを恐れているようである。

学生が自分で勝手に限界を決める必要は、そもそもまったくない。これはきれいごとではなく、教育現場の実体験からそういえる。

著者は京都大学法学部でも非常勤講師をしており、本務校である甲南大学での科目と同じ試験問題を出すことがたまにある。その出来映えを見る限り、正直なところ京大トップ層の答案は別次元で、感動を覚えることさえあるが、甲南の上位層の文章力や思考力も相当いい線を行っていると感じることが多い。逆に京大の最下位層もある意味驚愕で、「明治維新」を一貫して「明治維進」と誤記し続けている答案を五年間で二枚見た。第一次世界大戦の後で日露戦争が開戦している答案もあった。彼らも入学当時は同世代で傑出した学力を持っていたはずなのだが、国語力や論理構成を見る限り私大生に負けてしまっている。通っている大学の偏差値でなにかを諦めたり、逆に高偏差値だからといって慢心するのはまったく間違っている、と断言できる。

なぜ地方私大の学生は「どうせ私なんて」を繰り返すのか。これには、近年ますます強まっているように見える学歴信仰の影響があると思われる。学生たちが好んで視聴するTikTokでは、頻繁に天才伝説などの東大自慢や受験勉強自慢、大学の格付け情報、「Fランク」大学を嘲笑する動画が流れてくる。インチキ投資指南、AV女優ランキング、動物の捕食シーンなどと一緒に学歴信仰を助長する動画を浴びるように見れば、高偏差値大学の学生は増長し、そうでない学生は萎縮する。文芸批評家絓秀実《すがひでみ》の言葉を借りれば、「ジャンク化」の極みに達した学歴が学生の精神を蝕んでいるようにも見える。

大学生活の価値は決して偏差値で測れないこと、あの東大に楯突いた人も歴史上相当数いたこと、そして、学校間の序列などにとらわれない教育や学びのあり方を真剣に模索した人々が大勢いたことを示したいと思って、なんとかここまで来た。結局のところ、終章に書いたように、東大は異物を飲み込むことによって自己変革し、他の挑戦を退けたという記述になってしまったが、いつまでそれが続くのか、続くことがこの社会にとってよいことなのかは別の話である。

本書に足りないものをあげればいくらでもあるだろう。理系の観点と女性の観点が欠落しているという批判は特に甘受しなくてはならない。単純に、著者の視野の狭さと知識の少なさによる。

なお第三章は、二〇二二年刊行の佐藤健太郎・荻山正浩編著『公正の遍歴　近代日本の地域と国家』（吉田書店）所収の既発表論文「帝国大学法科卒業生の「特権」廃止問題と「公正」」を、本書の趣旨に即して全面的に改稿したものである。

なにはともあれ、七年越しの宿題を一応片付けることができて、いまはホッとしている。

二〇二四年四月

著者

参考文献

青野季吉『社会思想と中産階級』春秋文庫、一九二九年
秋山清『日本の反逆思想』ぱる出版、二〇〇六年
麻生久伝記刊行委員会編『麻生久伝』麻生久伝刊行委員会、一九五八年
天野郁夫『高等教育の時代』上・下、中公叢書、二〇一三年
天野郁夫『大学の誕生』上・下、中公新書、二〇〇九年
天野郁夫『増補　試験の社会史　近代日本の試験・教育・社会』平凡社ライブラリー、二〇〇七年
天野郁夫『学歴の社会史　教育と日本の近代』平凡社ライブラリー、二〇〇五年
天野郁夫『帝国大学　近代日本のエリート育成装置』中公新書、二〇一七年
天野郁夫『新制大学の誕生』上・下、名古屋大学出版会、二〇一六年
アリギ、ホプキンス、ウォーラースティン『新装版　反システム運動』太田仁樹訳、大村書店、一九九八年
石橋湛山『湛山回想』岩波文庫、一九八五年
乾彰夫『日本の教育と企業社会　一元的能力主義と現代の教育＝社会構造』大月書店、一九九〇年
井上毅伝記編纂委員会編『井上毅伝　史料篇第一』國學院大學図書館、一九六六年
井上哲次郎『教育と宗教の衝突』敬業社、一八九三年
井上義和『日本主義と東京大学　昭和期学生思想運動の系譜』柏書房、二〇〇八年
潮木守一『京都帝国大学の挑戦』講談社学術文庫、一九九七年
打越孝明「『学生生活』『新指導者』の執筆者情報」『日本主義的学生思想運動資料集成Ⅰ』雑誌篇第一巻、柏書房、二〇〇七年
大内兵衛『経済学五十年』上・下、ＵＰ選書、一九七〇年

大久保利謙『日本の大学』創元社、一九四三年
大村八郎『帝都大学評判記』三友堂書店、一九三四年
大宅壮一『大学の顔役』文藝春秋新社、一九五九年
小川原正道『慶應義塾の近代アメリカ留学生　文明の「知」を求めた明治の冒険』慶應義塾大学出版会、二〇二三年
奥平昌洪『日本弁護士史』巌南堂書店、一九七一年
小熊英二『日本社会のしくみ　雇用・教育・福祉の歴史社会学』講談社現代新書、二〇一九年
小熊英二『1968』上・下、新曜社、二〇〇九年
尾崎士郎『早稲田大学』岩波現代文庫、二〇一五年
尾崎盛光『日本就職史』文藝春秋、一九六七年
尾崎行雄『学問と生活』大日本国民中学会、一九〇九年
小田村寅二郎『昭和史に刻むわれらが道統』日本教文社、一九七八年
尾原宏之「福澤諭吉の徴兵論・再考」佐藤健太郎・荻山正浩・山口道弘編著『公正から問う近代日本史』吉田書店、二〇一九年
尾原宏之「帝国大学法科卒業生の「特権」廃止問題と「公正」」佐藤健太郎・荻山正浩編著『公正の遍歴　近代日本の地域と国家』吉田書店、二〇二二年
尾原宏之『娯楽番組を創った男　丸山鐵雄と〈サラリーマン表現者〉の誕生』白水社、二〇一六年
柏崎千枝子『太陽と嵐と自由を　ゲバルト・ローザ闘争の手記』ノーベル書房、一九六九年
加藤諭「戦前・戦時期における東京帝国大学の安田講堂利用と式典催事」『東京大学史紀要』第三四号、東京大学文書館、二〇一六年
苅部直『丸山眞男　リベラリストの肖像』岩波新書、二〇〇六年
河合哲雄『平生釟三郎』羽田書店、一九五二年

河岡潮風『東都游学学校評判記』博文館、一九〇九年
河崎吉紀『制度化される新聞記者　その学歴・採用・資格』柏書房、二〇〇六年
河崎吉紀「新聞界における社会集団としての早稲田」猪木武徳編著『戦間期日本の社会集団とネットワーク　デモクラシーと中間団体』NTT出版、二〇〇八年
木村毅『早稲田外史』講談社、一九六四年
木村政樹『革命的知識人の群像　近代日本の文芸批評と社会主義』青土社、二〇二二年
旧制高等学校資料保存会編著『旧制高等学校全書』第四巻（校風編）、旧制高等学校資料保存会刊行部、一九八五年
旧制甲南高等学校同窓会『旧制甲南高等学校　歴史と回想』旧制甲南高等学校同窓会、二〇一七年
京都大学百年史編集委員会編『京都大学百年史』京都大学後援会、一九九七―二〇〇一年
『近代日本教育制度史料』第一八巻、大日本雄弁会講談社、一九五七年
久保田哲『明治十四年の政変』インターナショナル新書、二〇二一年
熊沢誠『働き者たち泣き笑顔　現代日本の労働・教育・経済社会システム』有斐閣、一九九三年
『慶應義塾大学部の誕生　ハーバード大学よりの新資料』清岡暎一編訳、慶應義塾、一九八三年
慶應義塾編『慶應義塾百年史』慶應義塾、一九五八―六九年
慶應義塾史事典編集委員会編『慶應義塾史事典』慶應義塾、二〇〇八年
慶應義塾編『福澤諭吉書簡集』岩波書店、二〇〇一―〇二年
慶應義塾編『福澤諭吉全集』岩波書店、一九五八―七一年
甲南学園編『平生釟三郎講演集　教育・社会・経済』甲南学園、一九八七年
甲南学園50年史出版委員会編『甲南学園50年史』甲南学園、一九七〇―七一年
国民文化研究会編『いのち　ささげて　戦中学徒・遺詠遺文抄』国文研叢書、一九七八年
国民文化研究会編『続いのち　ささげて　戦中学徒・遺詠遺文抄』国文研叢書、一九七九年

小島慶三『日本の近代化と一橋』如水会、一九八七年
小林和幸編著『東京10大学の150年史』筑摩選書、二〇二三年
堺利彦『堺利彦全集』中央公論社、一九三三年
堺利彦『堺利彦全集』法律文化社、一九七〇―七一年
堺利彦『現代社会生活の不安と疑問』文化学会出版部、一九二五年
佐々木隆『メディアと権力』中公文庫、二〇一三年
佐藤卓己『『キング』の時代　国民大衆雑誌の公共性』岩波書店、二〇〇二年
澤柳政太郎『退耕録』丙午出版社、一九〇九年
澤柳政太郎『公私学校比較論』哲学書院、一八九〇年
澤柳政太郎『随感随想』冨山房、一九一五年
サンデル、マイケル『実力も運のうち　能力主義は正義か?』鬼澤忍訳、早川書房、二〇二一年
斬馬剣禅『東西両京の大学　東京帝大と京都帝大』講談社学術文庫、一九八八年
塩出環「帝大粛正運動と原理日本社」『日本文化論年報』第四号、二〇〇一年
清水唯一朗『近代日本の官僚　維新官僚から学歴エリートへ』中公新書、二〇一三年
白井泰四郎『労働組合幹部論』日本労働協会、一九六六年
寿木孝哉『就職戦術』先進社、一九二九年
絓秀実『増補　革命的な、あまりに革命的な　「1968年の革命」史論』ちくま学芸文庫、二〇一八年
杉之原舜一『波瀾萬丈　一弁護士の回想』日本評論社、一九九一年
鈴木文治『労働運動二十年』一元社、一九三一年
隅谷三喜男『日本労働運動史』有信堂、一九六六年
成蹊学園『成蹊学園六十年史』成蹊学園、一九七三年
成城学園五十周年史編集委員会編『成城学園五十年』中央公論事業出版、一九六七年

成城学園六十年史編集委員会編『成城学園六十年』成城学園、一九七七年
成城高等学校同窓会『成城文化史』成城高等学校同窓会、一九三六年
関川夏央『新潮文庫20世紀の100冊』新潮新書、二〇〇九年
関口直佑「明治初期における東京の私塾　同人社を中心として」『社学研論集』第一二号、二〇〇八年
全学連中央執行委員会編『勝利へのスクラム　東大民主化闘争の記録』新日本出版社、一九六九年
箒庵高橋義雄編『福澤先生を語る　諸名士の直話』岩波書店、一九三四年
総同盟50周年記念事業資料蒐集委員会編『友愛会・総同盟50年史年表』日本労働組合総同盟、一九六二年
総同盟五十年史刊行委員会編『総同盟五十年史』第一巻、日本労働組合総同盟、一九六四年
第一高等学校『第一高等学校六十年史』第一高等学校、一九三九年
高田里惠子『学歴・階級・軍隊　高学歴兵士たちの憂鬱な日常』中公新書、二〇〇八年
瀧井一博『ドイツ国家学と明治国制　シュタイン国家学の軌跡』ミネルヴァ書房、一九九九年
武石典史『近代東京の私立中学校　上京と立身出世の社会史』ミネルヴァ書房、二〇一二年
竹内洋『学歴貴族の栄光と挫折』中央公論新社、一九九九年
竹内洋・佐藤卓己編『日本主義的教養の時代　大学批判の古層』柏書房、二〇〇六年
竹中暉雄「帝大法科特権論考」『桃山学院大学人文科学研究』第一三巻第一号、一九七七年、桃山学院大学総合研究所
竹中暉雄「国家試験制度と「帝大法科特権」」本山幸彦編著『帝国議会と教育政策』思文閣出版、一九八一年
竹前栄治・天川晃『日本占領秘史』上、朝日新聞社、一九七七年
武村雅之『関東大震災がつくった東京　首都直下地震へどう備えるか』中公選書、二〇二三年
立花隆『天皇と東大』文春文庫、二〇一二―一三年
田中角栄『日本列島改造論』日刊工業新聞社、一九七二年
棚橋小虎追悼集刊行会編『追想　棚橋小虎』棚橋小虎追悼集刊行会、一九七四年

谷本宗生「東西両帝国大学対抗運動週間の実施について　大学史像の探求」『東京大学史史料室ニュース』第三九〇号、東京大学史史料室、二〇〇七年
谷脇由季子「東北帝国大学草創期における女性への門戸開放　学問研究の平等性とその保障体制としての共学制」『成城文藝』第一九二号、二〇〇五年
筑波常治『破約の時代』講談社、一九五九年
土屋博政『ユニテリアンと福澤諭吉』慶應義塾大学出版会、二〇〇四年
筒井清忠『日本型「教養」の運命　歴史社会学的考察』岩波現代文庫、二〇〇九年
津田左右吉『古事記及日本書紀の研究』岩波書店、一九二四年
寺崎修「徴兵令と慶應義塾」笠原英彦・玉井清編『日本政治の構造と展開　慶應義塾大学法学部政治学科開設百年記念論文集』慶應義塾大学出版会、一九九八年
寺﨑昌男『日本近代大学史』東京大学出版会、二〇二〇年
筧田知義『旧制高等学校教育の展開』ミネルヴァ書房、一九八二年
東京商科大学一橋会編『一橋五十年史』東京商科大学一橋会、一九二五年
東京大学経済学部編『東京大学経済学部五十年史』東京大学出版会、一九七六年
東京大学百年史編集委員会編『東京大学百年史』東京大学出版会、一九八四―八七年
東京大学全学共闘会議編『ドキュメント東大闘争　砦の上にわれらの世界を』亜紀書房、一九六九年
東京帝国大学『東京帝国大学五十年史』上・下、東京帝国大学、一九三二年
同志社編『新島襄教育宗教論集』岩波文庫、二〇一〇年
東北大学五十年史編集委員会編『東北大学五十年史』東北大学、一九六〇年
富田正文『考証　福澤諭吉』上・下、岩波書店、一九九二年
永井道雄「知識人の生産ルート」『近代日本思想史講座』Ⅳ、筑摩書房、一九五九年
『中江兆民全集』17、岩波書店、一九八六年

中村勝範編『帝大新人会研究』慶應義塾大学法学研究会、一九九七年
中村哲『不安と反抗』法政大学出版局、一九五四年
南北社編『赤門生活』南北社、一九一三年
南北社編『早稲田生活』南北社、一九一三年
新島襄全集編集委員会編『新島襄全集』同朋舎出版、一九八三—九六年
西尾末廣『大衆と共に　私の半生の記録』日本労働協会、一九七一年
西田幾多郎『続思索と体験』岩波書店、一九三七年
日本アナキズム運動人名事典編集委員会編『増補改訂　日本アナキズム運動人名事典』ぱる出版、二〇一九年
日本学生協会『教育はかくして改革せらるべし　東大政治学教授矢部貞治氏と学生小田村君の往復文書公表』日本学生協会、一九四一年
日本経済新聞社編『私の履歴書』第六集、日本経済新聞社、一九五八年
日本大学文理学部闘争委員会書記局編『増補　叛逆のバリケード』三一書房、一九六九年
秦郁彦『旧制高校物語』文春新書、二〇〇三年
榛名譲『大学評判記』日本公論社、一九三三年
一橋大学学園史刊行委員会編『一橋大学百二十年史』一橋大学、一九九五年
平石直昭『福澤諭吉と丸山眞男　近現代日本の思想的原点』北海道大学出版会、二〇二一年
平元兵吾『八大学と秀才』日東堂書店、一九一二年
福沢先生研究会編『父諭吉を語る』福沢先生研究会、一九五八年
福澤諭吉『学問のすゝめ』岩波文庫、一九四二年
藤田富士男・大和田茂『評伝平澤計七　亀戸事件で犠牲となった労働演劇・生協・労金の先駆者』恒文社、一九九六年
藤原政行「官僚養成制度と私立法律学校への統制について」『教育学雑誌』第二八号、一九九四年

古谷綱正『私だけの映画史　国民の創生からキュリー夫人まで』暮しの手帖社、一九七八年
『弁護士海野普吉』「弁護士海野普吉」刊行委員会、一九七二年
堀切利高編集・解題『平民社百年コレクション第2巻　堺利彦』論創社、二〇〇二年
松枝保二編『大隈侯昔日譚』報知新聞社出版部、一九二二年
松岡亮二『教育格差　階層・地域・学歴』ちくま新書、二〇一九年
松沢弘陽校注『福沢諭吉集』岩波書店、二〇一一年
マルクス、エンゲルス『共産党宣言』大内兵衛・向坂逸郎訳、岩波文庫、二〇〇七年
真辺将之『東京専門学校の研究　「学問の独立」の具体相と「早稲田憲法草案」』早稲田大学出版部、二〇一〇年
『丸山眞男座談』第一冊、岩波書店、一九九八年
『丸山眞男集』岩波書店、一九九五―二〇一五年
『三木清全集』第一五巻、岩波書店、一九八五年
水谷三公『官僚の風貌』中公文庫、二〇一三年
三谷太一郎『大正デモクラシー論　吉野作造の時代』第三版、東京大学出版会、二〇一三年
三井甲之・蓑田胸喜『第二　我等は如何にこの凶逆思想を処置すべきか？　東京帝国大学法学部赤化教授対「しきしまのみち」学術的剖析』原理日本社、一九三四年
三橋俊明編著『日大闘争と全共闘運動　日大闘争公開座談会の記録』彩流社、二〇一八年
蓑田胸喜『国家と大学　東京帝大法学部に対する公開状』原理日本社、一九四一年
蓑田胸喜『学術維新原理日本』原理日本社、一九三三年
宮崎ふみ子「東京帝国大学「新体制」に関する一考察　全学会を中心として」『東京大学史紀要』第一号、一九七八年
村松忠雄『早稲田学風』東京専門学校出版部、一八九九年
元田永孚『聖喩記』大東文化協会、一九三四年

文部省編『学制百年史』帝国地方行政学会、一九七二年
安原徹也「明治憲法体制成立期における司法官任用制度の形成」『史学雑誌』第一二〇巻第八号、二〇一一年
山下重一『スペンサーと日本近代』御茶の水選書、一九八三年
山本武利『近代日本の新聞読者層』法政大学出版局、一九八一年
山本武利『新聞記者の誕生　日本のメディアをつくった人びと』新曜社、一九九一年
山本美編『大正大震火災誌』改造社、一九二四年
臨時教育審議会編『教育改革に関する第一次答申』大蔵省印刷局、一九八五年
早稲田大学大学史編集所編『早稲田大学百年史』早稲田大学出版部、一九七八―九七年
和田洋一『新島襄』岩波現代文庫、二〇一五年
ＯＥＣＤ教育調査団編著『日本の教育政策』深代惇郎訳、朝日選書、一九七六年

本書は、新潮社のＷｅｂマガジン「考える人」(https://kangaeruhito.jp/)にて、二〇一八年八月から二〇二〇年五月にかけて連載された「「反東大」の思想史」に大幅に加筆修正をしたものです。

新潮選書

「反《はん》・東大《とうだい》」の思想史《しそうし》

著　者………………尾原宏之《おはらひろゆき》

発　行………………2024年5月20日

発行者………………佐藤隆信
発行所………………株式会社新潮社
〒162-8711 東京都新宿区矢来町71
電話　編集部 03-3266-5411
読者係 03-3266-5111
https://www.shinchosha.co.jp
シンボルマーク／駒井哲郎
装幀／新潮社装幀室

印刷所………………株式会社光邦
製本所………………株式会社大進堂

ISBN978-4-10-603909-6 C0336

明治維新の意味　北岡伸一

驚くほどのスピード感をもって進められた近代国家樹立。それを可能にした人的要素と政策論議のあり方を、政治外交史の専門家が独自の観点から解明する。

《新潮選書》

世界地図を読み直す
協力と均衡の地政学　北岡伸一

ミャンマー、ザンビアから中国を見る。ジョージア、アルメニアからロシアを学ぶ。歴史と地理に精通した外交史家が、国際協力と勢力均衡の最前線を歩く。

《新潮選書》

未完のファシズム
――「持たざる国」日本の運命――　片山杜秀

天皇陛下万歳！　大正から昭和の敗戦へと、日本人はなぜ神がかっていったのか。軍人たちの戦争哲学を読み解き、「持たざる国」日本の運命を描き切る。

《新潮選書》

尊皇攘夷
水戸学の四百年　片山杜秀

天皇が上か、将軍が上か？　維新は水戸学の究極の問いから始まった。徳川光圀から三島由紀夫の自決まで、日本のナショナリズムの源流をすべて解き明かす。

《新潮選書》

ごまかさないクラシック音楽　岡田暁生　片山杜秀

バッハは宣教師、ベートーヴェンは株式会社の創業社長、ショスタコーヴィチは軍事オタク――美しい旋律に隠された「危険な本音」がわかる最強の入門書！

《新潮選書》

ごまかさない仏教
仏・法・僧から問い直す　佐々木閑　宮崎哲弥

「無我と輪廻は両立するのか?」など、仏教理解における数々の盲点を、二人の仏教者が、ブッダの教えに立ち返り、根本から問い直す「最強の仏教入門」。

《新潮選書》

政治改革再考
変貌を遂げた国家の軌跡
待鳥聡史

改革の名のもと、日本の統治システムは静かに、しかし激しく変貌を遂げてきた。現在の政治を作り出した壮大な理念とその帰結の30年を読み解く。

《新潮選書》

経済学者たちの日米開戦
秋丸機関「幻の報告書」の謎を解く
牧野邦昭

一流経済学者を擁する陸軍の頭脳集団は、なぜ開戦を防げなかったのか。「正確な情報」が「無謀な意思決定」につながる逆説を、新発見資料から解明する。

《新潮選書》

憲法改正とは何か
アメリカ改憲史から考える
阿川尚之

「改憲」しても変わらない、「護憲」しても変わってしまう――米国憲法史からわかる、立憲主義の意外な真実。日本人の硬直した憲法観を解きほぐす快著。

《新潮選書》

貧者を喰らう国
中国格差社会からの警告【増補新版】
阿古智子

経済発展の陰で、蔓延する焦燥・怨嗟・反日。共産主義の理想は、なぜ歪んだ弱肉強食の社会を生み出したのか。注目の中国研究者による衝撃レポート。

《新潮選書》

中国はなぜ軍拡を続けるのか
阿南友亮

経済的相互依存が深まるほど、軍拡が加速するのはなぜか。一党独裁体制が陥った「軍拡の底なし沼」構造を解き明かし、対中政策の転換を迫る決定的論考。

《新潮選書》

朝鮮半島の歴史
政争と外患の六百年
新城道彦

朝鮮王朝の建国から南北分断に至る長い道のりを、苛烈な党派争いと地政学的要因に着目しながら描き、朝鮮特有の政治力学を浮き彫りにする決定的な通史。

《新潮選書》